ALBERT DE ROCHAS

L'EXTÉRIORISATION

DE

LA SENSIBILITÉ

ÉTUDE EXPÉRIMENTALE ET HISTORIQUE

Βάλε ἔξω τὴν ὑπόληψιν, σέσωσαι.
Rejette l'opinion, tu seras sauvé.
MARC-AURÈLE

Sixième édition augmentée d'expériences nouvelles
par MM. BOIRAC, JOIRE, BROQUET, etc.

PARIS
LIBRAIRIE GÉNÉRALE DES SCIENCES OCCULTES
BIBLIOTHÈQUE CHACORNAC
11, QUAI SAINT-MICHEL, 11

1909
Tous droits réservés

L'EXTÉRIORISATION

DE

LA SENSIBILITÉ

DU MÊME AUTEUR

La Science des Philosophes et l'Art des Thaumaturges dans l'Antiquité. — Paris. Masson, 1887 (*épuisé*).

Les Forces non définies — Paris. Masson, 1887 (*épuisé*).

Les Etats superficiels de l'Hypnose — Paris. Chamuel, 1898 (5e édition).

Les Etats profonds de l'Hypnose — Paris. Chacornac, 1904, 5e édition — (*traduit en suédois*).

L'Extériorisation de la Motricité — Paris. Chacornac, 4e édition 1906 (*traduit en espagnol et en russe*).

Le Fluide des Magnétiseurs — Paris. Carré, 1891 (*épuisé*).

Les Effluves odiques — Paris. Carré, 1896 (*épuisé*).

Les Frontières de la Science. — Paris. Leymarie (1re série 1902 ; 2e série 1904).

Recueil de Documents relatifs à la Lévitation des Corps humains — Paris. Leymarie, 1897 — Annales des Sciences psychiques, 1901.

Les Sentiments, la Musique et le Geste — Grenoble. 1900 — Avec 300 photogravures tirées en 5 couleurs à 1000 exemplaires numérotés ; honoré d'une souscription du Ministère de l'Instruction publique ; Médaille d'Or à l'Exposition universelle de Hanoï.

(*Sous presse*) **Vauban. Ses Oisivetés et sa Correspondance ; Analyses et extraits** — 2 volumes de grand luxe, in-8o jésus avec de nombreuses photogravures d'après les manuscrits des Oisivetés ; tiré à 300 exemplaires numérotés ; en souscription au prix de 30 francs chez Allier, imprimeur à Grenoble.

ALBERT DE ROCHAS

L'EXTÉRIORISATION
DE
LA SENSIBILITÉ

ÉTUDE EXPÉRIMENTALE & HISTORIQUE

> Βάλε ἔξω τὴν ὑπόληψιν, σέσωσαι.
> Rejette l'opinion, tu seras sauvé.
> MARC-AURÈLE.

Sixième édition augmentée d'expériences nouvelles
par MM. BOIRAC, JOIRE, BROQUET, etc.

PARIS

LIBRAIRIE GÉNÉRALE DES SCIENCES OCCULTES
BIBLIOTHÈQUE CHACORNAC
11, QUAI SAINT-MICHEL, 11

1909
Tous droits réservés

PRÉFACE

DE LA PREMIÈRE ÉDITION

Avant d'aborder l'exposé des phénomènes extraordinaires qui font l'objet de ce livre, je ne crois point inutile d'appeler l'attention du lecteur sur la nécessité de se dégager d'abord de tout préjugé scientifique.

Puisque l'expérience nous montre chaque génération répudiant les théories des générations qui l'ont précédée, nous devons supposer que les théories admises aujourd'hui subiront le même sort et nous rappeler ce judicieux conseil de sir John Herschell: « Le parfait observateur, dans quelque branche que ce soit de la science, aura toujours les yeux ouverts pour ainsi dire sur ceci, que l'on peut se trouver à l'improviste en face de telle occurrence qui, selon les idées reçues, ne doit pas se présenter et que ce sont ces faits qui servent de clefs aux nouvelles découvertes. »

C'est là une opinion qui a été exprimée bien souvent et qui cependant a bien de la peine à entrer dans l'esprit des masses; si Pascal, dans sa *Préface sur le traité du vide,* croyait devoir y recourir (voir la note A de l'appendice) pour faire excuser la hardiesse de ses propositions relatives à la pesanteur de l'air qu'on pouvait très aisément vérifier, combien plus en avons-nous besoin lorsqu'il s'agit de phénomènes rares et fugitifs, difficiles à reproduire, et de la réalité desquels on a, en général, pour garant, non pas le témoignage de ses propres sens, mais seulement celui de personnes étrangères dont on est tenté de suspecter les affirmations, surtout quand on y voit un péril pour ses croyances philosophiques ou religieuses? Or, c'est vers la solution des problèmes si troublants de l'existence de l'âme et de la nature de ses rapports avec le corps que tendent les études dont je n'expose aujourd'hui que le début.

Jusqu'ici, les philosophes ont envisagé la question du côté métaphysique; j'essaie de l'aborder par la méthode expérimentale et de fournir ainsi le genre de preuves auxquelles notre éducation nous a particulièrement rendus sensibles. Cette méthode nous a, du reste, depuis quelques années, ouvert des horizons à peine entrevus par nos prédécesseurs sur la possibilité de substituer une volonté étrangère à la personnalité du propre du sujet, en s'emparant, par certains procédés, de l'agent qui sert d'intermédiaire entre son esprit et sa chair.

Dans ce livre, quand j'ai rapporté mes propres expériences, je l'ai fait avec toute la sincérité possible et j'ai cherché à en conserver, pour ainsi dire, la physionomie, de manière à ne point leur laisser attribuer une portée plus grande que celle qu'elles ont dans ma propre pensée, rien n'étant plus dangereux qu'une idée fausse lorsqu'elle est entrée dans la circulation sous le couvert d'une parole autorisée.

J'ai accumulé les documents historiques pour montrer que les phénomènes constatés par moi ne sont point aussi nouveaux, et par suite aussi invraisemblables qu'on est tenté de le croire; mais c'eût été, à mon avis, peine perdue que d'essayer d'y discerner le vrai du faux, ce qui nous paraît impossible aujourd'hui pouvant bien ne plus nous sembler tel dans quelques années. Je me suis donc borné à les puiser aux véritables sources et à les transcrire exactement pour donner au lecteur la facilité de faire, s'il le désire, le travail que j'ai jugé inutile.

Les savants du xviie siècle, à qui l'on doit de si grandes découvertes et des vues à la fois si justes et si hardies sur la nature des choses, n'ont pu cependant se soustraire tout à fait aux défauts de leur temps. La scolastique du moyen âge les avait habitués à trop se fier à la parole du Maître et à confondre le domaine de la physique avec celui de la métaphysique; de là un manque de critique presque absolu au sujet des faits sur lesquels ils étayaient leurs raisonnements et l'erreur de leurs conclusions qu'ils donnaient, de confiance, comme générales, sans voir, ce qui cependant sautait aux yeux, qu'elles ne s'appliquaient en réalité qu'à des cas exceptionnels.

De nos jours, par un défaut inverse, on est porté à n'admettre comme réellement démontré que ce qu'on peut percevoir soi-même, sans réfléchir que les organisations nerveuses que nous étudions ici sont, chez les hommes, aussi différentes que les organisations intellectuelles et morales.

La vérité est entre ces deux excès : il y a des personnes qui, au point de vue de l'étendue et de l'acuité des sens, sont autant au-dessus du commun que les Napoléon, les Mozart, les Raphaël et les Archimède le sont sous d'autres rapports ; mais, comme la nature ne procède jamais par sauts, on trouve tous les degrés intermédiaires.

Si nos études avaient besoin d'être justifiées autrement que par cette noble inquiétude qui, selon l'expression de Sénèque, emporte toujours l'âme humaine vers les régions inconnues d'où elle tire sa divine origine, nous ferions observer que l'histoire des croyances populaires, comme celle des maladies mentales ou nerveuses, s'illumine quand on admet ces degrés intermédiaires de facultés anormales, jusqu'ici méconnus parce que, faute d'un grossissement suffisant, si je puis m'exprimer ainsi, ils échappaient à l'analyse.

L'Agnélas (Isère), ce 25 septembre 1894.

ALBERT DE ROCHAS.

PRÉFACE

DE LA SIXIÈME ÉDITION

Quand il s'agit de phénomènes basés sur les impressions des sujets anormaux comme ceux qui font l'objet de ce livre, il importe, avant tout, d'en établir la réalité au moyen d'observations, aussi nombreuses que possible, recueillies sur des sujets et par des observateurs différents. Aussi, dans cette sixième édition, en avons-nous ajouté un certain nombre présentés avec assez de détails pour permettre de reconnaître les variations individuelles qui ne peuvent manquer de se produire toutes les fois qu'on opère sur des organismes vivants. Quelques-unes de ces observations, comme celles de M. Boirac, permettent même d'entrevoir des lois plus générales que celles que nous avions soupçonnées; aussi avons-nous été heureux de leur donner un nouveau support par l'exposé de nos expériences récentes sur la conduction de la force nerveuse (Note M).

Nous avons également dit quelques mots relatifs aux points hypnogènes et à la localisation de la sensibilité dans le corps astral (1), phénomène que nous avions à peine indiqué dans les éditions précédentes, nous proposant de le traiter dans un ouvrage spécial: Les Fantômes des vivants et les âmes des morts;

---

(1) *La Psychologie inconnue,* p. 276.

malheureusement, je ne me sens plus la force de traiter convenablement un pareil sujet, sur lequel deux nouveaux livres excellents viennent, du reste, d'être publiés.

M. Boirac a aimablement critiqué les très nombreuses citations que j'ai faites d'auteurs anciens à propos de l'Envoûtement, de la Poudre de sympathie, de la Guérison magnétique des plaies par la transplantation et des théories de Maxwell. « Elles font, dit-il (1), *honneur à l'extraordinaire érudition de M. de Rochas et présentent un grand intérêt historique, mais nous craignons qu'elles ne nuisent plutôt, dans l'esprit de la plupart des lecteurs, à l'impression que devrait leur laisser la physionomie de cet ouvrage. Ne seront-ils pas moins sensibles au caractère méthodique et scientifique des recherches de l'auteur qu'à l'étrangeté souvent extravagante et fabuleuse des légendes et anecdotes dont il leur inflige le compromettant voisinage ? Sans doute, lui-même déclare « qu'il ne saurait trop insister sur ce » qu'il n'affirme nullement la réalité des faits con-» tenus dans les récits qu'il rapporte ; il est simple-» ment le chroniqueur d'une tradition (à propos de » l'envoûtement) qui, par sa persistance et son uni-» versalité, mérite au moins d'attirer l'attention de » ceux qui étudient les progrès et les aberrations de » l'esprit humain », mais il n'en est pas moins vrai que ceux qui sont indifférents ou hostiles à cet ordre*

---

(1) Mme Lambert, avec qui M. Durville a fait, tout récemment, ses intéressantes expériences relatives au corps astral, est le sujet que j'ai désigné dans les éditions précédentes, sous le pseudonyme de Mme Lux et à qui j'ai rendu, dans celle-ci, son véritable nom.

de recherches ne verront pas ou ne voudront pas voir sa déclaration et confondront dans la même incrédulité les faits patiemment observés et simplement contrôlés des premiers chapitres et les histoires invraisemblables et invérifiables des derniers. »

Je suis le premier à reconnaître les fâcheuses confusions que peuvent amener ces citations chez les esprits superficiels; mais ce n'est pas pour eux que j'écris. Peu m'importe qu'ils soient convertis ou non; je n'ai nullement, comme mon ami Léon Denis, le tempérament d'un apôtre.

Il y a dans l'étude des faits peu connus deux écoles. L'une consiste à les présenter comme une découverte tout à fait nouvelle et à s'en attribuer le mérite. On en connaît de trop nombreux exemples, soit que les auteurs aient réellement ignoré les travaux de leurs devanciers, soit qu'ils les aient, de parti pris, laissés dans l'ombre.

L'autre (et c'est celle à laquelle j'appartiens) s'efforce, au contraire, de rechercher dans le passé tout ce qui se rattache, de près ou de loin, aux phénomènes observés et à remonter, autant que possible, aux sources mêmes des traditions, d'abord par esprit de justice, et ensuite parce que, dans ces traditions, il y a presque toujours des circonstances spéciales propres à orienter l'esprit du chercheur dans des voies nouvelles.

Grenoble, 28 juin 1909.

ALBERT DE ROCHAS.

A. DE ROCHAS — PL. I

Pôle N rouge

Fig. 1 — Chrysanthème blanc avec son auréole

Fig. 2 — Cristal de Sulfate de Chaux

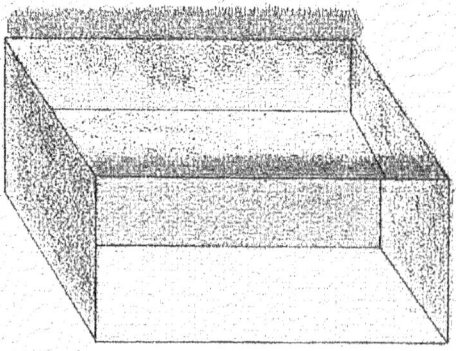

Fig. 3 — Cristal de Spath d'Islande

G. Frichot Lith. Paris   Aquar. d'Albert Lévy

PL. II

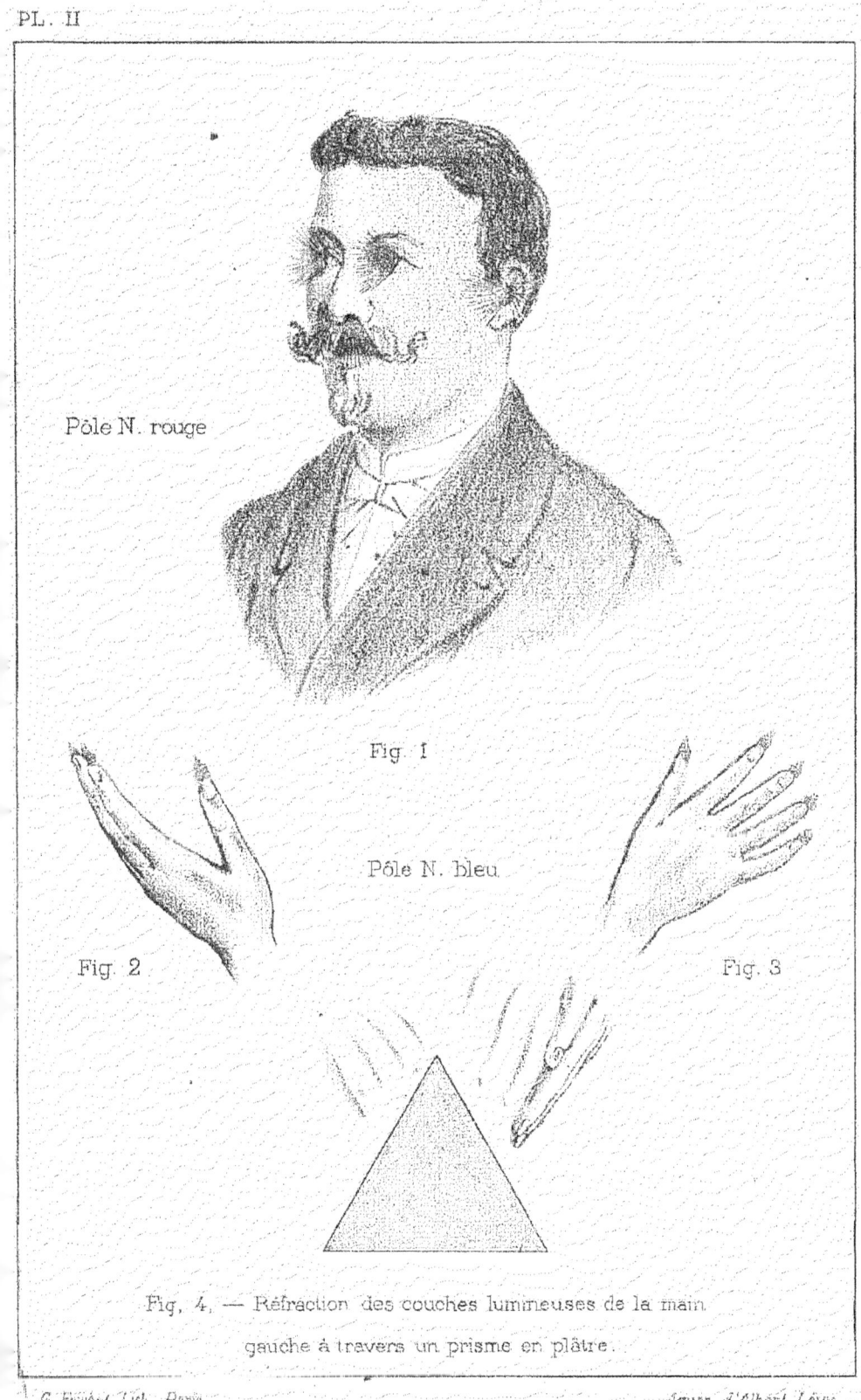

Pôle N. rouge

Fig. 1

Pôle N. bleu

Fig. 2   Fig. 3

Fig. 4. — Réfraction des couches lumineuses de la main gauche à travers un prisme en plâtre.

G. Fichot Lith. Paris   Aquar. d'Albert Lévy

PL. III

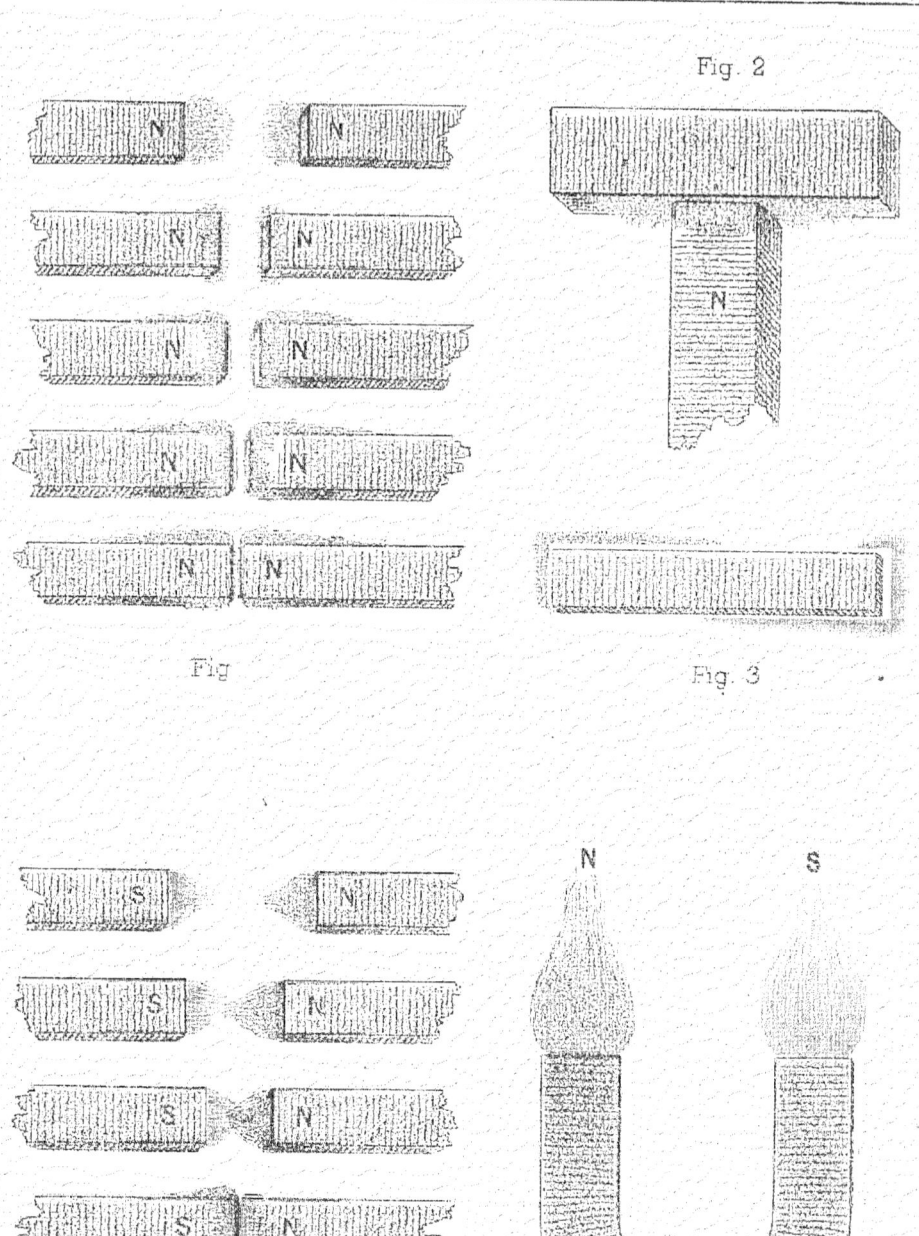

Fig. 1
Fig. 2
Fig. 3
Fig. 4
Fig. 5

G. Frichot, Lith. Paris.
Aquar. d'Albert Lévy

PL. IV

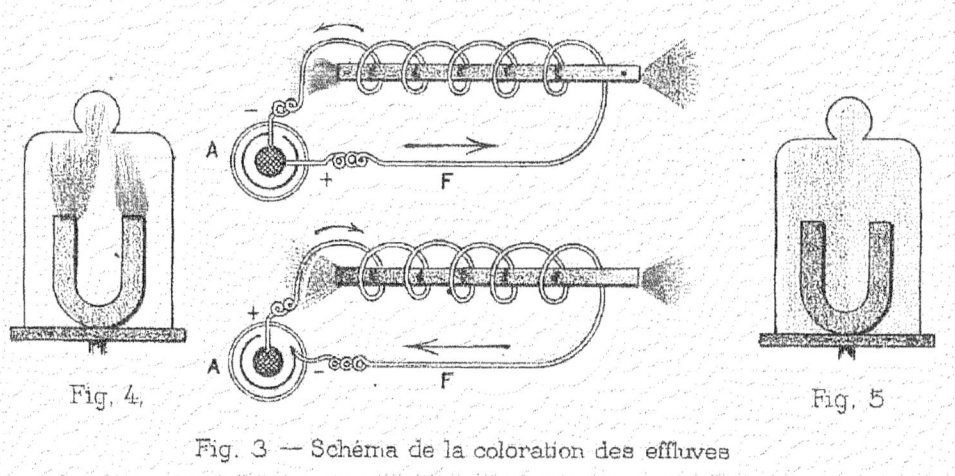

Fig. 1

Bobine avec noyau de fer traversé par un courant.

Pôle N. bleu

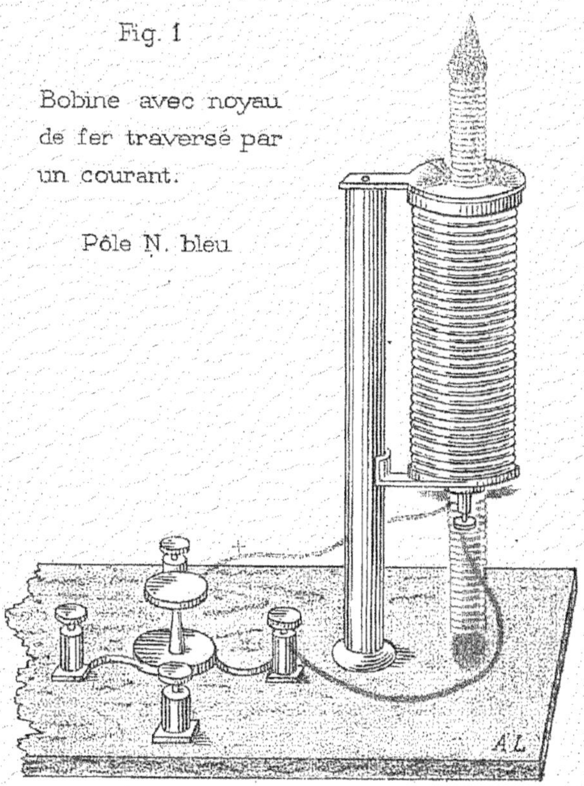

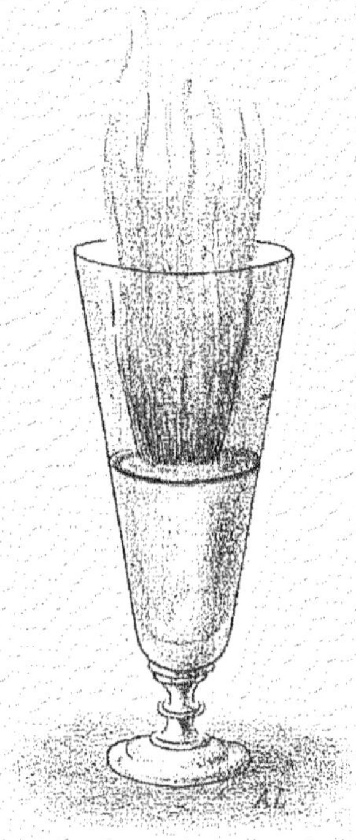

Fig. 2 — Action chimique

Fig. 4.

Fig. 5

Fig. 3 — Schéma de la coloration des effluves suivant le sens du courant.

G. Frichot. Lith. Paris

Aquar. d'Albert Lévy

L'EXTÉRIORISATION DE LA SENSIBILITÉ

CHAPITRE PREMIER

DE L'OBJECTIVITE DES EFFLUVES PERÇUS SOUS FORME DE LUMIÈRE DANS L'ETAT HYPNOTIQUE

I

De tout temps on a signalé l'existence d'effluves lumineux se dégageant de certaines personnes exceptionnellement douées; l'abbé Ribet en rapporte un grand nombre de cas dans sa *Mystique divine* (t. II, ch. XXIX), et l'imagerie religieuse en a consacré la tradition avec l'auréole des saints et les rayons qui s'échappent des doigts de la Vierge ou du front de Moïse.

Lors des premières observations relatives au magnétisme animal, on remarqua que la plupart des somnambules, doués d'une hyperesthésie sensorielle générale par rapport à leur magnétiseur (1), constataient chez lui un phénomène analogue, invisible pour les autres personnes.

---

(1) Voir la note B (*Rapport de M. Jussieu sur le magnétisme animal*).

La plupart des somnambules voient, dit Deleuse (1), un fluide lumineux et brillant environner leur magnétiseur et sortir avec plus de force de sa tête et de ses mains ; ils reconnaissent que l'homme peut le produire à volonté, le diriger, et en imprégner diverses substances. Plusieurs le voient non seulement pendant qu'ils sont en somnambulisme, mais encore quelques minutes après qu'on les a réveillés ; il a pour eux un goût qui est très agréable, et il communique un goût particulier à l'eau et aux aliments. Quelques personnes aperçoivent ce fluide lorsqu'on les magnétise, quoiqu'elles ne soient point en somnambulisme ; j'en ai même rencontré qui le voient en magnétisant, mais ces cas sont extrêmement rares.

Vers le milieu de ce siècle, le Dr Despine, à Aix-les-Bains, et le Dr Charpignon, à Orléans, confirment les observations précédentes et établissent en outre par de nombreuses expériences que certains somnambules pouvaient percevoir, comme un brouillard plus ou moins lumineux, non seulement les radiations, obscures pour nous, de l'électricité statique ou dynamique, mais encore les effluves qui s'échappaient de quelques corps et notamment des aimants, de l'or, de l'argent.

A peu près à la même époque, un savant chimiste autrichien, le baron Reichenbach, découvrait que l'état somnambulique n'était pas nécessaire pour déterminer la perception des sensations lumineuses dont je viens de parler, et il reconnut que, pour certaines personnes, elles se produisaient après un séjour de plusieurs heures dans une profonde obscurité.

Doué d'un esprit scientifique remarquable et d'une ténacité rare, jouissant en outre d'une très belle fortune,

---

(1) *Histoire du magnétisme animal,* 1813, p. 84.

il n'épargna ni le temps ni l'argent pour étudier le nouveau procédé d'investigation dont il était l'inventeur; il publia le résultat de ses recherches dans plusieurs livres, malheureusement trop peu connus en France, dont j'ai donné un aperçu sommaire dans une publication récente (1).

---

(1) *Le fluide des magnétiseurs.* Précis des expériences du baron de Reichenbach sur ses propriétés physiques et physiologiques. — Paris, Carré, 1891.

On trouvera dans la note C le rapport fait en 1846 par Berzélius à l'Académie des Sciences de Stockholm, sur quelques-unes des expériences de Reichenbach.

L'action physiologique de l'aimant a été récemment constatée de nouveau à New-York par M. W. Hamond (*Annales de psychiatric et d'hypnologie;* novembre 1894). Voici une des expériences rapportées par cet observateur:

« Un monsieur, âgé de trente ans et d'une nature nullement impressionnable, découvrit son bras droit, à ma requête, relevant la manche de sa chemise jusqu'à l'épaule, et l'étendit de toute sa longueur sur une table. Je pris alors un mouchoir et lui bandai étroitement les yeux, lui exprimant le désir qu'il voulût bien me dire quelles sensations il éprouverait au cours de l'expérience. L'ayant ainsi induit à concentrer son attention sur cette partie de sa personne, je tins un fort aimant, en forme de fer à cheval, en contact presque immédiat au-dessus de sa nuque et à environ un pouce d'intervalle avec la peau.

« Au bout de 32 secondes à ma montre, il dit: Je ne sens rien du tout au bras, mais j'éprouve une étrange sensation d'engourdissement derrière le cou. — Dix secondes après, il s'écriait: Il semble maintenant que vous me promenez un verre ardent derrière le cou. J'enlevai l'aimant, et lui demandai s'il ne sentait rien au bras. — Non, répliqua-t-il, je ne crois pas.

« Tandis qu'il parlait, j'amenai vivement l'aimant au-dessus de sa tête, et en même temps je lui frappai le bras avec un coupe-papier. — Je sens, dit-il, que vous me frappez avec quelque chose, mais l'engourdissement que je sentais au cou a disparu et se trouve être maintenant juste au-dessus de ma tête.

« J'éloignai alors l'aimant et je le fis mouvoir au-dessus du bras, de l'épaule au bout des doigts, à la distance d'un pouce ou à peu près de la surface de la peau. Après deux ou trois passes de la sorte, il dit: Maintenant je sens quelque chose au bras; j'éprouve une sensation telle que si vous me piquiez le bras avec des épin-

Je me bornerai à citer ici quelques extraits de l'un d'eux (1) où il expose les phénomènes dont j'ai repris l'étude sous une autre forme.

Conduisez un sensitif dans l'obscurité, prenez avec vous un chat, un oiseau, un papillon, si vous pouvez vous en procurer un, et plusieurs pots de fleurs. Après quelques heures d'obscurité, vous l'entendrez dire des choses curieuses : les fleurs sortiront de l'obscurité et deviendront perceptibles ; d'abord, elles sortiront du noir de l'obscurité générale sous la forme d'un nuage gris isolé ; plus tard, il se formera des points plus clairs ; à la fin, chaque fleur deviendra distincte, et les formes apparaîtront de plus en plus nettement. Un jour, je posai un de ces vases devant M. Endlicher, professeur distingué de botanique, qui était un sensitif moyen ; il s'écria avec un étonnement mêlé de frayeur : « C'est une fleur bleue, c'est une gloxinie. » C'était effectivement une *Gloxinia speciosa*, var. *cœrulea*, qu'il avait vue dans l'obscurité absolue et qu'il avait reconnue par la forme et la couleur.

Mais sans la lumière, on ne peut rien voir dans l'obscurité ; il a fallu la présence de la lumière pour apercevoir la plante avec une telle évidence qu'on a non seulement pu reconnaître la forme, mais encore la couleur. D'où arrivait cette lumière ? Elle sortait de la plante elle-même qu'elle éclairait : germes, anthères, pistils, corolles, tiges, tout apparaissait finement illuminé ; on pouvait même apercevoir les feuilles, quoique plus sombres. Tout paraissait comme dans une douce incandes-

---

gles, quoique cela ne me blesse nullement. Maintenant, il me semble que le verre ardent me brûle légèrement tout le long du bras.

« D'autres modifications de l'expérience furent faites, toujours avec un résultat semblable. Il était évident que l'aimant produisait des sensations irritantes sur les parties du corps où sa proximité n'était pas soupçonnée. »

Les observations relatives à l'action curative des aimants sur certaines personnes se comptent par milliers depuis deux siècles et ne laissent aucun doute sur la réalité des effluves qu'ils émettent.

(1) *Lettres odiques et magnétiques*. Stuttgard, 1856.

cence : les parties génitales étaient les plus brillantes, puis la tige et enfin les feuilles.

Votre papillon, votre chat, votre oiseau, tous apparaîtront de même dans l'obscurité, certaines parties de ces animaux deviendront lumineuses. Bientôt le sensitif déclarera qu'il vous voit vous-même... Fixez son attention sur les mains; d'abord elles auront une faible ressemblance avec une fumée grise, ensuite elles ressembleront à une silhouette sur un fond faiblement éclairé, enfin les doigts paraîtront avec leur propre lumière; il verra à chaque doigt un prolongement luisant, qui pourra parfois paraître aussi long que le doigt lui-même. Lorsque le premier étonnement relatif à la faculté lumineuse de tous les hommes, restée inconnue jusqu'ici, sera passé et que vous voudrez diriger l'attention de votre sensitif sur le détail de ces lueurs, vous lui entendrez peut-être dire avec une nouvelle surprise que les couleurs dans les différentes parties du corps ne sont pas semblables; que les mains droites luisent d'un feu bleuâtre, pendant que les mains gauches apparaissent jaune rouge et que, par suite, les premières semblent plus sombres que les secondes; que la même différence existe pour les deux pieds; que même tout le côté droit de votre figure et même du corps entier est bleuâtre et plus sombre que le gauche, qui est jaune rougeâtre et paraît sensiblement plus clair que l'autre. (*Lettre* 5.)

Je fis mon premier essai sur les aimants avec Mlle Nowstuy, à Vienne, en avril 1744, et je le répétai ensuite par centaines de fois avec d'autres sensitifs dans la chambre obscure. — De chaque bout du barreau aimanté se dégage une flamme lumineuse, ardente, fumante et jetant des étincelles, bleue au pôle nord, jaune au pôle sud. — Si vous posez le barreau verticalement, le pôle sud en haut, le sensitif vous dira que la flamme grandit. Si l'aimant est d'une force suffisante, la flamme s'élèvera jusqu'au plafond et y produira un cercle lumineux de 1, 2, jusqu'à 3 pieds de diamètre, si clair que le sujet, s'il est assez sensible, pourra vous décrire les détails du plafond. Mais, je vous en préviens, ne négligez aucune des précautions que je vous ai indiquées pour obtenir une obscurité absolue et préparez les yeux de votre sensitif pendant des heures entières; sans cela, il ne verrait rien, vous travailleriez inutilement, et l'exactitude de mes affirmations courrait le risque d'une suspicion imméritée. (*Lettre* 4.)

Les expériences de Reichenbach furent répétées, à l'aide des mêmes procédés, par un magnétiseur de profession, M. Durville, qui les précisa par des observations nouvelles dont il a donné le résultat dans un ouvrage de propagande intitulé: *Traité expérimental et thérapeutique du magnétisme* (pp. 99 à 115; Paris, 1886); il enseigne, comme le savant autrichien, que le côté droit du corps humain est bleu dans son ensemble et le côté gauche jaune, avec des effluves de couleurs correspondantes lancés par les organes des sens (yeux, oreilles, narines, etc.).

Quelque temps après, je fus amené par mes études sur les états profonds de l'hypnose à reconnaître que:

1° La faculté de vision attribuée par les premiers magnétiseurs aux somnambules n'apparaissait en général que dans l'état que j'ai appelé état de rapport et disparaissait quand le sommeil s'approfondissait;

2° Chez des sujets très sensibles, on peut déterminer l'état de rapport d'un membre quelconque, et en particulier des yeux, en agissant magnétiquement sur les organes pendant que le reste du corps reste à l'état naturel;

3° Dans ces conditions, certains sujets acquièrent une hyperexcitabilité momentanée de la vue qui leur permet de voir en pleine lumière les effluves, objet de cette étude.

Je rencontrai dans le service du Dr Luys, à la Charité, un sujet nommé Albert L..., qui jouissait à un haut degré de cette dernière faculté et qui, de plus, était dessinateur de profession, de sorte que, grâce à l'obligeance du

D' Luys à qui je révélai cette singulière propriété, nous fûmes l'un et l'autre en posesssion d'un instrument de travail de beaucoup supérieur à celui dont se servaient nos prédécesseurs, puisque, au lieu d'être obligés de nous en rapporter comme eux à des descriptions plus ou moins vagues, nous pouvions obtenir des dessins et même des peintures auxquels le sujet avait la facilité d'apporter toute la précision désirable, moyennant la simple précaution de remettre de temps en temps ses yeux à l'état convenable, état dans lequel M. Luys a fait constater, au moyen de l'ophtalmoscope, que le *fond de l'œil présente un phénomène d'éréthisme vasculaire extraphysiologique* (1) et que les vaisseaux sanguins y ont presque triplé de volume.

Les quatre planches coloriées qu'on trouvera à la fin de ce chapitre reproduisent quelques-uns de ces dessins; nous les avons donnés aussi exactement que possible pour leur conserver leur caractère documentaire dans des études où tout est encore loin d'être expliqué.

D'après les observations de M. Luys faites à l'aide d'Albert L..., le côté droit du corps humain présente, *en général* (2), une coloration bleue. Les yeux, les oreilles,

---

(1) Comptes rendus de la Société de biologie; séance du 17 juin 1893.

(2) On verra, par la suite de cette étude, que les sujets inversent souvent les colorations qu'ils attribuent aux effluves; mais alors ils les inversent toutes de la même manière, quelle que soit leur origine.

C'est ainsi que, dans la figure 1 de la planche II, le côté droit est indiqué rouge et le côté gauche bleu; mais alors le sujet inverse également les couleurs qu'il attribue aux pôles d'un aimant; il voit rouge le pôle nord et bleu le pôle sud.

De là viennent les contradictions et les discordances qu'on a relevées dans les affirmations des différents auteurs et même dans celles du même observateur. M. Luys, par exemple, attribue aux

les narines, les lèvres dégagent des irradiations de mêmes couleurs, et ces irradiations sont d'autant plus intenses que le sujet est plus vigoureux. Le côté gauche dégage des effluves rouges par les organes des sens, et leur intensité varie pareillement avec l'état du sujet.

Poussant ses expériences dans la voie de ses occupations professionnelles, le Dr Luys observa que, chez les sujets hystériques masculins et féminins, la coloration des effluves du côté droit devient violette et que, dans les cas où il y a paralysie par disparition de l'activité nerveuse, les colorations lumineuses de la peau sont parsemées de points noirs. Il constata également que les effluves subsistent pendant quelques heures après la mort, et que, si l'on ouvre le crâne d'un animal vivant, le lobe droit du cerveau paraît d'un beau bleu et le lobe gauche d'un beau rouge, jusqu'à ce que la vie disparaisse complètement, ce qui montre qu'il n'y a pas entrecroisement pour ce genre d'action de l'encéphale comme pour ses actions motrices et sensitives.

Quand l'oreille est dure, c'est-à-dire quand la personne observée est plus ou moins sourde, la radiation lumineuse de l'oreille diminue considérablement. Un poisson vivant hors de l'eau émet des radiations analogues à celles des autres animaux; mais quand il est dans l'eau, les radiations deviennent invisibles, probablement parce qu'elles se dissolvent. Des effluves bleus se dégagent également du pôle nord d'un aimant et du pôle positif d'une pile, tandis que les pôles négatifs d'un aimant et d'une pile donnent des effluves rouges; les

---

effluves du pôle nord, tantôt la coloration bleue (*Annales de psychiatrie*, juillet 1892); tantôt la coloration rouge (mêmes *Annales*, octobre 1893).

bobines d'induction se couvrent d'une lueur jaune quand elles sont traversées par un courant.

Toutes ces observations ont besoin d'être vérifiées bien des fois avant qu'on puisse les admettre sans réserves, d'autant plus que j'ai reconnu, par des expériences poursuivies méthodiquement, depuis plus de quinze ans avec de nombreux sujets, que les descriptions que ces sujets donnaient des colorations n'étaient pas toujours concordantes, le même sujet variant même quelquefois dans ses affirmations d'un moment à l'autre, soit sous l'influence d'une modification de son état hypnotique, soit sous celle d'une orientation différente de l'objet qui émet les effluves (1).

Ce qui est constant, ce qu'on doit considérer

---

(1) Je viens de recevoir (8 juin 1897) le procès-verbal d'une série de séances tenues sous la direction de M. le capitaine de L... avec un jeune homme de 21 ans, d'apparence robuste, d'intelligence vive, qui est devenu depuis quelque temps un médium voyant, écrivain et à incarnation.
Voici comment on me le décrit:

« Sa couleur préférée est le bleu; il déteste le jaune, et le vert lui cause une impression désagréable qu'il ne peut définir. Il ressent l'influence de l'orientation et se contracture facilement quand on se place près de lui en position insonôme.

« Il voit les effluves d'une personne étrangère sous l'apparence d'une lueur d'autant plus vive que la personne s'approche plus de lui. Cette lueur, bleue à droite et jaune-orangé à gauche, enveloppe le corps entier et ne lui paraît pas définie comme contour. Elle est plus vive aux yeux et aux mains. Quand un magnétiseur concentre sa volonté dans son regard, l'effluve qui s'échappe de ses yeux n'est pas plus long, mais il est plus brillant, comme si le fait de vouloir produisait une accélération dans le mouvement moléculaire de l'effluve.

« Ces mouvements moléculaires sont visibles pour le sujet. — Ce sont, dit-il, des molécules qui tournent très vite autour d'elles-mêmes et les unes autour des autres. — Il prétend que les mouvements varient en direction et en intensité suivant le caractère et l'état d'âme de la personne.

« Si deux personnes se placent l'une devant l'autre se faisant

comme prouvé au même titre que tel ou tel fait historique dont nous n'avons pu être témoin nous-même, c'est l'existence d'une sensation lumineuse perçue par un grand nombre de personnes dans les conditions que nous avons indiquées.

Cette sensation est-elle purement *subjective*, c'est-à-dire le simple résultat de l'imagination du sensitif? ou est-elle *objective*, c'est-à-dire l'action d'une cause matérielle externe? et, dans cette dernière hypothèse, quelle peut être cette cause? Tels sont les termes du problème que je me suis proposé de résoudre en employant les ressources que fournissent les connaissances physiques actuelles et les précautions qu'exigent des recherches aussi délicates.

J'ai eu la bonne fortune de pouvoir m'associer comme collaborateur un physicien distingué, M. C...; il a bien voulu rédiger lui-même le compte rendu de nos travaux, mais, occupant comme moi une position officielle, il préfère ne pas être nommé pour éviter les appréciations malveillantes de ceux qui sont complètement étrangers au genre de recherches qui nous occupe.

Dans ce compte rendu, on a évité de faire des rapprochements avec ce qui avait été trouvé par d'autres expérimentateurs; M. C... ignorait du reste tout à fait l'historique de la question, et nous avions convenu que je

---

face, le sujet dit que les effluves ne se mélangent pas et qu'il distingue parfaitement le bleu derrière le jaune-orangé et réciproquement...

« Les esprits évoqués lui apparaissent entourés d'une lueur analogue aux effluves odiques mais d'une très faible intensité. Chez les médiums il voit les lueurs renforcées à la partie supérieure du corps et allant en se dégradant jusqu'à disparaître dans la partie inférieure. »

n'y ferais aucune allusion pour éviter d'influencer sa manière d'opérer; quand il parle de ce que voient les sujets, il ne s'agit que de ceux sur lesquels nous avons opéré ensemble.

C'est au lecteur à comparer nos résultats avec ceux qui ont été décrits en détail dans les ouvrages que j'ai cités plus haut.

II

Le problème tel qu'il vient d'être posé demande une solution nette pour les sept questions suivantes:

Première question. — Y a-t-il perception d'un phénomène réel, ou bien la description faite par le sujet est-elle due à sa mauvaise foi ou à un travail de son imagination? S'il n'y a là que tromperie ou hallucination, la cause se trouve immédiatement jugée, et il n'y a pas besoin d'aller plus loin. Si, au contraire, on parvient à constater que les descriptions du sujet correspondent à quelque chose de réel, qui persiste d'une façon indubitable dans de nombreuses expériences où l'on exerce sur le sujet un contrôle rigoureux, fondé sur des procédés scientifiques dont il ne peut avoir connaissance, on dispose alors d'un terrain solide pour asseoir la base de l'édifice.

Deuxième question. — La deuxième question vient alors immédiatement à l'esprit: S'il y a phénomène réel, par quel organe se fait sa perception? Il ne faudrait pas, en effet, trop se presser de conclure que, puisqu'il s'agit d'un phénomène appartenant à la catégorie de ceux que nous appelons lumineux, la perception doit forcément en être effectuée par la voie de la rétine; il est possible qu'elle s'effectue, dans certaines conditions, par une autre voie (on peut citer le phénomène de l'audition colorée); — et, lorsqu'il s'agit de l'hypnose, c'est-à-dire d'un état qui apporte de si profondes modifications dans la sensibilité des différentes parties du système nerveux, il n'est pas hors de propos de chercher à fixer l'organe par lequel s'effectue la perception de l'effluve.

Troisième question. — Cet organe de perception donne à chaque sujet une sensation qui peut dépendre de la nature même du phénomène et du tempérament propre de chaque individu. Il est indispensable de savoir comment ces différentes influences sont susceptibles d'agir sur les descriptions données par chaque sujet.

Quatrième question. — Il est naturel de penser aussi que l'effluve, s'il existe, peut encore présenter certaines propriétés variables suivant le genre de force qui le produit; on est ainsi amené à déterminer l'influence des différentes formes de l'énergie.

Cinquième question. — L'hypnose comporte un certain nombre d'états différents; la perception de l'effluve, si elle est réelle, varie-t-elle si l'on place le sujet dans tel ou tel de ces états? Il est nécessaire de résoudre cette question pour qu'on puisse placer le sujet dans les conditions les plus convenables à l'expérience.

Sixième question. — Une question très grave consiste

dans l'influence qu'une suggestion pourrait exercer sur la façon dont le sujet décrit l'effluve. Nous entendons ici par suggestion une idée dirigeante et persistante imprimée dans le cerveau du sujet par des actes ou par des paroles antérieurement au moment où il donne les descriptions de l'effluve. De la réponse à cette question doit résulter l'indication des précautions à prendre, s'il y a lieu, pour se mettre à l'abri d'une sérieuse cause d'erreur.

Septième question. — Enfin on doit se demander s'il n'existe pas quelque difficulté ou même quelque impossibilité d'interprétation de la production et de la perception de l'effluve au point de vue théorique. Autrement dit, la production et la perception de l'effluve peuvent-elles s'expliquer par nos connaissances scientifiques actuelles? C'est par l'examen de cette question que nous terminerons ce travail.

Le programme de notre étude étant ainsi bien défini, nous allons exposer les réponses que nos expériences et le raisonnement apportent à ces différentes questions.

PREMIÈRE QUESTION

Y a-t-il perception d'un phénomène réel?

Pour résoudre cette question, nous avons institué un certain nombre d'expériences, dont les conditions étaient combinées de telle sorte qu'il fût impossible au sujet de s'en rendre compte; ces expériences étaient l'application de certaines lois physiques nettement caractérisées, ne laissant pas place au moindre doute sur le résultat à obtenir.

De plus, afin de nous mettre à l'abri de toute cause d'erreur pouvant provenir d'une suggestion subie par le sujet, aucune parole susceptible de l'influencer n'était prononcée devant lui, soit à l'état de veille, soit à l'état hypnotique. On lui posait seulement la question: « Que voyez-vous? »

Enfin, pour écarter toute idée de suggestion, même involontaire, les attributions des deux opérateurs étaient nettement séparées: M. de Rochas s'occupait de placer le sujet dans l'état convenable; M. C... exécutait les opérations à l'insu du sujet et aussi de M. de Rochas, sans s'occuper en aucune façon de la partie hypnotique.

Comme le détail de toutes ces expériences nous entraînerait trop loin, nous le donnerons seulement pour celles qui sont la réalisation de trois principes de physique dont les résultats sont très nettement caractérisés; ce sont l'aimantation par un courant, la réfraction et la polarisation de la lumière.

Elles furent exécutées avec l'aide d'un sujet, M. Albert L..., présentant cette particularité remarquable qu'il pouvait dessiner et peindre, au moment même de l'observation et d'après nature, les effluves qu'il disait apercevoir.

Nous avions ainsi, au lieu de descriptions verbales, forcément vagues et incomplètes, des dessins coloriés, précis, montrant tous les détails de ce que le sujet prétendait voir.

a) Electro-aimant. — Le premier des principes appliqués est celui de l'électro-aimant.

Voici le dispositif de l'expérience.

Une tige de fer cylindrique est placée à l'intérieur d'une bobine de fil de cuivre isolé, dont les deux extrémités sont reliées par deux fils de cuivre à deux bornes fixées sur une planchette; deux autres bornes, fixées sur la même planchette, communiquent par deux fils de cuivre avec les deux pôles d'une pile au bichromate de potasse à un liquide (genre bouteille). Quatre ressorts, reliés à ces quatre bornes, appuient sur un cylindre à substance isolante dans lequel sont incrustées deux plaques de cuivre; en tournant ce cylindre dans différentes positions, on peut réaliser les combinaisons suivantes: communication des deux pôles de la pile avec les deux extrémités de la bobine, c'est-à-dire passage du courant dans un certain sens; — ou suppression de toute communication entre la pile et la bobine, c'est-à-dire interruption du courant; — ou communication des deux pôles de la pile avec les deux autres extrémités de la bobine, c'est-à-dire passage du courant en sens contraire du premier. (*Pl. IV, fig. 1.*)

Les conducteurs établissant la liaison de la bobine et de la pile avec les bornes de la planchette étaient emmêlés les uns dans les autres (ils étaient recouverts de gutta-percha, de façon à dissimuler complètement le sens du courant au sujet qui, d'ailleurs, ne pouvait pas davantage se rendre compte de la position du commutateur).

Le mécanisme de chaque expérience était le suivant:

On faisait tourner le commutateur et on l'arrêtait dans une position quelconque, sans chercher à déterminer cette position; le sujet, amené à l'état hypnotique, était placé devant l'électro-aimant.

La séance avait lieu entre 2 et 4 heures de l'après-midi, et la lumière était celle du jour amortie par un store.

Le sujet faisait sa description; puis on approchait successivement des deux extrémités du noyau de fer de l'électro-aimant une petite boussole breloque tenue dans le creux de la main, que le sujet ne pouvait voir; et d'ailleurs l'aurait-il vue que cette indication lui aurait été inutile, puisque, à ce moment, la description était déjà faite et enregistrée.

On déterminait ainsi si le courant passait ou non et, dans le cas de l'affirmative, quels étaient la nature des pôles et le sens du courant.

Cette expérience a été exécutée un grand nombre de fois (vingt-deux), séparées tantôt par quelques minutes pendant lesquelles on réveillait le sujet pour quelques instants de repos, tantôt par des intervalles de plusieurs jours.

Les descriptions du sujet ont toujours été en concordance avec le phénomène réellement produit; *dans chaque série, c'est-à-dire pour un même état du sujet*, elles indiquaient: un effluve bleu à une extrémité du noyau et un effluve rouge à l'autre toutes les fois que le courant passait dans la bobine; un mélange de bleu et de rouge à chaque extrémité lorsque le sens du courant était brusquement inversé; puis, au bout de quelques secondes, un renversement des colorations des effluves, c'est-à-dire la substitution d'un effluve bleu à un rouge, et réciproquement; enfin, plus rien si le courant était interrompu.

L'interruption fut produite aussi plusieurs fois sans toucher au commutateur, en détachant, à l'insu du sujet, un des fils de communication; aussitôt le sujet déclara qu'il ne voyait plus rien.

On chercha encore à supprimer le courant en relevant les zincs de la pile de façon à les amener en dehors du liquide : on pensait ainsi dérouter le sujet; puisque le courant ne devait plus exister, le sujet ne devait plus rien voir. Or, celui-ci déclara qu'il voyait toujours les deux effluves. La boussole fut approchée et indiqua qu'il y avait en effet une polarisation encore énergique du noyau de fer et, par conséquent, un courant très appréciable. On examina alors la pile, et il fut facile de constater que ce courant était dû à des gouttes de liquide qui avaient été entraînées par les zincs et qui étaient restées adhérentes aux pièces d'ébonite destinées à séparer les zincs des charbons; ces gouttes étaient en contact avec les zincs et les charbons, et suffisaient pour prolonger l'activité de la pile, ainsi que le montrait bien nettement le jeu du commutateur.

Dans certaines expériences, dont le détail est indiqué plus loin (voir *Sixième question*), un fil de cuivre isolé fut enroulé autour d'un noyau d'acier, puis mis en communication avec les deux pôles de la pile, à l'insu du sujet. Au moment de l'établissement du courant, L... accusa le développement des deux effluves aux deux extrémités du barreau; ces deux effluves persistèrent ensuite après la suppression du courant. Il était cependant impossible que L... pût distinguer dans ces deux cas le fer doux et l'acier.

b) Réfraction. — Le deuxième principe utilisé est celui de la réfraction de la lumière, qui permet de séparer et d'analyser les radiations lumineuses d'après leurs longueurs d'onde ou, ce qui revient au même, d'après leur nombre de vibrations par seconde.

Nous nous sommes servis, pour cela, d'un spectroscope composé d'un collimateur, d'un prisme et d'une lunette. En plaçant une source de lumière blanche devant la fente du collimateur, et en inclinant l'oculaire à droite ou à gauche sur l'axe de la lunette au moyen d'un pignon, on pouvait amener dans le champ de la lunette telle ou telle partie du spectre. Si l'on inclinait l'oculaire à gauche, on pouvait isoler les radiations rouges; si on l'inclinait à droite, on n'avait plus que les radiations bleues et violettes.

Il était ainsi facile de contrôler par la position de l'oculaire la nature des colorations que le sujet disait voir dans la lunette lorsqu'on plaçait devant la fente des effluves suffisamment intenses.

Pour bien comprendre ce qui va suivre, il faut remarquer qu'un même sujet n'attribue pas toujours la même coloration au même effluve ni, en général, à une source lumineuse quelconque parmi celles qu'un individu à l'état normal peut percevoir.

Cette coloration varie suivant l'état et le degré de fatigue du sujet. Ainsi, un pôle nord d'un même aimant pourra être vu tantôt bleu, tantôt rouge, dans des séries différentes d'expériences. De même, le spectre (1), vu directement ou par projection sur un écran, est perçu tantôt de la façon normale, tantôt à l'envers avec le violet à la place du rouge et réciproquement. (Voir *Troisième question*.)

Cela posé, voici les expériences que nous avons exécutées avec le spectroscope.

Pour toutes, on faisait dans le local une demi-obscu-

---

(1) La source lumineuse était la flamme d'une lampe à gaz.

rité, plus favorable au sujet L... que l'obscurité complète pour la perception et la description des effluves.

- Dans une première série, nous disposons en avant et un peu en dessous de la fente du collimateur un barreau aimanté de force moyenne; le sujet ne voit rien.

Le barreau est remplacé par une lampe à gaz; le sujet voit alors le spectre, mais inversé. On déplace l'oculaire de façon à isoler le bleu et le violet: L... voit rouge. On isole ensuite le rouge; L... voit violet.

Cette expérience, répétée plusieurs fois de suite, donne toujours le même résultat.

Pendant que le sujet observe dans la lunette, l'oculaire étant disposé pour ne recevoir que le bleu et le violet, réels, M. de Rochas place l'extrémité des doigts en avant et un peu en dessous de la fente. Le sujet déclare que la lumière, qu'il voyait rouge, est devenue violette.

On déplace légèrement les doigts à l'insu de L..., de façon à changer la direction de l'effluve et à le détourner du champ de la fente. Le sujet déclare aussitôt que la lumière redevient rouge. On répète cette expérience plusieurs fois, toujours avec le même résultat.

Or, cette substitution d'une sensation violette à une sensation rouge ne peut se produire que si à cette sensation rouge vient s'en ajouter une autre, bleue ou violette; il faut en conclure que l'atmosphère de l'extrémité des doigts émet des radiations donnant à L... une sensation bleue ou violette; cela est, en effet, vérifié par les descriptions du sujet, qui voit en bleu, plus ou moins violacé, les extrémités des doigts. On peut même aller plus loin: puisque la position actuelle de l'oculaire ne permet de recevoir que les radiations ayant réellement une coloration bleue ou violette, on est en droit de conclure de cette expérience que l'atmosphère de l'extrémité des doigts émet en réalité des radiations dont la longueur d'onde est voisine de celles du bleu et du violet.

Nous fûmes ainsi amenés à penser que, si le sujet n'avait rien vu dans le spectroscope avec un aimant de force moyenne, bien que la fente fût ouverte autant que possible, cela tenait sans doute à ce que les effluves de cet aimant (auxquels L... attribuait seulement une longueur de 1 à 2 centimètres) n'étaient pas assez intenses pour le degré, relativement modéré, de sensibilité du sujet.

L'expérience fut donc reprise dans une autre séance, en employant cette fois un très gros aimant en fer à cheval (1).

Le spectroscope fut d'abord placé de telle façon que l'axe de l'appareil passât un peu au-dessus du pôle nord, la fente du collimateur étant amenée à quelques centimètres en avant du prolongement de la face verticale antérieure de l'aimant; les deux branches de celui-ci étaient verticales. Dans ces conditions, s'il y avait effluve, il devait être vertical au-dessus du pôle et jouer, par rapport au spectroscope, le même rôle qu'une flamme.

Une demi-obscurité régnait dans le local, et une étoffe d'un noir mat, tendue de l'autre côté de l'aimant, arrêtait toute radiation étrangère qui aurait pu s'introduire dans l'appareil.

On vérifia d'abord que l'il normal, placé devant l'oculaire de la lunette, ne recevait pas la lumière, même en disposant un papier blanc devant la fente.

---

(1) - Cet aimant, composé de 6 lames, peut supporter 250 kilos.

Voici maintenant le détail des observations faites:

Le sujet regarde dans la lunette; on déplace, au moyen du pignon, l'oculaire à droite; le sujet dit apercevoir une coloration bleue très vive. On amène l'oculaire vers la gauche, le bleu diminue, et la coloration tend vers un rouge peu intense.

Pendant que le sujet a l'œil à la lunette, on déplace légèrement l'appareil de façon que son axe passe à côté de l'effluve; le sujet déclare aussitôt qu'il ne voit plus rien.

On continue le mouvement, et l'axe de l'appareil vient passer au-dessus du pôle sud. L'oculaire est alors à gauche. Le sujet déclare qu'il voit une vive coloration rouge. On amène l'oculaire à droite; le rouge diminue d'éclat et fait place à un bleu plus intense.

On revient au pôle nord, en passant par l'intervalle entre les deux branches, et on obtient encore le même résultat.

Le spectroscope est enlevé. Le sujet, amené devant l'aimant, décrit deux effluves, hauts de 20 à 30 centimètres, l'un bleu au-dessus du pôle nord, l'autre rouge au-dessus du pôle sud.

On passe à d'autres expériences, on réveille le sujet, qui prend quelques minutes de repos; puis on le remet dans l'état hypnotique. Il est ramené au spectroscope, et on répète l'expérience: il voit toujours comme précédemment.

c) *Polarisation*. — Deux primes de Nicol, montés sur pieds, étaient placés l'un devant l'autre, et chacun pouvait tourner dans sa monture autour de son axe. A chaque position du polarisateur correspondaient deux positions déterminées de l'analyseur qui produisaient l'extinction de la lumière traversant le système, et deux autres positions, à 90 degrés de celles-là, donnant le maximum de lumière; et réciproquement.

Cet ensemble était disposé devant le gros aimant et dirigé successivement au-dessus des deux pôles. Le local était peu éclairé, et une étoffe d'un noir mat était tendue en arrière de l'aimant. Ce fond était assez absorbant pour que l'œil, placé en arrière des deux Nicols, ne pût établir une différence entre les différentes positions du polariseur et de l'analyseur.

On prenait encore la précaution de diriger l'axe du système à une hauteur suffisante au-dessus des pôles pour qu'il fût impossible d'apercevoir dans le champ les branches de l'aimant.

Il n'y avait donc, dans le champ de l'appareil, que l'écran noir, devant lequel pouvait apparaître seulement l'un ou l'autre des deux effluves.

Le sujet L..., dans l'état hypnotique, regarde dans l'appareil, qui est dirigé au-dessus du pôle nord, et voit le champ éclairé en bleu. On tourne le polarisateur de différentes façons sans aucun ordre régulier; L... décrit très nettement des extinctions et des renforcements très vifs de lumière bleue, avec des variations intermédiaires et régulières d'éclat d'une position à l'autre; les descriptions, faites sans la moindre hésitation, correspondaient à des positions bien déterminées et toujours les mêmes, du polarisateur, l'analyseur restant fixe.

Ces positions furent repérées sur la monture, et, en plaçant ensuite un papier blanc dans le champ, nous pûmes constater que les descriptions de L... étaient bien d'accord avec les positions réelles des extinctions et des maxima de lumière.

L'appareil fut ensuite dirigé au-dessus du pôle sud. Le sujet indiqua alors qu'il voyait une lumière rouge; la rotation du polariseur produisait les mêmes effets et les mêmes variations que dans le cas précédent et dans les mêmes positions.

Pendant que L... regardait, le polariseur fut légèrement déplacé de façon à être dévié de la direction de l'effluve; aussitôt L... déclara qu'il ne voyait plus rien, et cela dans n'importe quelle position de la rotation du polariseur.

Ces expériences furent répétées un grand nombre de fois et donnèrent toujours les mêmes résultats concordants et conformes aux lois de la polarisation, bien qu'on fît tourner tantôt le polariseur, tantôt l'analyseur, et qu'on changeât à chaque instant, d'une façon absolument irrégulière, la vitesse et le sens de la rotation.

Il faut remarquer d'ailleurs que les positions d'extinction et de maximum de lumière donnés par la rotation d'un des deux Nicols dépendent de la position de l'autre. Il suffisait donc de donner une nouvelle orientation au Nicol fixe pour changer les positions de minimum et de maximum données par la rotation du Nicol mobile. Ces changements étaient faits à l'insu du sujet.

Résumé. — On voit donc que:

a) Au moyen de l'électro-aimant, nous faisons naître, ou nous supprimons, ou nous intervertissons à volonté, à l'insu du sujet, les pôles magnétiques du noyau de fer doux; non seulement les descriptions de l'effluve concordent parfaitement avec ces opérations, dans les vingt-deux expériences exécutées, mais le sujet constate même le passage du courant à un moment où l'opérateur croyait l'avoir supprimé.

Avec un noyau d'acier, que le sujet ne pouvait cependant pas distinguer du fer doux, des effluves décrits au moment du passage du courant persistent ensuite.

b) L'extrémité des doigts et les pôles d'un aimant puissant, placés devant la fente du spectroscope, donnent lieu à des colorations très nettes; on vérifie que la description de chaque coloration concorde bien avec la position de l'oculaire que permet seule d'admettre dans le champ la radiation lumineuse correspondante; on vérifie aussi que le sujet ne voit plus rien dès que, à son insu, on éloigne et l'on détourne de la fente du spectroscope ce qui est, d'après les descriptions antérieures du sujet, l'emplacement de l'effluve.

c) L'axe commun des deux Nicols est dirigé au-dessus des pôles du gros aimant, avec les précautions nécessaires pour que le champ ne contienne autre chose qu'un fond sombre; L... voit ce champ éclairé en bleu au-dessus du pôle nord et en rouge au-dessus du pôle sud. Si on fait tourner le polariseur ou l'analyseur, L... décrit très nettement, et sans aucune hésitation, des variations d'intensité de ces lumières, et on constate que les positions des maxima et minima décrits correspondent bien à celles qui résultent des lois de la polarisation.

Si l'appareil est dévié de la direction des pôles, L... ne voit plus rien.

Ces expériences, répétées un grand nombre de fois, dans des conditions très variées, ont constamment donné le même résultat.

En présence de ces trois ordres de faits, et eu égard

aux conditions dans lesquelles ils se sont produits, il nous semble difficile de ne pas conclure à l'existence de l'effluve.

DEUXIÈME QUESTION

Par quel organe se fait la perception de l'effluve ?

Toutes les descriptions des sujets rapportent la position de l'effluve à certaines parties bien déterminées des corps ; tantôt l'effluve enveloppe le corps, tantôt il est localisé aux extrémités de celui-ci. Dans tous les cas, il est absolument solidaire de la forme et de la position du corps. Cela se voit très nettement sur les dessins et peintures exécutés d'après nature par le sujet L... au moment même de la perception. Comme la perception du corps est effectuée par la voie de la rétine, on est amené à conclure que celle de l'effluve a lieu aussi par la même voie.

D'autre part, les descriptions de ce qui se passe dans le champ du spectroscope et dans celui des deux Nicols démontrent aussi que c'est l'œil, alors le seul organe intéressé, qui reçoit l'impression de l'effluve.

Enfin, les sujets n'ont connaissance de l'effluve que lorsqu'ils ont les yeux ouverts et regardent attentivement l'objet.

Il nous paraît donc établi que la perception de l'effluve se fait par la voie de la rétine.

TROISIÈME QUESTION

Comment les différents sujets décrivent-ils l'effluve?

Dans les descriptions de l'effluve faites par différents sujets, il faut distinguer certains caractères communs et généraux, qui sont absolument constants; et d'autres qui, variables suivant les individus, peuvent servir à définir la façon de voir de chacun de ceux-ci.

a) Caractères constants. — Tous les sujets décrivent l'effluve comme une flamme sortant du corps soit par toute sa surface s'il présente une forme arrondie, soit par ses deux extrémités s'il a une forme allongée.

Dans ce dernier cas, chaque sujet attribue aux deux effluves deux colorations distinctes.

Cette flamme se comporte de deux façons, qui sont constantes pour tous les individus. Pour certains corps, comme les aimants puissants, qu'ils soient en forme de barreau droit ou de fer à cheval, elle sort dans le prolongement des branches, celles-ci étant horizontales ou verticales ou dans une position quelconque. L'effluve des doigts est aussi toujours dans le prolongement de ceux-ci. Pour d'autres corps, l'effluve est vertical; son intensité est alors beaucoup plus faible.

On peut encore obtenir un effet intermédiaire, provenant de la combinaison de ces deux-là, ce qui a lieu pour des effluves d'intensité moyenne.

b) Caractères variables. — La longueur et l'intensité de l'effluve varient suivant les sujets; ces deux qualités dépendent de la sensibilité de l'individu et peuvent servir à la définir.

La coloration de l'effluve est variable aussi; on conçoit qu'elle doit être fonction de la perturbation apportée par l'état hypnotique dans le centre de la perception visuelle et dans les organes intermédiaires qui transmettent de l'œil à ce centre l'impression lumineuse; cette perturbation dépend du tempérament de l'individu. Mais, lorsque nous disons que la coloration est variable d'un sujet à un autre, cela ne signifie pas que cette variation s'étend indifféremment sur toutes les couleurs du spectre. La plupart des sujets perçoivent surtout le bleu et le rouge, plus ou moins purs, et peu ou pas les couleurs intermédiaires; ils voient le plus souvent, dans les corps allongés, un effluve bleu à l'une des extrémités et un effluve rouge à l'autre extrémité. Pour d'autres sujets, mais beaucoup moins nombreux, le rouge est remplacé par le jaune ou par le vert; et le bleu par le violet.

Il faut bien remarquer que ces trois éléments: longueur, intensité et coloration d'un effluve déterminé varient aussi chez un même sujet dans certaines limites, d'après son tempérament, et d'après l'état hypnotique où il est amené.

Cette impression caractéristique personnelle de chaque sujet pourra être établie: 1° pour la longueur et l'intensité de l'effluve, au moyen d'un effluve constant servant d'étalon, comme celui d'un aimant déterminé; 2° pour la nature des colorations, au moyen du spectroscope, qui permet d'analyser une radiation composée et de déterminer la longueur d'onde de chaque radiation simple d'après l'endroit du champ où elle apparaît.

Comme exemple, nous allons indiquer la caractéristique du sujet L..., amené à l'état ordinaire d'hypnose dans lequel il a servi à nos expériences.

Il attribue à chacun des deux effluves du gros aimant dont nous avons parlé une longueur de 20 à 30 centimètres; c'est une sensibilité très modérée, car d'autres sujets voient ces deux effluves se projeter jusqu'à 4 et 5 mètres.

Dans certaines conditions, il voit à leur place normale les couleurs du spectre (lampe à gaz), par projection sur un écran, où par vision directe dans le spectroscope. Le bleu et le rouge prennent pour lui plus d'importance que pour nous, et il voit plus loin que nous dans l'infra-rouge et l'ultra-violet.

Mais il arrive souvent aussi qu'il inverse les couleurs du spectre, c'est-à-dire qu'il voit en rouge le bleu et le violet; et en bleu l'orangé et le rouge, le jaune restant sans modification sensible.

Nous nous sommes assurés d'ailleurs que ce phénomène ne tient pas à un renversement de l'image du corps, en faisant dessiner à L..., au moment où il inverse ces colorations, des objets de formes très dissymétriques. L'inversion porte uniquement sur la coloration.

De même, dans certains cas, il attribue: 1° une coloration bleue au pôle nord du gros aimant, au pôle positif de la machine électrique, à la portion de fil reliée au pôle positif d'une pile dans un circuit fermé, etc.; 2° une coloration rouge aux pôles opposés, etc.

Ou bien: il inverse ces colorations, le bleu précédent étant changé en rouge, et le rouge en bleu.

Mais il existe des impressions lumineuses pour lesquelles l'inversion ne se produit pas dans l'état ordinaire d'hypnose, qui nous occupe seul en ce moment; ce sont celles qui proviennent des couleurs d'aquarelle dont L... se sert pour peindre les représentations des effluves. Cette exception est très remarquable; car on voit ainsi L..., à un moment où il inverse, peindre dans l'ordre inverse des couleurs, comme il le perçoit, le spectre qui est projeté devant lui sur un écran.

QUATRIÈME QUESTION

Les descriptions de l'effluve accusent-elles une influence particulière des agents qui représentent les différentes formes de l'énergie?

Limités par le cadre restreint que nous nous sommes imposé ici, nous avons borné cette étude aux manifestations d'effluves les plus nettes et les mieux caractérisées, c'est-à-dire à celles qui se développent dans les électro-aimants et dans les aimants.

Les effets des différentes formes de l'énergie: actions mécaniques, chaleur, lumière, électricité, magnétisme et actions chimiques, ont fait l'objet des recherches de Reichenbach, et, s'il est permis de ne pas admettre les conséquences théoriques qu'il en a tirées, il semble du moins que les descriptions faites par les nombreux sujets dont il s'est servi ne doivent plus être négligées, maintenant que nous croyons avoir démontré l'existence de l'effluve.

Nous ne nous occuperons ici que de nos recherches personnelles.

a) Electro-aimants. — Les expériences exposées dans l'étude de la première question ont établi que le passage du courant dans la bobine détermine deux effluves, un à chaque extrémité du noyau de fer doux: ces effluves disparaissent au bout de quelques secondes après la suppression du courant lorsque le noyau est en fer doux; si le noyau est en acier, non préalablement aimanté, les effluves déterminés par le passage du courant subsistent.

Il y avait à résoudre une question importante: Les colorations de deux effluves dépendent-elles de la nature magnétique des pôles du noyau?

Pour y répondre, nous avons enroulé autour d'un noyau de fer doux une spirale formée d'un fil de cuivre isolé; puis nous avons fait passer dans ce fil le courant produit par un élément de pile au bichromate, en changeant de temps en temps soit le sens du courant, sans toucher à l'enroulement, soit le sens de l'enroulement, dextrosum ou sinistrorsum, sans changer le sens du courant.

Nous avons ainsi constaté que les colorations des deux effluves dépendent, non pas de la nature magnétique des pôles produits (nord ou sud), mais de la situation de ces pôles par rapport à l'entrée et à la sortie du courant, quel que soit le sens de l'enroulement (on suppose ici, comme comme on l'admet généralement, que la propagation du courant établi a lieu du pôle positif au pôle négatif de la source électrique dans le circuit extérieur). Ces colorations sont alors les mêmes que celles des fils conducteurs reliant les deux extrémités de la spirale aux deux pôles de la pile; c'est-à-dire que l'extrémité du noyau de fer située à l'entrée du courant donne un effluve bleu, et l'extrémité située à la sortie un effluve rouge, lorsque L... n'inverse pas. (*Pl.* IV, *fig.* 3.)

L'intensité et la longueur des deux effluves semblent augmenter et diminuer en même temps que l'intensité du courant. Avec la spirale employée, qui présentait une très faible résistance (environ 2 mètres de fil de cuivre de 1 ^{mm} de diamètre), il y avait, au moment de la fermeture du circuit après un long repos, un fort coup de fouet, suivi d'une diminution rapide de l'intensité; ces variations étaient accusées par les perceptions plus ou moins intenses du sujet.

S'il s'agit du barreau d'acier, il conserve les colorations d'effluve qui lui sont affectées par le premier passage du courant aimantant.

b) Aimants. — Il résulte de ce qui précède que la coloration de l'effluve de chacun des pôles d'un aimant obtenu par l'effet d'un courant électrique circulant dans une bobine dépend essentiellement de la situation qu'occupait ce pôle pendant l'aimantation par rapport au sens de propagation du courant; cette coloration est indépendante de la nature magnétique des pôles.

Cela explique comment il se fait que, parmi plusieurs aimants présentés simultanément à un même sujet, les pôles de même nom donnent les uns une coloration bleue, les autres une coloration rouge.

Nous avions souvent constaté ce fait, dont l'explication nous a été donnée ultérieurement par les expériences exécutées sur l'électro-aimant.

Pour le sujet L..., lorsqu'il n'inverse pas, la coloration bleue correspond à l'effluve du pôle d'aimant situé le plus près du pôle positif de la source électrique (en suivant le circuit) qui produit le courant aimantant; et la coloration rouge à l'effluve du pôle d'aimant situé le plus près du pôle négatif de la source.

Mais les aimants ne sont pas toujours obtenus par l'effet d'un courant électrique; on se sert encore d'autres procédés d'aimantation, qui reviennent tous au contact d'un ou des deux pôles d'un fort aimant ou électro-aimant, avec la pièce à aimanter.

Il était donc intéressant d'examiner l'effet de ce contact; voici ce que nous avons obtenu avec le sujet L...

Sur un barreau de fer approché d'un fort aimant, il ne voit rien. Au moment du contact, le barreau prend la coloration du pôle voisin. Si la pièce de fer est en contact avec les deux pôles de l'aimant, comme cela a lieu pour l'armature posée sur les extrémités des deux branches d'un aimant en forme de fer à cheval, les deux effluves qui se projetaient dans l'air disparaissent, et chacune des deux moitiés de l'armature voisine des deux pôles de l'aimant prend la même coloration que le pôle correspondant. C'est, en particulier, l'aspect que présente l'armature du gros aimant lorsque celui-ci en est armé.

Donc, la coloration communiquée à une pièce de fer par le contact d'un pôle d'aimant est la même que celle de ce pôle, quelle que soit la nature magnétique de celui-ci; si la pièce est en contact avec les deux pôles de l'aimant, chacune des deux moitiés prend la coloration du pôle voisin.

Toutefois la question n'est point encore bien élucidée; car le dessin reproduit dans la figure 2 de la planche III montre que l'effluve du pôle nord d'un barreau aimanté peut être complètement repoussé par un barreau de fer doux placé transversalement au-dessus.

Enfin, comment se comportent les effluves de deux pôles d'aimants qu'on rapproche?

La figure 1 de la planche III, dessinée d'après nature par Albert L... dans cinq positions différentes des aimants, montre comment ils se repoussent quand les pôles sont de même nom. La figure 4 de la même planche fait voir comment ils s'attirent et se *traversent* quand ils proviennent de pôles de noms contraires.

CINQUIÈME QUESTION

Les différents états de l'hypnose exercent-ils une influence sur la vision de l'effluve?

La vision est certainement modifiée par l'état de profondeur de l'hypnose, puisque le sujet à l'état de veille ne voit pas les effluves qu'il perçoit quand on a agi magnétiquement sur ses yeux, et qu'il cesse de les voir quand le sommeil devient profond. Mais sont-ce ces degrés de profondeur qui entraînent les renversements dans les couleurs des effluves perçus? C'est un point que nous avions l'intention d'élucider lorsque nos expériences ont été brusquement interrompues par des circonstances que connaissent la plupart des personnes s'intéressant à nos études.

SIXIÈME QUESTION

La perception de l'effluve peut-elle être influencée par la suggestion?

Pour rechercher si la suggestion peut influencer la manière de voir l'effluve, M. de Rochas a montré à L..., à l'état de veille, un barreau de fer et lui a expliqué que ce barreau, au lieu d'être aimanté comme les autres, qui ont un pôle à chaque extrémité, était aimanté de façon à posséder deux pôles sur deux faces longitudinales opposées.

Le sujet, amené à l'état hypnotique, représente sur ce barreau, qui est en réalité aimanté de la manière ordinaire avec deux pôles aux extrémités, un effluve à chaque extrémité, avec un léger retour le long des faces, comme s'il y avait en même temps aimantation partielle dans le sens suggéré. (*Fig. 3 de la pl.* III.) La suggestion avait donc agi partiellement.

Parmi d'autres tentatives, faites à l'état de veille ou dans l'état hypnotique, les unes ont réussi, les autres ont échoué. Mais il suffit qu'une seule ait réussi pour que l'existence de la cause d'erreur soit démontrée.

Il est, par conséquent, absolument indispensable de ne rien manifester devant le sujet, en paroles ou en actes, qui puisse l'influencer dans ses descriptions, — et cela quel que soit l'état, de veille ou de léthargie apparentes, dans lequel il se trouve. Si on lui demande une description verbale de ce qu'il voit, il faut seulement lui poser la question: « Que voyez-vous? » S'il dessine et peint, on doit l'abandonner à lui-même dans le plus grand calme. Nous croyons même qu'il est bon de limiter le nombre des personnes présentes aux deux seuls opérateurs, parce qu'un nombre plus grand détermine le plus souvent une agitation préjudiciable à l'expérience, ainsi que nous avons pu le constater plusieurs fois.

SEPTIÈME QUESTION

La production et la perception de l'effluve peuvent-elles s'expliquer par nos connaissances scientifiques actuelles?

Nous croyons avoir démontré que l'effluve est un phénomène réel, perçu par la voie de l'œil comme tout autre phénomène lumineux.

On est ainsi amené à penser que l'effluve doit être, comme toute source lumineuse, le siège de mouvements vibratoires moléculaires envoyant à l'œil des radiations susceptibles de l'impressionner et de donner la sensation de la couleur. Cette surexcitation de l'activité moléculaire de l'atmosphère en contact avec certaines parties du corps observé serait due à des radiations provenant des mouvements vibratoires moléculaires de ce corps. On conçoit que la forme même de celui-ci puisse déterminer un effet plus considérable dans certaines directions sur les molécules de l'atmosphère ambiante; nous reviendrons plus loin sur cette considération.

Voyons d'abord d'après quelles lois un mouvement vibratoire peut se propager du corps à la portion d'atmosphère qui est le siège de l'effluve, puis de celle-ci à l'œil, et enfin de l'œil au centre de perception.

On sait que les éléments caractéristiques de tout mouvement vibratoire sont: sa forme, son amplitude et le nombre de vibrations par seconde. L'intensité de l'effet produit sur l'œil, ou plutôt sur le centre de perception, est proportionnelle au carré de l'amplitude; la nature de l'effet produit, c'est-à-dire l'espèce de la couleur perçue, ne dépend que du nombre de vibrations par seconde de l'ébranlement reçu.

De ces principes empruntés à la physique mathématique, nous tirons les conséquences suivantes :

Considérons un groupe moléculaire appartenant à un corps quelconque, solide, liquide ou gazeux; à un moment donné, les mouvements vibratoires de ces molécules sont définis par une certaine forme, une certaine amplitude, et un certain nombre de vibrations par seconde. Ce groupe reçoit des radiations des corps voisins, et rayonne lui-même.

Supposons qu'une radiation additionnelle, provenant de molécules voisines, vienne affecter le groupe considéré. Il en résulte, dans le mouvement vibratoire existant antérieurement, une modification qui dépend des éléments de cette radiation additionnelle. La force vive mv^2 du mouvement vibratoire antérieur est augmentée; comme la masse m des molécules du groupe n'a pas changé, il faut que la vitesse du mouvement augmente.

Or, la vitesse d'une vibration ne peut s'accélérer que de deux façons : par augmentation de l'amplitude; ou par augmentation du nombre de vibrations par seconde. L'augmentation de vitesse portant sur deux quantités, l'une d'elles peut rester constante, ou même diminuer, à la condition que l'autre atteigne une valeur suffisante pour que la force vive s'accroisse dans la proportion voulue.

Il y a donc à distinguer les combinaisons suivantes :

a) Augmentation d'amplitude sans que le nombre de vibrations par seconde soit modifié;

b) Augmentation plus grande d'amplitude et diminution du nombre des vibrations;

c) Augmentation d'amplitude et du nombre des vibrations;

d) Augmentation du nombre des vibrations sans changement de l'amplitude;

e) Augmentation du nombre des vibrations et diminution de l'amplitude.

Telles sont les modifications qui peuvent se produire dans le groupe moléculaire que nous considérons.

Pour la même raison, la radiation envoyée dans ce groupe au corps voisin est modifiée aussi suivant une de ces combinaisons, et ainsi de suite de proche en proche, depuis le corps produisant l'effluve jusqu'au centre de la perception colorée.

Perception de l'effluve. — On peut expliquer ainsi, en particulier, comment il se fait que la nature de la coloration perçue varie suivant le sujet, suivant son état et même suivant les caractères de la radiation que l'œil reçoit. Il ne s'agit pas ici de fixer en quels points du trajet, entre l'œil et le centre de la perception colorée, se produisent ces altérations, ni de chercher une explication de l'augmentation extraordinaire de la sensibilité au point de vue de la perception des effluves sous l'influence de l'hypnose; cette étude appartient au physiologiste. Il nous suffit de montrer que les modifications de la radiation, indiquées par l'expérience, peuvent être considérées comme une conséquence des principes qui régissent la transmission de l'énergie.

La sensation de la couleur dépend du nombre de vibrations par seconde de l'ébranlement reçu par le centre de perception, et ce nombre va en augmentant du rouge au violet. Donc, à partir du jaune, par exemple, qui correspond à la sensation moyenne, la sensation colorée tendra vers le rouge si le nombre des vibrations est diminué, et vers le violet si ce nombre est augmenté.

Quant à l'intensité de la sensation colorée, elle est proportionnelle au carré de l'amplitude. Mais cela s'applique à une même couleur; on sait, en effet, que les différentes radiations n'affectent pas le sens visuel et normal de la même façon, et que, dans un même spectre, le maximum a lieu pour le jaune.

Ces considérations montrent comment la manière de voir l'effluve peut varier d'un sujet à un autre, et chez le même sujet suivant son état.

Production de l'effluve. — Dans ce qui précède, nous avons considéré d'une façon absolument générale les molécules des milieux successifs traversés par la radiation, sans chercher à distinguer les molécules de l'éther des molécules pondérables de ces milieux; le principe de la transmission de l'énergie s'applique, en effet, aussi bien aux unes qu'aux autres.

Mais cette distinction devient nécessaire en ce qui concerne la portion de milieux gazeux qui est le siège de l'effluve, si l'on cherche à approfondir la nature de celui-ci.

Nous savons, d'après les travaux de Fresnel, vérifiés par l'expérience de M. Fizeau, sur l'entraînement des ondes lumineuses, que les molécules d'éther d'un milieu gazeux lancé avec la plus grande vitesse qu'on puisse lui imprimer, n'entraînent pas les vibrations lumineuses d'une façon appréciable. Si donc l'observation montre qu'un déplacement de l'air produit une déformation de l'effluve, c'est que les molécules d'éther du milieu où siège l'effluve, ne sont pas seules intéressées, et que les molécules pondérables de ce milieu participent au mouvement vibratoire source de la radiation.

Il en est bien ainsi: une agitation de l'air peut déformer l'effluve, qui oscille alors à la manière d'une flamme (1).

Il semble donc que les molécules d'oxygène et d'azote qui constituent l'air, et avec lesquelles le corps est en contact, reçoit de celui-ci une surexcitation de mouvement vibratoire, dans certaines directions qui dépendent de la structure, plus ou moins homogène, plus ou moins complexe, et de la forme du corps, ainsi que de la pré-

---

(1) Nous avons cherché à nous rendre compte de la manière dont se comporteraient les effluves dans le vide; mais nous n'avions pas alors à notre disposition Albert L... Le sujet était Mlle Andrée, pour qui l'orientation de l'objet effluvant exerce une action prédominante dans la répartition des colorations rouge et bleue; elle les voit disposées comme les autres sujets quand l'objet forme un angle de 45° avec le méridien magnétique; mais, pour elle, la couleur bleue tend à envahir tout l'objet quand il est placé suivant ce méridien, et c'est la couleur rouge quand il est perpendiculaire au méridien. Reichenbach avait déjà fait des observations analogues.

Voici le relevé de notre registre d'expériences à la date du 20 janvier 1890:

L'aimant en fer à cheval est placé sous la cloche d'une machine pneumatique; le plan de ses branches forme un angle de 45° avec le méridien. Les deux flammes s'élèvent au-dessus de l'aimant, le bleu au-dessus du pôle nord et le rouge au-dessus du pôle sud, mais elles ne sortent pas de la cloche et semblent se réunir à la partie supérieure dans la boule de verre qui la surmonte. (*Fig. 3 de la pl. IV.*)

On fait le vide: à la pression de 4 ^{m}/m de mercure, toute la cloche est colorée comme l'aimant, avec une séparation médiane qui est le prolongement de la séparation de l'aimant; les deux parties colorées du verre semblent soudées l'une à l'autre. (*Fig. 5 de la pl. IV.*)

En faisant tourner l'ensemble de la machine, on amène l'aimant parallèlement au méridien; tout l'aimant et toute la cloche deviennent bleus (bleu sale, mêlé de rouge).

En amenant l'aimant perpendiculairement au méridien, tout l'aimant et toute la cloche deviennent rouges (rouge sale, mêlé de bleu).

sence de certains centres de rayonnement d'énergie, comme cela a lieu dans les corps organisés. On peut alors expliquer pourquoi, dans un corps homogène et présentant une forme allongée, les effluves se manifestent avec plus d'intensité aux deux extrémités. Dans cette direction, en effet, l'influence subie par chaque molécule de gaz au contact du corps provient de la somme des influences de la longue série de molécules qui aboutit en ce point; les impulsions élémentaires de toutes ces molécules s'ajoutent en tension et donnent lieu, à la surface du corps, à une résultante qui tend à se propager en ligne droite dans l'air dans le prolongement de l'ébranlement donné par cette série de molécules.

Mais, d'autre part, il peut se faire que la modification communiquée au groupe de molécules d'air formant l'effluve détermine un écartement plus grand de ces molécules, par exemple par suite d'une augmentation de l'amplitude des vibrations; la densité du groupe diminue alors par rapport à celle du milieu ambiant non influencé, et l'effluve tend à s'élever verticalement.

La direction de l'effluve peut donc varier entre deux limites extrêmes: le prolongement de la plus grande dimension du corps, supposé homogène, et la verticale. Elle se rapprochera d'autant plus de la première direction que l'impulsion rayonnée par le corps sera plus violente, et d'autant plus de la deuxième que la densité de l'air dans cette région sera plus diminuée.

Effets particuliers. — Il est intéressant de chercher comment on peut expliquer, dans cette théorie, le fait expérimental d'après lequel les deux effluves d'un aimant dépendent, non pas de la nature magnétique de ses deux pôles, mais de la situation de ceux-ci par rapport au sens de propagation du courant ou à l'aimant influençant.

On admet que le magnétisme détermine dans le fer soit des courants particulaires, d'après la théorie d'Ampère, soit des tourbillons, d'après celle de Maxwell, c'est-à-dire, dans l'une ou l'autre hypothèse, un entraînement des atmosphères moléculaires autour de certaines direction ou lignes de force. Le mouvement vibratoire des molécules de fer reçoit ainsi, par le fait de l'aimantation, en même temps une orientation particulière autour de ces lignes de force, et une augmentation de force vive. Celle-ci se traduit d'une des cinq façons indiquées plus haut.

De ces deux éléments: orientation et augmentation de force vive, le premier a pour effet de déterminer la nature magnétique des pôles d'après le sens de la rotation, tandis que le deuxième agit sur le nombre de vibrations par seconde. Comme c'est ce nombre qui caractérise la coloration de l'effluve, on conçoit que la coloration de l'effluve d'un pôle d'aimant dépend plutôt du deuxième élément que du premier.

Il résulte de toutes ces considérations, qui sont générales et s'appliquent à toutes les formes de l'énergie, que la production et la perception de l'effluve ne sont nullement incompatibles avec les principes de la science actuelle.

Résumé

En résumé, nous croyons avoir établi les points suivants :

1° L'effluve est un phénomène réel (1) ;

2° Sa perception s'effectue par la voie de la rétine ;

3° L'effluve présente :

a) Certains caractères généraux et coexistants : sa forme, qui est celle d'une projection de flamme, et la localisation de ces projections aux extrémités des corps lorsqu'ils ont une forme allongée ;

b) Certains caractères variables suivant les sujets : sa longueur, son intensité et sa coloration : ces trois éléments constituent la caractéristique de chaque individu ;

4° L'aimantation détermine des effluves aux extrémités d'une pièce de fer en forme de barreau ou de fer à cheval ; ces effluves sont passagers dans le fer doux et permanents dans l'acier ; la coloration de chaque pôle

---

(1) *La Rivista di Studi Psichici,* dirigée par les docteurs Ermacora et Finzi, a rendu compte, en 1895, d'une communication que venait de faire le professeur Barrett à la *Société des Recherches psychiques* de Londres.

Le sujet, enfermé dans une chambre parfaitement obscure disposée pour les expériences de Reichenbach, commença au bout d'un certain temps à voir l'expérimentateur et put compter les doigts que celui-ci lui présentait à distance. Le professeur Barrett, pour s'assurer qu'il ne s'agissait pas ici d'une hallucination transmise télépathiquement, tira sa montre de son gousset et *éclairant le cadran avec ses propres doigts,* invita le sujet à lire l'heure, ce qui fut exécuté facilement. Puis, M. Barrett fit tourner au hasard les aiguilles de la montre qui était à remontoir, de telle manière qu'elle marquait une heure à lui complètement inconnue. Il représenta alors la montre au sujet et l'illumina de la même manière. Le sujet ne lui plus l'heure primitive, mais la nouvelle indication. Le professeur Barrett, sortant aussitôt au jour, put constater que la lecture était exacte.

Il se déclara convaincu, par ses expériences, de l'objectivité des émanations lumineuses que certains sujets, dans des conditions physiques et psychiques spéciales, voient sortir du corps humain et des aimants, et il attira l'attention de la société sur deux lettres relatives à ce sujet écrites par deux savants éminents, le professeur F. Fitzgérald et le Dr W. Huggins, lettres qui ont été publiées dans les procès-verbaux de la S.P.R., vol. 1, p. 236.

dépend du sens de propagation du courant aimantant; elle est la même que celle de l'effluve du pôle aimantant au contact;

5° La caractéristique de chaque sujet est fonction de l'état de l'hypnose;

6° La suggestion peut altérer dans une certaine mesure la description de l'effluve; il faut donc employer les plus grandes précautions pour se mettre à l'abri de cette cause d'erreur;

7° La production et la perception de l'effluve peuvent s'expliquer par nos connaissances scientifiques actuelles.

Toutefois, nous ne saurions trop le répéter, il faut considérer nos expériences comme les indications que nous nous sommes efforcés de rendre aussi exactes que possible, mais qui sont soumises à des causes d'erreur spéciales et indépendantes de nous.

J'ai déjà dit que tous les sujets ne voyaient pas de même les effluves émis par les mêmes objets. Non seulement ils intervertissent souvent les couleurs, mais ils les indiquent quelquefois comme autrement distribuées dans le détail, surtout pour le corps humain; ce qui semblerait prouver qu'ils ne perçoivent pas tous les mêmes radiations dont plusieurs systèmes polarisés peuvent coexister, un système étant visible pour les uns et un autre pour les autres.

Il était donc nécessaire de ne baser nos conclusions que sur les impressions d'un même individu. Mais ici encore s'est présentée une difficulté: quand nous avons cherché à coordonner nos différentes expériences, nous avons reconnu qu'il y avait des points douteux que nous aurions voulu éclaircir, des lacunes que nous aurions désiré combler; malheureusement, le sujet sur qui nous avions fait nos premières expériences n'était plus alors à notre disposition et nous ne pouvions nous servir, pour ce complément d'enquête, d'un instrument qui n'était point identique au premier.

Enfin il y a certains points pour lesquels nous n'avons encore trouvé aucune explication à peu près satisfaisante, telles sont les colorations rouges indiquées par Albert à la base de toutes les colorations bleues, comme on peut le voir dans les planches lithographiées qui reproduisent aussi fidèlement que possible les dessins originaux faits d'après nature. Nous avons dû prendre le parti de négliger provisoirement ce phénomène, ainsi que le mode anormal de réfraction des effluves (voir p. 65); mais nos théories, qui n'expliquent point tous les faits observés, sont par cela même nécessairement inexactes ou au moins incomplètes.

III

Il résulte de ce que nous venons de dire que les effluves pourraient être uniquement dus aux vibrations constitutionnelles des corps (1) se transmettant à l'air ambiant; mais je crois qu'il faut aller plus loin et admettre qu'il

---

(1) L'étude des *isomères* a conduit les chimistes à préciser le mode d'action du corps sur nos sens, en montrant, par exemple, que les quatre essences de térébenthine, de fleur d'oranger, de citron et de poivre, dont les noms suffisent à indiquer les actions physiologiques différentes, avaient une composition chimique identique: $C^{10} H^{16}$.

« Ce n'est donc point, dit M. A. Gautier, la matière même, en tant que substance, qui agit sur nos sens et nous influence, mais bien plutôt la forme, la structure de cette matière, ou mieux encore la nature du mouvement qui dérive de cette forme. En un mot, c'est le dispositif des masses ou des atomes qui vibrent dans cette matière

y a, en outre, émission par entraînement d'un certain nombre de particules se détachant des corps eux-mêmes.

Les expériences de M. Raoul Pictet ont, en effet, démontré qu'aux plus basses températures les métaux émettent encore des vapeurs formant autour d'eux une sorte d'atmosphère.

Un illustre savant du xvii° siècle, Sanctorius, a établi d'une façon indiscutable, par des observations sur lui-même, prolongées pendant une longue série d'années (1), l'importance énorme de la transpiration insensible dans les corps vivants.

« et qui nous en transmet les impressions... La puissance et le mode d'action qu'exerce sur nous telle ou telle matière ne résident donc pas seulement dans la quantité de forces vives, mais aussi dans le mode vibratoire que cette matière transmet à nos organes. La force vive est liée à la nature spécifique de chacun des atomes de cette matière, mais le mode vibratoire est à la fois fonction des poids atomiques et de la structure moléculaire qui relie intimement ces atomes. » (*Revue scientifique* du 3 janvier 1885.)

(1) Sanctorius professa la médecine d'abord à Padoue, puis à Venise. Physicien distingué, mécanicien ingénieux, il inventa pour ses recherches un certain nombre d'appareils dont le plus connu est la balance qui porte son nom et qui est aujourd'hui conservée au cabinet de physique de l'Ecole polytechnique, à qui elle fut envoyée par le général Bonaparte pendant la campagne de 1798 en Italie. C'est dans cette balance que Sanctorius se pesait plusieurs fois par jour, pour se rendre compte des variations de son poids sous l'influence du rayonnement cutané.

Boyle, qui appelait le livre de Sanctorius un petit livre *tout d'or*, déclare qu'il a eu la curiosité de vérifier sur lui-même ces expériences, et il ajoute : « Mes observations, jointes à celles d'un grand prince très curieux, qui avait une machine de statique (une balance) pour faire ses remarques sur la quantité de cette transpiration continuelle, lesquelles il avait la bonté de me communiquer, me font croire que Sanctorius n'a rien avancé que de très certain comme chacun peut le vérifier, pourvu que l'on ait égard à la différence du climat qui peut faire varier les observations, car Sanctorius a écrit en Italie, où la transpiration est plus abondante qu'en Angleterre, où j'ai fait mes expériences. »

Voici quelques-uns des résultats qu'il a formulés en aphorismes:

Section I

Aph. III. — Celui qui entend bien jusqu'où va la transpiration insensible, quand il la faut exciter et lorsqu'il faut réparer ce qu'elle a retranché en trop du corps, est seul capable de travailler à conserver ou à réparer la santé des hommes.

Aph. IV. — Le poids de ce qui s'exhale du corps d'un homme par la transpiration insensible surpasse ce qui en sort par les évacuations sensibles.

Aph. VI. — *Du poids de huit livres de nourriture que l'on prendra en un jour, il s'en perd bien cinq livres par la transpiration insensible.*

Aph. XXI. — En hiver, il se transpirera d'un homme bien sain plus de 50 onces de matière subtile dans l'espace de vingt-quatre heures.

Aph. XXIX. — Dans une nuit où l'on aura dormi bien tranquillement, il se fera une transpiration de plus de 40 onces.

Section II

Aph. XXIII. — En été on pèse trois livres de moins qu'en hiver.

Aph. XLI. — Depuis l'équinoxe d'automne jusqu'au solstice d'hiver, on transpire par jour une livre de moins que de coutume; et au delà jusqu'à l'équinoxe du printemps, la transpiration devient toujours plus facile et plus abondante.

Section III

Aph. VIII. — La chair du mouton se digère aisément;

elle est vaporeuse, et, dans l'espace d'une nuit, il s'en transpirera au moins 5 onces de plus qu'une autre viande.

Section IV

Aph. V. — Un sommeil inquiet diminue de plus de 5 onces la transpiration.

Aph. XX. — Un homme qui dort transpirera, en sept heures, quelquefois 40 onces, et un homme qui veille, 20 onces.

Enfin les lois relatives à l'échauffement des fils traversés par le courant électrique sont inconciliables avec l'hypothèse d'un simple mouvement vibratoire des conducteurs, de sorte qu'on est forcé de regarder le courant comme un véritable flux de matière dans le fil conducteur. Ce flux n'est pas uniquement composé de matière impondérable, il entraîne avec lui des molécules de matière pesante.

D'un autre côté, dit le Dr Fugairon (1), les actions chimiques doivent toujours être précédées d'une raréfaction, d'un mouvement, d'une expansion de la matière; une certaine raréfaction de celle-ci est une préparation indispensable aux actions chimiques pour tous les corps. La diffusion ou la sublimation de la matière est facilitée par l'action chimique, cette dernière écartant, supprimant les parties dont la présence continue arrêterait la diffusion des molécules en formant autour d'elles une espèce d'atmosphère qui empêcherait la désagrégation des molécules restantes.

« Or, dans les corps vivants, les combinaisons et les décompositions chimiques étant incessantes, la diffusion

---

(1) *Essai sur les Phénomènes électriques des corps vivants;* Paris, Chamuel, 1894, p. 59.

des molécules organiques doit y être très grande et le flux électrique doit transporter avec lui une bien plus forte proportion de matière pondérable que dans les

Fig. 1. — Photographie des effluves du doigt d'un individu en communication avec une bobine Rhumkorff.

corps bruts. On peut donc être certain que le courant électrique qui circule dans les nerfs est composé, en outre du fluide impondérable, d'une certaine quantité de matière organique portée à un haut degré d'atténuation. »

Les émissions de corpuscules ne peuvent avoir lieu que par les pores de la peau, et la photographie ci-jointe (fig. 1), que nous devons à l'obligeance de M. Norkiévicslodko, en fait sauter aux yeux le mécanisme.

On obtient ce genre d'empreintes de la manière suivante:

Dans une chambre, on installe une bobine de Rhumkorff actionnée par une pile suffisamment puissante. L'un de ses fils est laissé en communication avec l'air ambiant; l'autre, beaucoup plus long, se termine par une éprouvette en verre remplie d'eau acidulée dans laquelle son extrémité est fixée au moyen d'un bouchon de liège. Une personne, placée dans une chambre voisine complètement obscure, prend dans une de ses mains cette éprouvette et approche un doigt de l'autre main d'une plaque photographique que lui présente, du côté collodionné, une seconde personne sans communication directe avec la pile; quand le doigt est suffisamment rapproché de la plaque, il s'en dégage un flux électrique qui s'inscrit de lui-même sur la pellicule sensible et qui ressemble tout à fait aux effluves que les sensitifs voient se dégager des doigts d'un individu à l'état normal (1).

Les savants du xviie siècle avaient pressenti l'émission de ces corpuscules, et on verra, par la suite de cet ouvrage, qu'ils en avaient fait la base de leur explication de l'extériorisation de la sensibilité. Quelques rêveurs étaient allés plus loin et avaient osé concevoir que ces corpuscules pourraient bien jouir d'une vie propre, hypo-

---

(1) Beaucoup de gens parviennent à voir des effluves se dégager de leurs doigts sous forme d'une légère buée lumineuse blanche quand, après avoir rapproché la pointe de leurs doigts, ils les écartent ensuite lentement; il faut que le fond soit obscur et les doigts dans une demi-obscurité, et c'est un tour de main à attraper.

En ce moment, on est arrivé à impressionner des plaques photographiques en les exposant, dans certaines conditions, aux radiations de doigts humains; on cherche à s'assurer que ces impressions sont bien dues aux effluves odiques et non à des décompositions chimiques provenant d'autres causes, notamment de la chaleur.

thèse vers laquelle tend la science moderne (*Note* D, *La vie des atomes et les rêveries scientifiques*) et qui expliquerait mieux encore les phénomènes que nous allons exposer.

CHAPITRE II

L'EXTÉRIORISATION DE LA SENSIBILITÉ

I

J'ai essayé de démontrer dans le chapitre précédent que le corps humain, ainsi du reste que beaucoup d'autres corps, parmi lesquels figurent au premier rang ceux dont les molécules présentent une orientation régulière, émettaient des effluves susceptibles d'agir sur les sens hyperesthésiés de certaines personnes qu'on a coutume de désigner sous le nom de *sujets*.

Que ces effluves soient simplement des mouvements vibratoires communiqués à l'éther par les vibrations constitutionnelles du corps ou des émissions de particules matérielles, c'est là une question secondaire; le physicien ne peut, en effet, qu'observer des phénomènes et en déduire des lois sans espérer en découvrir la cause réelle.

Je conserverai donc le nom de *fluide*, suivant l'usage consacré, à l'effluve spécial qui s'échappe du corps humain, sans rien préjuger sur sa nature (1). Je me

---

(1) Quelques physiologistes rejettent l'agent nerveux pour le remplacer par les oscillations de molécules nerveuses. D'abord ces oscillations sont insaisissables au microscope, et si l'on veut que les molécules atomiques des cellules nerveuses qui vibrent soient assez atténuées pour qu'elles échappent à tout examen microscopique, alors

bornerai à faire observer que l'hypothèse du mouvement vibratoire de l'éther, telle qu'on l'expose généralement, ne suffit pas à expliquer tous les phénomènes; nous ignorons ce que peut être la matière à l'état de division extrême, à *l'état radiant;* les expériences de Crookes et de Tezla nous ont seulement donné quelques indications à cet égard; personne aussi n'est bien fixé sur la nature des odeurs qui présentent des analogies frappantes avec les effluves humains; enfin, si nous pouvons admettre que les différents corps ne sont que des condensations diverses de cet éther hypothétique, base de toute matière, s'il est vrai que toutes nos sensations soient dues à des mouvements vibratoires, il est certain aussi que ces vibrations ne se propagent pas indifféremment dans toutes les substances: les unes sont conductrices de la lumière, d'autres de la chaleur, d'autres de l'électricité, d'autres du son. Ce sont précisément ces modifications diverses de l'éther primordial, mises en mouvement par

---

on arrive à cet état de ténuité de la matière qui la rapproche considérablement des impondérables, car l'agent nerveux, comme les fluides impondérables, pour être insaisissables, n'en sont pas moins *chose substantielle*. « Mais en dehors de cette considération, comment la sensibilité revient-elle dans les lambeaux de chair rapportés? Le professeur Jobert, pour l'expliquer, admet une atmosphère nerveuse, car les filets nerveux s'arrêtent à l'endroit de la cicatrice.

« La théorie des vibrations des molécules nerveuses est donc aussi hypothétique que celle des fluides nerveux, et de plus elle est moins vraisemblable, parce qu'elle est impuissante à expliquer beaucoup de phénomènes physiologiques et morbides. » (Dr CHARPIGNON, *Etudes sur la médecine animique*, p. 122.) Des travaux récents ont établi que le système nerveux, au lieu d'être composé de nerfs continus, n'est qu'un agrégat de neurônes sans soudures, entre eux et déformables sous des influences psychiques. Ce fait, rapproché de la découverte de Branly sur les propriétés des conducteurs discontinus (tubes à limaille) au point de vue électrique, permettra sans doute d'édifier bientôt une nouvelle théorie de la sensibilité.

tel ou tel genre de vibrations, que les premiers observateurs ont désignées sous le nom de *fluide lumineux, fluide calorifique, fluide électrique,* etc., quand elles se présentaient sous une forme impalpable; ils auraient sans doute appelé l'air *fluide sonore,* s'ils ne l'avaient connu que par cette propriété.

II

Après avoir constaté, par les moyens indiqués précédemment, l'existence du fluide nerveux qui, bleu ou rouge (1), se présente à la fois sous deux états: l'un *statique,* sous forme de duvet brillant recouvrant la sur-

---

(1) Dans les phénomènes électriques, les effluves se présentent toujours sous ces deux couleurs.

En étudiant, en 1838, les phénomènes électriques dans des tubes contenant des gaz modérément raréfiés, Faraday remarqua le premier qu'une aigrette lumineuse rose s'échappait de l'électrode positive et qu'une simple perle bleue se formait sur l'électrode négative. Entre ces lueurs rose et bleue, il y avait une interruption de la lumière qu'il appela *l'espace obscur.*

Crookes a montré récemment que si l'on faisait passer un courant d'induction dans un tube rempli d'hydrogène raréfié, on produisait dans l'aigrette qui s'échappe de l'électrode positive des stratifications tricolores: bleues, roses et grises séparées par de petits intervalles obscurs. Près du pôle négatif est une zone lumineuse bleue, puis vient l'espace obscur de Faraday, ensuite se trouvent les stratifications, la première partie de chacune étant bleue, la suivante rose et la troisième grise. A un certain degré de raréfaction, toutes les parties bleues des stratifications passent subitement en avant et forment un seul disque très brillant laissant entre lui et l'électrode positive toutes les portions roses et grises.

Tous ces phénomènes ne sont pas plus expliqués que ceux que nous avons décrits dans le chapitre 1er de cet ouvrage. Les couleurs bleu et rouge se comportent comme les pôles opposés de la lumière. Sachs a montré que la plante s'endort dans la lumière rouge et se réveille dans la lumière bleue; des graines germent dans la lumière bleue, tandis que la jaune et la rouge les font périr.

face de la peau, l'autre *dynamique* sous forme d'effluves s'échappant par les organes des sens et les pointes du corps humain, j'ai cherché, d'après la méthode de Mesmer et des magnétiseurs ses élèves, quelle pouvait être l'influence de mes propres effluves sur d'autres personnes.

J'ai d'abord reconnu (ce à quoi je devais naturellement m'attendre) que, sur la plupart des individus, je n'obtenais aucun effet appréciable dans des séances d'essai de courte durée. Avec ceux qui étaient impressionnés et sur lesquels je me décidai à faire des expériences suivies, j'obtins la plupart des phénomènes signalés par les hypnotiseurs et les magnétiseurs; mais ces phénomènes, que je m'appliquai à produire progressivement en les analysant avec soin, se présentèrent à moi, dans la grande majorité des cas, suivant un ordre très régulier que j'ai exposé avec détails dans mes ouvrages précédents et que je vais résumer ici en me bornant aux états les moins profonds de l'hypnose.

Dès les premières passes, la sensibilité de la peau et celle de l'odorat disparaissent: on peut pincer, piquer et même brûler le sujet, lui mettre de l'ammoniaque sous le nez sans qu'il perçoive rien, mais il continue à entendre et à voir. Au bout d'un temps, variable non seulement avec le sujet, mais avec la nature des sensibilités, toutes celles-ci réapparaissent sous une nouvelle forme; elles sont spécialisées pour le magnétiseur et les personnes ou les choses qu'il charge de son fluide (c'est ce que les anciens magnétiseurs appelaient le *rapport*); de plus, le sens du tact, au lieu de s'exercer, comme d'ordinaire, à la surface de la peau, s'étend en dehors du corps suivant des lois que j'indiquerai tout à l'heure. Enfin la mémoire, après avoir peu à peu abandonné les faits récents pour se reporter vers de plus anciens, finit par se spécialiser également, pour le magnétiseur, en ce sens que le sujet oublie tout, famille et amis, pour ne plus connaître au monde que deux personnes: le magnétiseur et lui; et, chose extrêmement remarquable, le sujet même arrivé à ce degré d'isolement, a conservé absolument intactes son intelligence et la mémoire de sa langue, de telle sorte qu'il continue à *raisonner* et à *parler* exactement comme s'il était éveillé.

Cette progression des facultés hypnotiques est occupée, à intervalles réguliers, comme par les barreaux d'une échelle, par une série de phases dites *léthargiques* où, les nerfs moteurs étant paralysés, le sujet semble plongé dans le sommeil ordinaire; les membres sont relâchés, les paupières abaissées et la parole abolie (1). Selon la sensibilité magnétique des individus, l'échelle s'avance ou se recule, laissant apparaître entre les barreaux telles ou telles propriétés qui m'ont servi, dans mes premières expériences à dénommer provisoirement ces *Etats de l'hypnose*. Le tableau suivant s'applique à beaucoup de sujets d'une sensibilité ordinaire:

---

(1) La sortie des phases léthargiques est généralement marquée par une profonde inhalation et le relèvement des paupières. Chez quelques sujets, surtout chez ceux qui sont plus ou moins engourdis dans les états de l'hypnose, ces phases léthargiques sont à peine distinctes; mais elles existent toujours; tandis que les facultés varient suivant les sujets: il en est beaucoup qui ne voient ni les effluves extérieurs ni les organes intérieurs.

Ce phénomène si constant des léthargies successives, que les hypnotiseurs modernes n'ont pas su reconnaître, avait été observé par les anciens magnétiseurs. Voici ce que dit Chardel dans son *Esquisse de la nature humaine expliquée par le magnétisme animal*. (Paris, 1826, p. 276):

« Il peut arriver qu'en magnétisant avec énergie une personne en somnambulisme, elle s'endorme de nouveau, ce qui lui sert à passer à un état magnétique supérieur. J'ai souvent observé ce phénomène; il augmente la lucidité, et ce qu'il m'a offert de plus remar-

	Veille		
États Superficiels	Hypnose — 1er état	Crédulité	Insensibilité cutanée et suggestibilité. Nota. — J'ai compris ici dans la première léthargie, l'état cataleptique qui paraît n'en être qu'une phase. (V. les *États profonds de l'Hypnose*, pp. 80 et 81.)
	1re léthargie		
	Hypnose — 2e état	Somnambulisme	
	2e léthargie		
États Profonds	Hypnose — 3e état	Rapport	Tous les sens sont spécialisés pour le magnétiseur : le sujet voit les écluses extérieures du corps ; la suggestibilité est presque nulle.
	3e léthargie		
	Hypnose — 4e état	Sympathie au contact	Le sujet perçoit les sensations du magnétiseur, quand il le touche ; la sensibilité a disparu.
	4e léthargie		
	Hypnose — 5e état	Vue intérieure	Le sujet ne voit plus les effluves extérieurs ; il voit les organes intérieurs de son corps et des autres, quand il applique la main à la surface de ces corps.
	5e léthargie		
	Hypnose — 6e état	Sympathie à distance	Le sujet perçoit les sensations du magnétiseur quand il ne le touche plus, pourvu qu'il soit à petite distance.
	6e léthargie		

quable, c'est que les mêmes gradations se renouvellent en retournant à la vie commune, et que les souvenirs de l'état magnétique supérieur s'effacent en passant à l'état magnétique ordinaire.

« Tout changement dans le mode d'affectabilité est accompagné d'un instant de sommeil ; il est causé par l'interruption des rapports de la sensibilité avec l'aptabilité précédente et sert de passage à la formation des rapports avec l'affectibilité nouvelle...

« Quand le mode d'affectabilité change, il y a interruption dans les sensations, jusqu'à ce que la sensibilité soit en rapport avec l'affectibilité nouvelle. Cette interruption sur le passage de l'un à l'autre, elle précède l'état magnétique, et le retour à la vie ordinaire, on l'appelle sommeil. » (*Id.* — p. 231.)

Je vais reprendre maintenant l'étude des modifications de la sensibilité, en me servant d'abord des indications

Fig. 2. — Couches enveloppant un sujet extériorisé
Croquis exécuté par Albert L...

d'un sujet A, dont les yeux ont été préalablement amenés dans l'état où ils perçoivent les effluves extérieurs et qui examine ce qui se passe lorsque je magnétise un sujet B présentant, à l'état de veille, une sensibilité cutanée normale.

Dès que, chez celui-ci, la sensibilité commence à disparaître, le duvet lumineux recouvrant sa peau à l'état de veille semble se dissoudre dans l'atmosphère, puis reparaît au bout de quelque temps sous la forme d'un brouillard léger qui, peu à peu, se condense en devenant de plus en plus brillant, de manière à prendre en définitive l'apparence d'une couche très mince, suivant, à 3 ou 4 centimètres en dehors de la peau, tous les contours du corps.

Si moi, magnétiseur, j'agis sur cette couche d'une façon quelconque, B... éprouve les mêmes sensations que si j'avais agi sur sa peau, et il ne sent rien ou presque rien si j'agis ailleurs que sur cette couche; il ne sent rien non plus si c'est une personne non en rapport avec le magnétiseur qui agit.

Si je continue la magnétisation, A... voit se former autour de B... une série de couches équidistantes séparées par un intervalle de 6 à 7 centimètres (le double de la distance de la première couche à la peau), et B... ne sent les attouchements, les piqûres et les brûlures que sur ces couches qui se succèdent parfois jusqu'à 2 ou 3 mètres, en se pénétrant et s'entrecroisant sans se modifier, au moins d'une façon appréciable, leur sensibilité diminuant proportionnellement à l'éloignement du corps (1).

---

(1) Pour bien me rendre compte comment ces couches se disposaient autour du corps, j'ai pris un carton que j'ai entaillé de telle façon qu'il pût être appliqué perpendiculairement à diverses places sur le corps du sujet; j'ai alors marqué sur ce carton les traces des couches sensibles concentriques.

La figure 2 indique grossièrement, d'après un croquis d'Albert L...,

Au bout d'un temps variable, généralement après la troisième ou quatrième phase de léthargie, les couches concentriques présentent deux maxima d'intensité, l'un sur le côté droit du sujet, l'autre sur son côté gauche, et il s'y forme comme deux pôles de sensibilité (1). C'est là le début d'un autre ordre de manifestations que je laisse aujourd'hui de côté pour m'en occuper spécialement dans un prochain livre. Je me bornerai, pour le moment, à mettre en garde le chercheur inexpérimenté contre les dangers très grands qu'elles présentent quand on ignore leurs propriétés.

Le processus de l'extériorisation de la sensibilité étant ainsi connu, il devenait beaucoup plus facile de continuer les observations sans avoir recours au sujet voyant A... J'ai pu reconnaître alors, par de très nombreux essais, que la première couche sensible extérieure se formait généralement dans le troisième état, que chez quelques

---

comment se disposent les couches autour de la tête et du corps d'un sujet extériorisé. Il faudrait, pour qu'il fût exact, que la première couche sensible fût plus rapprochée du corps du sujet.

(1) Il y a lieu de remarquer que, même en dehors de cette question de renforcement polaire, les sujets ressentent moins une piqûre qu'on fait à une couche sensible derrière leur dos, à un endroit qu'ils ne peuvent voir, que celles qu'ils peuvent voir. Ce serait une erreur d'attribuer cette différence de sensibilité à la suggestion. Un des sujets qui m'aident dans mes recherches est un jeune homme instruit et intelligent, préparant en ce moment sa licence de philosophie; il aime autant que moi à se rendre compte de ce qu'il éprouve, et il m'a expliqué que les sensations étaient soumises aux mêmes lois sur les couches sensibles que sur la peau: il ressent d'autant mieux qu'il fait mieux attention, c'est-à-dire qu'il accumule par la volonté une plus grande quantité du fluide destiné à transmettre la sensation sur le point où s'exerce l'action à sentir.

Il est probable que c'est par une cause analogue que les mouvements qu'on communique à un pendule dont on touche la tige dans de certaines conditions s'arrêtent quand on ne regarde plus le pendule.

sujets elle n'apparaissait jamais et que chez d'autres, au contraire, tels que Mme Lambert, Mme O... et Mlle T. H..., elle se produisait sous l'influence de quelques passes, dès l'état de crédulité qui est une modification presque invisible de l'état de veille, ou même, sans aucune manœuvre hypnotique, à la suite d'une émotion, d'un trou-

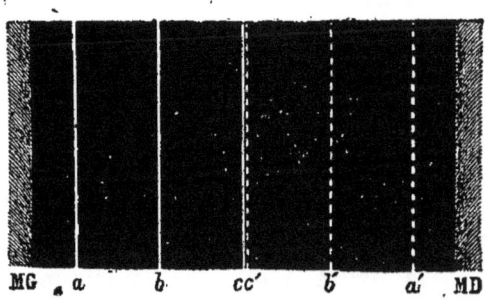

Fig. 3. — Schéma des couches sensibles de la main droite et de la main gauche, avec contact par les troisièmes couches.

ble nerveux et peut-être d'une simple modification et l'état électrique de l'air (1).

S'il est vrai que la sensibilité se reporte sur des cou-

---

(1) Mlle T. H., fort bien portante habituellement, a, de temps en temps, de violentes crises d'hystérie pendant lesquelles elle s'extériorise parfois spontanément; elle se plaint alors qu'on la blesse quand on passe trop près d'elle.

On a amené, il y a quelques mois, à la consultation de M. le Dr Luys, à l'hôpital de la Charité, une jeune fille qui avait la curieuse infirmité de ne pouvoir supporter que des vêtements extrêmement souples, comme la mousseline, bien que sa peau fût insensible; on a reconnu que la sensibilité était naturellement extériorisée chez cette personne qui ressentait tous les froissements des étoffes placées à quelques centimètres de son corps.

L'Etoile (n° d'avril 1892, p. 267), a signalé un cas singulier de somnambulisme qu'on venait d'observer à l'Hôtel-Dieu de Fréjus. Pendant les accès du sujet, on ne pouvait ni le toucher, ni toucher un objet placé près de lui sans provoquer chez lui une crise « d'auches concentriques extérieures, le sujet devra, en rapprochant les paumes de ses mains, percevoir la sensation de contact quand deux couches sensibles se toucheront. C'est, en effet, ce qui arrive lorsque, comme la figure 3, les deux couches c et c' dépendant respectivement de la main gauche et de la main droite se touchent. Le même résultat se produirait si la couche c' par exemple était en contact avec la couche b; si le magnétiseur pince ou brûle la couche commune, la perception se fait simultanément dans les deux mains.

Faisons maintenant rapprocher les deux paumes de telle façon que les couches sensibles de l'une se trouvent à peu près au milieu des intervalles insensibles de l'autre le sujet sentira la brûlure d'abord à la main gauche, puis comme l'indique la figure 4 et passons lentement une flamme de a en a',

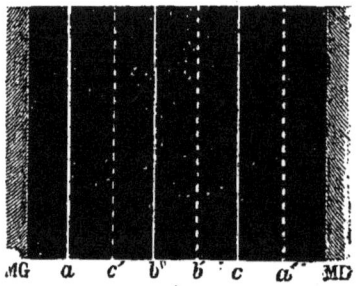

Fig. 4. — Schéma des couches sensibles de la main droite et de la main gauche s'entrecroisant.

---

tant plus violente que le contact venait d'une personne qui lui était plus inconnue ».

« Un inspecteur, qui visitait l'hospice, ne voulut pas tenir compte des avertissements qu'on lui donna à ce sujet, et, par curiosité sans doute, *toucha les vêtements* de Louis·D... Aussitôt celui-ci tomba à la renverse, et, l'inspecteur ayant voulu le prendre dans ses bras pour le retenir, la crise devint terrible et laissa le malade sourd pendant plusieurs semaines. »

à la main droite, puis à la main gauche et ainsi de suite alternativement. Cette dernière expérience, que j'ai répétée plusieurs fois, sur des personnes qui ne s'y attendaient pas et qui en manifestaient le plus grand étonnement, me paraît des plus concluantes.

III

Dans les phénomènes que je viens d'exposer, les choses se passent comme si la sensibilité, dont le domaine s'étend ordinairement du cerveau à la surface de la peau, pouvait parfois s'arrêter en deçà (1) ou se prolonger au delà (2). Cette hypothèse est d'autant plus admissible, au moins provisoirement, que le sens du tact, dont le goût est un cas particulier, est le seul qui nous paraisse nécessairement limité d'ordinaire par la périphérie de notre organisme charnel. Aussi les anciens philosophes, se fondant sur ce que l'on **ne voit**, l'on n'entend, l'on ne sent, l'on ne goûte, l'on ne ressent bien **que** lorsque l'on regarde, l'on écoute, l'on flaire, l'on déguste et l'on **attend**, avaient déjà admis que l'un des éléments de nos sensations était la projection d'effluves matériels lancés par la volonté, de la surface de notre corps, à la rencontre du rayonnement des objets extérieurs. (Voir *note* F.)

Nous supposerons donc qu'il existe chez tout homme vivant un fluide qui circule le long de ses nerfs comme

---

(1) Voir: A. DE ROCHAS, *Les états profonds de l'hypnose*, pp. 83 et 84.

(2) Le Dr Ochorowicz propose (*De la suggestion mentale*, p. 504 et suiv.) une longue explication pour le phénomène, en apparence paradoxal, de la transmission de la sensation au cerveau en dehors des nerfs sensitifs.

l'électricité d'un réseau télégraphique circule le long des fils métalliques. Ce fluide vient affleurer la peau par l'extrémité de tous les nerfs et y séjourne à l'état statique; il s'échappe, à l'état dynamique, par les pointes du corps (doigts, orteils), par l'haleine et le souffle qui en sont chargés, enfin par les yeux et les oreilles, organes de la vue et de l'ouïe.

L'expérience nous apprend que, dans les conditions normales, la sensation n'est perçue que quand l'action s'exerce sur le fluide à l'*état statique,* c'est-à-dire là où les sujets voyants constatent sur la peau l'existence d'un duvet lumineux. Il semble que le courant centrifuge des effluves (*état dynamique*) empêche la sensation de remonter au cerveau, à moins que ces effluves ne subissent les modifications que nous indiquerons tout à l'heure.

On a vu que, sous l'influence des **passes du magnétiseur**, le fluide du sujet ou, en d'autres termes, l'agent transmetteur des sensations au cerveau, s'*extériorisait* en *se spécialisant* et en formant des *couches sensibles parallèles à la surface de la peau.*

Nous pouvons donc nous poser trois questions:

1° Quelle est la cause qui provoque l'extériorisation?

2° Pourquoi la sensibilité est-elle spécialisée?

3° Pourquoi est-elle disposée par couches au lieu de décroître régulièrement avec la distance qui sépare le corps du point d'application de l'action mécanique?

Réponse à la première question

Si l'on fait traverser certains sujets (1) par un courant

---

(1) Tous les sujets ne sont pas aptes à ces expériences parce qu'ils sont plus ou moins fatigués suivant la nature des courants.

électrique de sens convenable (1), en lui faisant prendre par l'une de ses mains, soit le pôle positif d'une pile, soit la boule correspondant à l'électricité positive d'une machine de Wimshurst, et par l'autre de ses mains la boule ou le pôle négatif, on n'arrivera à déterminer exactement les mêmes effets, *mutandis mutatis*, qu'en agissant au moyen de passes, c'est-à-dire que le sujet passera par les mêmes alternatives de léthargies et d'états hypnotiques et qu'à l'*état de rapport*, il ne sera plus en rapport qu'avec un individu traversé par un courant de même nature et de même sens que celui qui l'a endormi. Le sujet sera réveillé progressivement, en passant par les mêmes phases en sens inverse, quand il sera traversé par un courant de même nature mais de sens contraire.

Il est donc naturel de supposer que les passes agissent surtout comme un courant électrique (2) et que, comme

---

(1) Ce sens paraît dépendre de la *polarité* des sujets, polarité qui varie suivant qu'ils sont droitiers ou gauchers et même suivant leur état de santé, ainsi qu'on l'a dit dans le chapitre 1ᵉʳ. En général, le sommeil est produit en faisant communiquer la main droite du sujet avec le long effluve rouge qui, dans une machine électrique, caractérise l'électricité positive et la main gauche avec l'étincelle bleue formée sur la boule par l'électricité négative; mais la question n'est pas suffisamment élucidée, à cause de la facilité de renversement des électricités dans les machines.

(2) Cette hypothèse devrait être modifiée s'il n'était vrai que les vapeurs d'éther et de chloroforme produisent des effets semblables à ceux que j'ai obtenus par le fluide nerveux et par l'électricité; mais je n'ai pas eu l'occasion de vérifier par moi-même ce que raconte à cet égard RAMON DE LA SAGRA (*L'Ame, démonstration de sa réalité déduite de l'action du chloroforme et du curare sur l'économie animale*. Paris, Germer-Baillière, 1868).

Voici les seules choses que j'ai observées relativement aux anesthésiques.

14 décembre 1891. — En soumettant le bras de deux sujets (Albert et Béatrix) aux vapeurs d'éther, je ne constate pas d'effet appréciable si le bras n'a pas été au préalable magnétisé; mais, s'il l'a été

les passes d'un aimant sur un barreau d'acier, elles ont, entre autres effets, celui d'orienter les molécules du corps du sujet de telle façon que le trop-plein du fluide vital, au lieu de s'échapper par les extrémités des membres, s'échappe normalement à la surface de la peau et sur toute sa périphérie. Il est, en outre, probable que le fluide émis par le magnétiseur ou la machine électrique chasse en dehors du corps du sujet son propre fluide vital, qui jaillit alors, par tous les pores, avec une abondance anormale.

Réponse à la deuxième question

Pour faire comprendre la spécialisation de la sensibilité, je ne puis guère m'appuyer que sur des analogies en rappelant que les cordes et les tuyaux sonores vibrent seulement sous l'influence des notes fondamentales et des harmoniques pour lesquelles ils sont accordés. (Voir *note* G.)

Les électriciens admettent également qu'un conducteur, siège d'une décharge électrique oscillatoire, lance dans l'espace qui l'entoure des ondes ou oscillations électriques animées de la même vitesse que la lumière

---

et si les couches sensibles ont commencé à apparaître, l'éther en augmente immédiatement le nombre.

3 janvier 1892. — Même observation que ci-dessus relativement à l'effet de l'éther chez Mme Vix, avec contracture en plus.

5 avril 1892. — Mêmes effets chez Mme Lambert pour l'augmentation du nombre des couches sensibles et la contracture.

On remarquera que le courant fluidique qui, naturellement, suit le trajet des nerfs sensitifs le long des membres, peut être *mis en croix* par le courant provoqué par les passes longitudinales du magnétiseur et s'échapper alors perpendiculairement à la surface des membres du sujet.

et de même nature qu'elle; et que, quand ces ondes électriques rencontrent un circuit accordé, par rapport à leur période d'oscillation, de manière à être capable de vibrer synchroniquement avec elles, elles y donnent naissance à des vibrations électriques ayant exactement la même nature que celles du circuit excitateur.

Le fluide nerveux du sujet envahi par un fluide étranger *s'accorde* avec les vibrations propres à ce fluide; c'est quand il est accordé ou en rapport, *et que les parties à l'état statique ont été portées à l'état dynamique*, qu'il peut transmettre les sensations dues à un objet quelconque imprégné de ce fluide étranger (1), et qu'il ne transmet plus que celles-là (2).

L'expérience montre, en effet, que pour les sujets très sensibles, il suffit de mettre pendant quelque temps les effluves de ses propres doigts sur le prolongement de ceux des leurs et à petites distances, pour rendre ces effluves sensibles; et cela sur tout leur parcours sans maxima ni minima. C'est ainsi qu'on peut encore, en plaçant l'un de ses pieds dans le prolongement et à 1 décimètre environ du pied du sujet, puis en pressant brusquement avec l'autre pied l'intervalle qui sépare les deux premiers, déterminer chez le patient qui ne s'y attend pas une vive douleur.

---

(1) Il résulte des expériences de M. d'Arsonval sur les courants alternatifs que les nerfs sensitifs et moteurs sont, comme le nerf acoustique et le nerf optique, accordés pour des périodes vibratoires déterminées. Comme eux, ils ne répondent pas à des ondulations dont la fréquence est trop basse ou trop élevée.
(2) Voir la *Psychologie inconnue* de M. Boirac (pp. 259-263).

Réponse à la troisième question

Les zones régulièrement alternées et *fixes dans l'espace* (par rapport au corps) des maxima et des minima de sensibilité doivent, comme dans tous les mouvements vibratoires connus (lumière, chaleur, son, électricité), être produits par des interférences d'ondes (1). Or, ici,

---

(1) Ces maxima et ces minima pourraient aussi s'expliquer en admettant des émissions de particules matérielles au lieu de vibrations de l'éther. Voici la théorie que donne Crookes à propos de la décharge électrique dans les gaz raréfiés qu'il compare au mouvement des passants dans une rue très fréquentée.

« Si, à certains moments, quand le courant des affaires se produit également dans les deux directions, nous observons d'une fenêtre les allants et venants, nous pouvons remarquer que la foule n'est pas uniformément répartie sur la chaussée, mais forme une série de groupes, ou, pour ainsi dire, de paquets, séparés par des espaces relativement vides. On peut aisément concevoir de quelle manière sont formés ces paquets et ces groupes. Les quelques personnes qui marchent plus lentement que la moyenne retardent le mouvement des autres qui se déplacent dans la même direction ou dans la direction opposée. Par suite, un encombrement temporaire se trouve créé. Les passants qui arrivent par derrière augmentent la foule en ce point, tandis que ceux qui sont devant et conservent la même vitesse laissent derrière eux un espace relativement vide. Si la foule se déplace tout entière dans la même direction, la formation de ces groupes devient moins distincte. Dans les rues très fréquentées, les voitures produisent le même résultat, comme chacun a pu le remarquer.

« On conçoit donc comment de simples différences de vitesse suffisent à résoudre une multitude de passants en un certain nombre de groupes et d'intervalles alternés.

« Au lieu d'examiner des hommes ou des femmes en mouvement, supposons que nous expérimentions sur de petites particules d'une substance, de sable par exemple, de dimensions approximativement égales. Si l'on met ces particules en suspension dans l'eau, dans un tube horizontal, et qu'on leur imprime un mouvement rythmique, nous obtiendrons encore des résultats semblables, la poudre se disposant, régulièrement et d'elle-même, en morceaux séparés par des intervalles libres.

« Passons enfin à des substances encore plus ténues et observons

nous pouvons raisonnablement supposer que les projections des effluves concordent avec les deux grands mouvements rythmiques du corps humain, celui du cœur et celui de la respiration. De plus, comme ces deux mouvements ont des périodes très différentes, celle du premier étant environ trois fois plus courte que celle du second, il se produit certainement des interférences dont on pourrait exactement calculer la distance si l'on connaissait bien les vitesses de propagation des effluves. On sait déjà approximativement par les observations de Reichenbach qu'elles sont assez lentes dans l'air, de quelques mètres par seconde; les intervalles que j'ai mesurés, entre deux maxima consécutifs, sont donc de même ordre de grandeur que ceux que donnerait l'application des formules mathématiques (1).

---

la façon dont se comportent les molécules d'un gaz raréfié quand on le soumet à l'action d'un courant d'induction. Les molécules sont ici libres de toute volonté capricieuse et suivent la loi que je cherche à faire comprendre; et quoiqu'elles soient tout d'abord dans un désordre complot, sous l'influence du rythme électrique, elles se rassemblent en stratifications bien définies. Les portions lumineuses indiquent les régions où se produit l'arrêt du mouvement et par suite des frottements, tandis que les intervalles sombres correspondent aux régions de l'espace que les molécules traversent en subissant un nombre relativement faible de collisions. »

La théorie des ondulations rend facilement compte des maxima et des minima de sensibilité qui correspondent aux ventres et aux nœuds d'une corde vibrante. — On sait, en effet, qu'on ne change rien à la vibration de la corde si l'on touche une corde vibrante à l'emplacement de l'un des nœuds, mais qu'on modifie cette vibration quand on touche la corde sur un ventre; or, c'est précisément la modification du mouvement vibratoire qui détermine la sensation dans l'extériorisation de la sensibilité.

(1) Les longueurs d'onde des radiations en question sont probablement intermédiaires entre les radiations froides étudiées par M. Langley et les radiations électriques étudiées par M. Herz.

On sait que les longueurs d'ondes perceptibles par les yeux normaux sont comprises entre $0^{mm},000.4$ et $0^{mm},000.8$, constituant ainsi

On remarquera que la surface de la peau qui est insensible se trouve bien à l'emplacement d'une couche de minimum de sensibilité (fig. 3 et 4).

Des expériences directes ont semblé montrer qu'en faisant varier le rythme de la respiration on déterminait des variations dans la distance des couches, qui dépendait aussi de l'état de santé du sujet (1); mais pour des matières encore si délicates et si pleines d'obscurité, il faut se garder des conclusions prématurées basées sur des observations trop peu nombreuses (2).

---

une sorte d'octave dans la série indéfinie qui existe certainement.

La longueur d'onde correspondant aux radiations émises par la glace fondante serait de $0^{mm},001.1$.

Les longueurs d'ondes sonores perceptibles pour l'oreille humaine sont comprises entre 8 millimètres et 21 mètres.

« On a appris, dit M. Langley, par les mesures récentes que j'ai effectuées, l'existence de longueurs d'ondes plus grandes que $0^{mm}005$ et j'ai lieu d'estimer que j'ai reconnu des radiations dont la longueur d'onde dépasse $0^{mm},03$. Ainsi, j'ai mesuré des longueurs d'ondes égales à près de huit fois celles connues de Newton et j'ai des indications probables de longueurs d'ondes beaucoup plus grandes.

« L'abîme entre la plus courte vibration sonore et la plus longue vibration de l'éther que l'on connaisse est donc maintenant comblé dans une certaine mesure. » (*Annales de physique et de chimie*, 1880.)

Depuis cette époque, les beaux travaux de Herz ont permis de mesurer l'onde électrique, qui varie de quelques millimètres à plusieurs mètres; mais toute cette question est encore obscure à cause des différences de forme de la vibration et de nature de l'agent transmetteur. Les données des sciences dites occultes sont souvent plus certaines que celles de la science officielle auxquelles le public prête une impeccabilité que les vrais savants sont loin de leur attribuer.

(1) Avec certains sujets d'une nature ardente et portant une vive affection à leur magnétiseur, les couches s'infléchissent vers celui-ci comme s'il les attirait.

(2) Voir le § IX de la note 4.

IV

Poursuivant dans ses conséquences l'hypothèse d'un mouvement vibratoire et ayant constaté que les effluves traversaient les murailles (1), je fis construire un prisme droit en plâtre ayant pour base un triangle de 0 m. 30 de côté et je reconnus, aussi bien par le témoignage du sujet lui-même que par celui d'un autre sujet aux yeux hyperesthésiés, que les couches à la fois lumineuses et sensibles du sujet extériorisé subissaient, par leur passage dans ce prisme, une déviation à peu près constante, ainsi qu'on peut le voir dans la figure 4 de la planche II, qui reproduit un des nombreux dessins relatifs à ce genre d'expériences; mais, le phénomène principal se compliquant de phénomènes secondaires dont je n'ai pu encore trouver la clef, j'abandonnai provisoirement cette voie pour me borner à rechercher quels étaient les corps qui laissaient le mieux passer les effluves (les meilleurs *diodiques* suivant l'expression de Reichenbach), et je fus conduit ainsi à la découverte d'un fait capital dans cet ordre d'études.

J'opérais avec Albert L..., dont j'ai parlé dans le premier chapitre; non seulement il percevait les attouchements sur les couches sensibles, mais encore il voyait ces couches sous forme de surfaces lumineuses; je lui faisais étendre la main gauche perpendiculairement sur une table recouverte de papier blanc, le côté extérieur du petit doigt reposant sur la table, et je posais, du côté

---

(1) Ce phénomène a été constaté par presque tous les anciens magnétiseurs et aussi par M. P. Janet dans sa célèbre expérience du Havre. (Voir *Les états profonds de l'hypnose*, pp. 47 et 48.)

de la paume de la main, la substance à essayer; puis j'amenais, à l'aide de passes locales et convenablement graduées, sa main gauche en état d'extériorisation et ses yeux en état d'hyperesthésie (1), de telle sorte qu'il pouvait décrire et au besoin dessiner ce qui se passait.

Un verre rempli d'eau ayant été ainsi disposé pour

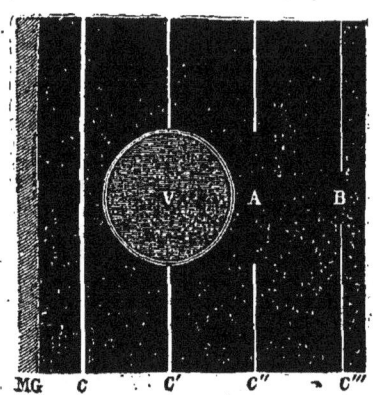

Fig. 5. — Schéma de la sensibilisation d'un verre d'eau par la main gauche d'un sujet extériorisé.

l'expérience, voilà ce que dessina Albert (fig. 5). MG représente la main gauche, V le verre d'eau, c, c', c'', c''' les diverses couches lumineuses; on voit que ces couches sont interrompues derrière le verre qui projette une sorte d'ombre marquée par l'interruption des couches lumineuses en A et en B. Quant à l'eau du verre, elle s'illumina rapidement dans toute sa masse; et, au bout de quelque temps, probablement quand elle fut saturée,

---

(1) Je rappelle que chez les sujets bien doués on peut faire passer *isolément* chaque partie du corps par les divers degrés de l'hypnose; quand on pousse trop loin, l'hypnose se propage jusqu'au cerveau, d'où elle se répand dans tout l'organisme.

il s'en dégagea verticalement comme une fumée lumineuse.

Les sensations tactiles confirmaient ces indications; car, en piquant l'air en A ou en B, le sujet ne sentait rien, tandis qu'il sentait quand je pinçais l'eau en un point quelconque, ou l'une des couches lumineuses.

Bien plus, prenant le verre d'eau et le portant à quelque distance, je constatai qu'il restait sensible, c'est-à-dire qu'Albert ressentait les attouchements que je lui faisais subir, bien qu'à la même distance il n'y eût plus trace ailleurs de couches sensibles. Si on s'éloignait trop, la communication de sensation ne s'effectuait plus, mais elle reparaissait quand on s'approchait de nouveau à distance convenable. Au bout de quelques instants, l'eau perdait ses propriétés, si elle restait éloignée des couches sensibles.

Nous nous trouvons donc en présence d'un phénomène analogue jusqu'à un certain point à celui que présente un corps phosphorescent.

L'eau s'est chargée de sensibilité comme le sulfure de calcium se charge de lumière, et elle rayonne jusqu'à ce qu'elle ait renvoyé tout ce qu'elle a reçu ou, en d'autres termes, jusqu'à ce que l'énergie qui lui a été communiquée soit épuisée.

Diverses expériences, qu'il serait trop long de rapporter ici, m'ont permis de préciser cette hypothèse et de formuler, en négligeant le phénomène secondaire des maxima et des minima, les propositions suivantes:

1° Les manœuvres propres à extérioriser un sujet déterminent la formation, autour de ce sujet, d'un *champ* de l'agent propre à transmettre au cerveau les vibrations ordinairement perçues par le sens du tact.

2° Ce champ, dont l'étendue augmente avec le degré de magnétisation du sujet, est aussi, pour un même degré, d'autant plus considérable que l'action mécanique exercée est plus considérable;

3° Théoriquement, une action d'intensité infinie serait perçue à une distance infinie;

4° Si on place, pendant un certain temps, près d'un sujet extériorisé une substance propre à absorber cet agent, la substance se chargera, jusqu'à la limite de sa capacité propre, de l'agent proportionnellement à ce temps et à l'intensité du rayonnement du sujet au point où elle est placée, de telle sorte qu'elle deviendra elle-même le centre d'un champ plus ou moins étendu, propre à transmettre des sensations perceptibles par le tact;

5° Si, pour une action mécanique d'intensité i, le

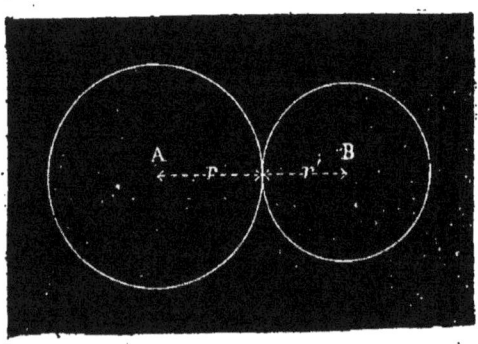

Fig. 6. — Schéma de la portion extrême où le sujet A extériorisé perçoit les actions mécaniques exercée sur l'objet B sensibilisé.

rayon du champ du sujet est r et celui de la substance sensibilisée r', le sujet percevra les actions mécaniques d'intensité égale à i exercées soit sur la substance elle-même, soit *sur un point quelconque du champ de cette substance* (1), tant que la distance entre le sujet A et la substance B sera inférieure ou égale à $r+r'$ (fig. 6); mais, quand cette distance sera supérieure à $r+r'$, il y aura un espace où l'agent sera en quantité insuffisante pour transmettre les vibrations d'intensité égale ou inférieure à i, et la sensation ne se transmettra plus. La communication se rétablira dès que les deux champs, définis comme ci-dessus, se toucheront de nouveau;

6° La sensation est toujours perçue au point du corps du sujet le plus rapproché du point de la couche sur laquelle on agit, ou au point dont les effluves ont servi à sensibiliser l'objet si l'on agit sur un objet sensibilisé.

En opérant avec divers sujets, j'ai reconnu que les substances propres à emmagasiner leur sensibilité étaient presque toujours les mêmes que celles qui emmagasinent les odeurs (2) : les liquides, les corps visqueux, sur-

---

(1) Quelques sujets ne perçoivent pas comme lumière les couches sensibles; mais, quand on pince une de ces couches, ils voient une lueur partir de l'endroit pincé et se rendre au point où ils ressentent la douleur. Si l'on pince un point du champ d'un objet sensibilisé, dans des conditions telles que la sensation puisse se communiquer, ils voient la lueur partir du point pincé, se rendre d'abord vers l'objet sensibilisé et repartir de là pour le point du corps où la sensation est perçue.

(2) L'analogie des effluves humains avec les parfums a été confirmée par une conférence faite, en 1897, par M. Jacques Passy, sur la *Chimie des parfums*, à l'Association française pour l'avancement des sciences.

« M. Passy a rappelé que depuis longtemps, en effet, la meilleure manière d'obtenir les parfums était de placer les fleurs odorantes sur une légère couche de *graisse,* qui dissolvait ces parfums, et que les autres procédés tentés avaient pour inconvénient, soit de tuer la fleur et de tarir ainsi la source du parfum, soit de dissoudre des matières étrangères de toutes espèces.

« Le problème à résoudre, dit-il, consiste, en somme, à laisser vivre la fleur et à recueillir au fur et à mesure le parfum formé. Or, il y a un milieu presque aussi indifférent et inoffensif pour la

tout ceux d'origine animale, comme la gélatine, la cire, l'ouate, les étoffes à structure lâche ou pelucheuse comme le velours de laine.

Il y a cependant quelques exceptions et il semble même que la nature des substances sensibilisables varie avec l'état moral du sujet. On trouvera dans la note finale I des détails sur cet ordre de phénomène.

J'ai également essayé si l'on ne pourrait pas extérioriser d'autres sensations (1) que les sensations tactiles:

---

fleur que l'air, c'est l'*eau*. J'ai donc pensé qu'en immergeant la fleur dans l'eau, celle-ci se chargerait du parfum sans l'abîmer et qu'il suffirait de lui enlever le parfum au moyen de l'éther ou de tout autre véhicule. Cette idée s'est parfaitement réalisée. »

Il y a toute une série d'expériences nouvelles à tenter en s'inspirant de ces rapprochements, et c'est peut-être ainsi qu'on arrivera à construire un appareil propre à déceler et à mesurer ces effluves.

On sait, en effet, que les odeurs ont la propriété d'absorber d'une façon notable la chaleur rayonnante et, comme l'a fait observer Tyndall (*La chaleur considérée comme mode de mouvement*, leçon XI) « la quantité de matière volatile qu'une personne de cet auditoire extrairait d'un flacon d'esprit de corne de cerf par une seule aspiration du nez exercerait sur la chaleur rayonnante une action plus forte que la masse totale d'oxygène et d'azote de cette salle. »

Il est bon de se rappeler qu'il suffit de 5/10.000 de millième de milligramme d'aniline dans un litre d'air pour qu'on en perçoive l'odeur. Il suffit également de déposer 1/100,000 de millième de milligramme de musc artificiel sur un verre de montre pour qu'on en perçoive l'odeur pendant plusieurs minutes.

On concentre les parfums dissous dans la graisse en l'agitant fortement avec l'alcool. L'*alcool dissout le parfum* et ne dissout pas la graisse.

(1) Un de mes amis, écrivain très connu et sujet très sensible, s'extériorise pour moi après un simple contact de quelques instants. Chez lui, le sens de l'odorat se spécialise en même temps; il me sent alors, m'attribue une odeur balsamique tout à fait particulière et ne sent que moi.

L'abbé Ribet (*Mystique divine*, II, 318) rapporte un fait qui peut recevoir la même explication:

« Sainte Catherine de Gênes, en flairant la main du prêtre qui

par exemple, en plaçant un verre d'eau sur le trajet des effluves de l'oreille, puis en parlant à voix basse contre l'eau emportée à une certaine distance. Je n'ai produit ainsi sur la plupart de mes sujets habituels qu'une légère sensation de chatouillement à l'oreille; de même pour les yeux. Mlle Andrée et Mme Vix m'ont donné quelque chose de plus. Voici, en effet, ce que je lis dans le procès-verbal de mes expériences à la date du 24 février 1892:

« Mlle Andrée est endormie par M. Reybaud et poussée jusqu'à l'état de rapport.

« M. Reybaud me met en rapport avec elle. Je constate l'insensibilité de la peau et la sensibilité à 2 ou 3 centimètres, puis des maxima et des minima peu sensibles jusqu'à 30 ou 40 centimètres, puis plus rien.

« En condensant sa sensibilité dans un verre d'eau, elle me sent jusqu'à 3 ou 4 mètres.

« En plaçant dans l'eau sensibilisée de l'essence de laurier-cerise, elle commence par se trouver très heureuse, puis elle éprouve le besoin de se mettre à genoux; elle finit par exécuter le mouvement.

« Mme Vix est endormie par un courant de piles, en tenant dans chacune de ses mains l'un des cylindres de cuivre qui terminent les rhéophores.

« Quand elle est arrivée à l'état de rapport, elle ne perçoit plus que les attouchements des personnes qui

---

dirigeait son âme, ressentait une odeur d'une suavité ineffable qui lui réconfortait à la fois et l'âme et le corps, et dont la vertu était telle qu'il lui semblait que les morts, selon son expression, dussent en ressusciter. Le confesseur aurait bien voulu jouir de la même faveur; mais il avait beau flairer sa main, pour lui l'odeur merveilleuse n'existait pas. »

tiennent au moins l'un des cylindres de la même main qu'elle le tenait.

« Elle est extériorisée. Je sensibilise un verre d'eau; j'y introduis un des cylindres, ce qui lui fait éprouver une sensation très pénible, puis une bouteille renfermant du valérianate d'ammoniaque et bien bouchée à l'émeri, en ayant soin de la faire toucher au cylindre; au bout d'une minute environ, rien ne se produisant, je passai à d'autres expériences sans rien dire, quand elle manifesta un grand agacement et le désir de me griffer. »

On sait, par les expériences des docteurs Bourru, Burot et Dufour, ainsi que par les miennes, que, chez beaucoup de sujets, l'inhalation de l'essence de laurier-cerise ou de la valériane détermine l'extase religieuse pour la première et les attitudes de chat pour la seconde.

M. Routin, ingénieur électricien et ancien élève de l'Ecole polytechnique, a été encore plus heureux, car en février 1894, il m'écrivait:

« Je vous ai déjà signalé le fait que j'ai constaté avec le même sujet (Marguerite de P...) et qui consiste en ce que l'extériorisation n'affecte pas chez elle le seul sens du tact, mais tout aussi bien la vue, l'odorat et l'ouïe. En parlant tout près d'un verre d'eau sensibilisé, je lui téléphonais ce que j'avais à lui dire. Je me suis d'ailleurs assuré qu'il était impossible d'attribuer le phénomène à la suggestion mentale; en plongeant des fleurs odorantes dans un verre d'eau sensibilisé placé dans une chambre voisine, Mlle M. de P... reconnaît les fleurs. »

Malheureusement, les circonstances n'ont permis ni

à M. Routin ni à moi de répéter ces expériences avec cette jeune personne, qui était un sujet neuf et hors ligne: c'est là ce qui arrive trop souvent dans une science où l'objet de l'étude ne s'achète pas chez le marchand de produits chimiques.

Il résulte de ce qui précède qu'un animal placé à côté d'un sujet extériorisé peut se charger de sa sensibilité et que les parties détachées du corps de ce sujet, tels que les cheveux (1), le sang, la sueur, les rognures d'ongles, les déjections doivent se comporter comme des objets sensibilisés (2). C'est, en effet, ce qui a lieu (3) et plus que personne le magnétiseur jouit de cette propriété, puisqu'il y a probablement échange de fluide par une sorte d'endosmose.

---

(1) L'auteur des *Entretiens sur le magnétisme animal* (Paris, 1823) rapporte qu'ayant emporté chez lui des cheveux coupés sur la tête de sa somnambule et tirant alors sur ces cheveux, la somnambule, qui était loin de là, éprouvait la même sensation que si on lui avait tiré les cheveux qu'elle avait sur la tête.

Le même effet avait lieu, même lorsque la somnambule était réveillée.

« Ensuite, ajouta-t-il, sans tenir ses cheveux, je fis agir mes mains de la même manière que quand je les tenais, et avec l'intention de lui produire le même effet; elle éprouva la même sensation. Après cela, je me donnai un léger soufflet avec la volonté qu'elle le reçût; elle sentit aussi le soufflet. »

(2) On trouverait dans ce phénomène une base physique pour expliquer l'efficacité des reliques.

De même, il ne serait pas absurde d'admettre qu'en dehors des causes spirituelles dont nous ne voulons pas nous occuper, les guérisons par immersion dans la piscine de Lourdes peuvent être aidées: 1° par le saisissement dû à l'eau froide qui, chez les sensitifs, détermine l'état de crédulité où s'affirment les auto-suggestions; 2° par le chargement magnétique de la piscine à l'aide des effluves de certains malades puissamment extériorisés sous l'influence de la foi.

(3) Voir la note E sur la persistance de la vitalité.

On peut comprendre maintenant ce qui se passe dans l'état que j'ai appelé la *sympathie au contact*. Le fluide du sujet trouve dans les nerfs du magnétiseur qui *le touche* une substance infiniment plus conductrice que dans l'air ambiant; aussi s'écoule-t-il par cette voie, de préférence à toute autre, et les sensations se communiquent-elles le long des deux systèmes de nerfs mis en contact quelque temps avant que l'organisme du magnétiseur ait abordé assez de sensibilité pour rayonner à son tour et transmettre ses sensations, même sans contact, comme cela a lieu dans l'état de *sympathie à distance* (1).

Quant au phénomène de la vue des organes intérieurs, il pourrait s'expliquer en admettant que le sujet *perçoit* par ses couches sensibles qui pénètrent à travers le corps; mais cette lucidité, qui est analogue sinon identique à la vue si discutée des somnambules à travers les corps opaques, n'a pas encore été suffisamment étudiée.

Peut-être l'extériorisation de la sensibilité sera-t-elle observée un jour chez certains animaux et reconnaîtra-

---

(3) J'ai donné dans Les états profonds de l'hypnose (pp. 44 et 45) quelques exemples de communication de maladie d'une personne à une autre.

M. FÉRÉ (Revue des Deux-Mondes, mai 1893) a cité plusieurs exemples d'agoraphobie transmise aux chiens par des hommes. En voici un autre, qui s'est passé en 1819 et qui a été raconté par Bendson (Archiv. für thierischen Magnetismus, IX, I, 153).

« J'ai mis en contact une personne sujette à des convulsions avec un chien, en lui faisant toucher avec ses pattes les pieds de la malade. Le chien s'efforçait de se débarrasser de ce contact, mais en vain. Qu'en résulta-t-il? Tout d'un coup, le chien tourna les yeux, l'écume couvrait sa gueule; il pliait ses pattes d'une façon convulsive et faisait en somme les mouvements que faisait la malade durant la crise... »

t-on qu'elle se développe ou s'atrophie en raison inverse des autres sens et suivant les conditions des milieux (1). Est-on bien sûr qu'elle n'existe pas, à l'état plus ou moins conscient, chez les aveugles qui nous étonnent souvent par la perception des objets qui les entourent?

Dans les chapitres suivants, je montrerai comment on a cherché, à diverses époques, à utiliser, soit pour le bien, soit pour le mal, les *mumies* (2), c'est-à-dire les substances chargées de sensibilité humaine, mais auparavant, je donnerai quelques notions sur ce qu'on appelle le corps astral et sur ses propriétés.

V

Dans l'exposé que nous avons donné des *Etats de l'hypnose* (p. 54), nous nous sommes arrêté au sixième état, ce qui nous suffisait pour présenter au public, dans toute sa simplicité, le phénomène de l'extériorisation de la sensibilité.

Maintenant, nous pouvons aller plus loin.

Si, sur un sujet suffisamment sensible, on continue les passes magnétiques, on constate, soit par la vue d'un autre sujet dont la vue est hyperesthésiée, soit par des pincements faits par le magnétiseur, que les enveloppes lumineuses et sensibles qui se sont peu à peu formées

---

(1) On sait que plusieurs espèces d'insectes, chez lesquels on n'a pu découvrir aucun organe spécial de la vue, n'en sont pas moins capables d'éviter les obstacles qui se présentent devant eux.

(2) Le mot *mumie,* qu'ont adopté les disciples de Paracelse avec le sens que je lui conserve, et qui est une autre forme du mot *momie,* appartient à la langue arabe et dérive du persan MOUM, signifiant *cire* ou *substance balsamique.*

autour du sujet magnétisé finissent par se condenser en deux sortes de fantômes, l'un à droite, l'autre à gauche du sujet, et dans lesquels se trouve concentrée toute la sensibilité dudit sujet; puis ces deux colonnes se réunissent en un seul fantôme qu'on appelle le *double* ou le *corps astral*, situé généralement entre le magnétiseur et le sujet, à environ un mètre de ce dernier. Ce fantôme est relié au corps physique par un lien fluidique qu'il serait très dangereux de rompre brusquement, et il peut être déplacé par la volonté du sujet qui peut également faire mouvoir ses membres fluidiques.

Le *double* est *lieu* de TOUS les points sensibles du sujet, et toute action sur le double a sa répercussion sur le corps physique. Ainsi, à plusieurs reprises, et *avec divers sujets*, j'ai pu constater que si le sujet appuyait l'extrémité d'un doigt de son double sur la pointe d'une épingle, non seulement elle ressentait la piqûre, mais le stigmate se produisait presque instantanément sur le doigt correspondant du corps physique.

Mme Lef, ayant exécuté l'opération avec le doigt ganté et avec un peu de brusquerie parce qu'elle ne se doutait pas de ce qui allait arriver, la piqûre, répercutée sur le corps physique, a saigné et le sang a taché le gant, à l'endroit correspondant.

Voici une expérience que j'ai faite il y a quelques années avec Lina (1), le modèle bien connu qui m'a servi longtemps de sujet. Elle démontre bien à la fois l'existence du corps astral séparé du sujet et sa sensibilité (2).

---

(1) Voir sur Lina mon livre intitulé: *Les Sentiments, la Musique et le Geste.*

(2) Le docteur Foveau de Courmelles et M. Serge Youriéwitch ont assisté à cette expérience, qui a été répétée dans deux séances différentes.

MM. d'Arsonval, professeur au Collège de France, et Charles Henry, maître de conférences à la Sorbonne, ont cherché à déterminer la différence des actions thérapeutiques produites par des secousses électriques *rythmées* et par des secousses *isochrones* données dans les appareils à induction communément employés. A cet effet, M. Charles Henry a établi, à l'une des extrémités de son appartement, une boîte à musique B, dite *polyphon*, sur laquelle il a placé un microphone Hughes (M) à

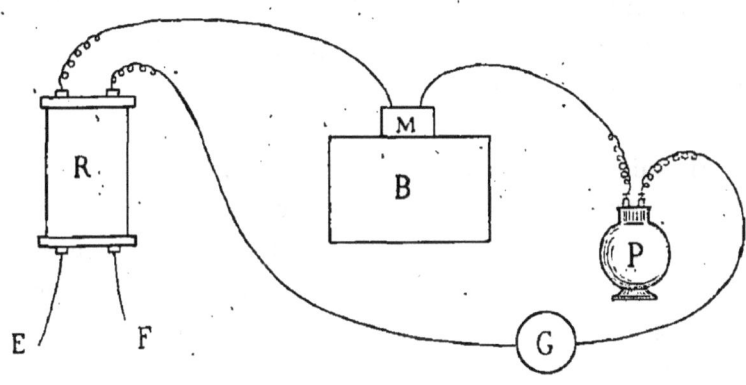

quatre charbons, relié d'une part au pôle positif d'une pile P donnant une force électromotrice constante d'environ 4 volts, d'autre part à l'une des bornes du circuit primaire d'une petite bobine R (sans interrupteur) du téléphone Bert-d'Arsonval, l'autre borne du même circuit primaire étant reliée au pôle négatif de la pile. Des deux bornes du circuit secondaire de la bobine partent des fils isolés E et F destinés à les relier à l'organisme de l'expérimentateur.

Un rhéostat G, intercalé dans le courant primaire, permet d'en régler l'intensité et d'éviter les *crachements* du microphone, dont les vibrations, qui ne sont autres que des vibrations sonores, font l'office de l'interrupteur de la bobine.

Si on se place dans un lieu assez éloigné pour ne pas entendre directement les airs joués par le polyphon, il suffit, pour les entendre, de placer aux extrémités E et F des fils du courant secondaire de la bobine R des récepteurs téléphoniques et de les porter contre ses oreilles.

Quand on ôte les récepteurs et qu'on tient simplement les extrémités E et F entre les doigts, on n'entend plus rien, mais on sent des secousses plus ou moins intenses suivant l'élévation du son, les sons graves étant perçus plus fortement que les sons aigus.

J'ai endormi Lina et je l'ai laissée d'abord dans cette phase inférieure où la sensibilité commence à s'extérioriser. Je lui ai fait prendre alors les deux extrémités des fils du courant induit pendant que le polyphon jouait; elle n'a pu supporter la commotion et nous avons dû diminuer l'intensité du courant par l'interposition de résistances convenables jusqu'au moment où l'aiguille du rhéostat doit à peine dévier.

Lina put alors percevoir, sans souffrance, le rythme des vibrations et exécuta une mimique appropriée à l'air qu'elle entendait. On s'en assura, non seulement en constatant que les gestes étaient bien conformes au sentiment exprimé par l'air, mais encore en vérifiant qu'ils se reproduisaient identiques lorsqu'on supprimait le contact des fils et que, ouvrant toutes les portes, on laissait le sujet entendre directement la musique.

Si, après avoir de nouveau fermé les portes pour intercepter le son, on fait prendre à Lina l'extrémité d'un seul des deux fils, laissant l'autre à terre, le phénomène se reproduit, mais avec un peu moins d'intensité.

Il se reproduit encore quand on se borne à toucher, avec l'extrémité de l'un des fils, une des couches de la sensibilité du sujet, la mimique cessant dès que le fil n'est plus en contact avec cette couche.

Enfin, quand, à l'aide de passes prolongées, on a déterminé la formation du corps astral et qu'on a reconnu son emplacement dans l'espace au moyen de pincements, on constate que, si l'on place l'extrémité de l'un des fils sur un point quelconque de la colonne fluidique ainsi reconnue, le sujet entend la musique et réagit en conséquence. Il ne réagit pas si l'on place cette extrémité partout ailleurs, même sur son propre corps charnel.

CHAPITRE III

L'ENVOUTEMENT

I

Les expériences que je viens de rapporter ont certainement rappelé à l'esprit du lecteur les vieilles histoires de figurines de cire qu'on transperçait avec des épingles, dans la croyance que les blessures ainsi faites sur l'image se répercuteraient sur la personne qu'elle représentait.

Cette pratique, quelque absurde qu'elle paraisse, remonte aux premiers âges de l'humanité et se retrouve dans tous les temps comme dans tous les pays; il est donc extrêmement probable qu'elle tire son origine d'un fait bien réel et relativement asez fréquent (1). Il est plus.

---

(1) « Il sera démontré, a dit Xavier de Maistre, que les traditions antiques sont toutes vraies, que le paganisme entier n'est qu'un système de vérités corrompues et déplacées, qu'il s'agit de les nettoyer pour ainsi dire et de les remettre en place pour les voir briller de tous leurs rayons. »

Ajoutons que, suivant la remarque de Bacon (*De secr. op. artis et natura*, cap. I), les premiers possesseurs de ces secrets surchargèrent d'accessoires futiles et mensongers l'expression des faits réels afin de cacher les découvertes des sages à une multitude indigne de les connaître.

certain encore que l'imagination des hommes, naturellement portée vers le merveilleux, a promptement transformé ce phénomène primordial de mille façons différentes (1).

Ce sont ces variantes que je vais d'abord rechercher.

II

Le Père Charlevoix visita l'Amérique centrale au commencement du XVIII° siècle; il rapporte que les Illinois font de *petits marmousets* pour représenter ceux dont ils veulent abréger les jours, et qu'ils les percent au cœur.

---

(1) Voici un exemple de ces transformations. Le Dr A. Legue, rendant compte de mes expériences dans une chronique qui a fait le tour de la presse, s'exprimait ainsi:

« Il n'y a pas longtemps, M. de Rochas, administrateur de l'Ecole polytechnique, avait groupé quelques personnes auxquelles il voulait démontrer d'une façon presque palpable le phénomène de l'envoûtement au moyen âge. Dans ce but, il avait apporté une poupée de cire et, à l'appui de sa théorie, *il avisa une de ses auditrices et déclara que la personne désignée par lui à ce même moment ressentirait l'impression des manipulations qu'il ferait subir à la poupée.* En effet, il traversa à plusieurs reprises *le cœur* et les bras de la figurine, et Mme X... éprouvait les sensations de ces attouchements d'une manière *proportionnée au degré de volonté que l'expérimentateur mettait dans son action.*

« L'expérience terminée, tout le monde se leva, à l'exception de Mme X..., demeurée un peu à l'écart. L'une des spectatrices prit curieusement l'objet dont s'était servi M. de Rochas et le retourna dans tous les sens.

« On entendit alors Mme X... murmurer plaintivement: « Vous « n'avez donc pas encore fini de me faire souffrir?... »

Le lecteur pourra juger, par la suite de ce chapitre, de la différence immense qui existe entre la réalité et le récit. Et cependant il s'agit d'un fait qui venait de se passer très ouvertement, dans la même ville: le Dr Legué ne devait chercher qu'à dire la vérité et pas du tout à inspirer de la terreur pour un pouvoir occulte, ce qui était, au contraire, le but des sorciers d'autrefois.

Un autre missionnaire, le Père Garcia, trouva une coutume analogue aux îles Marquises. Le sorcier prend de votre salive, et, l'enveloppant dans une feuille d'arbre qu'il conserve avec lui, il devient maître de votre corps et de votre esprit.

Le Père Léon-Marie Guerrin, sous-procureur de la Grande-Chartreuse, répondant à une question que j'avais posée à l'*Intermédiaire des Chercheurs et des Curieux*, écrit ceci :

Durant les trois années (1864 à 1867) que j'ai passées en Chine, à Kouaï-thao, province de Canton, j'ai souvent entendu de vieux chrétiens me parler de procédés consistant à faire mourir des personnes à distance au moyen de figurines de terre, de très petites dimensions (représentant ordinairement des porcs), que l'on dispose sur des tombes ou dans des maisons, après que les figurines ont reçu une sorte de bénédiction de la part des bonzes.

Mgr Chourry, préfet apostolique du Kouang-sy (Chine), a bien voulu me faire connaître une pratique analogue encore en usage dans le Kouang-sy et le Kouang-fong.

Une personne s'est-elle évadée d'une maison sans qu'on puisse savoir ce qu'elle est devenue, un voleur a-t-il réussi à s'esquiver de la même façon avec les objets soustraits : il suffit, assure-t-on, pour faire revenir le sujet, de *découvrir ses traces physiques sur le sol* et d'appeler un bonze, non le premier venu, mais passé maître dans la partie. Celui-ci, après forces simagrées et invocations aux esprits, et après avoir *aspergé de sang de chien* les traces des pieds, y enfonce à coups redoublés un tronçon de bois ou de bambou et inflige ainsi, prétend-on, à l'individu, des coliques et des douleurs d'entrailles d'une intensité extrême, tout en excitant en lui un tel besoin de revenir à son point de départ avec la persuasion d'obtenir ainsi sa délivrance, qu'il n'a plus de repos qu'il ne se soit exécuté en rapportant même, s'il s'agit d'un voleur, les objets qu'il avait enlevés. Aussitôt revenu, il recouvre son état normal.

L'immense disproportion entre les effets et la cause (d'un côté une cause en soi inefficace opérant ainsi à des distances indéterminées *tant que les traces physiques restent apparentes,* de l'autre des douleurs intenses avec le besoin pour le patient de revenir à son point de départ pour se délivrer), la profession de l'agent qui est un prêtre d'idoles, la circonstance d'une spécialité réservée à un certain sujet de préférence à ses collègues, les pratiques superstitieuses qui accompagnent l'opération : tout semble indiquer une intervention diabolique, et telle est sur ce point l'opinion universelle dans le pays.

Dans la Nouvelle-Calédonie, chez les Canaques, « les sorciers sont envoulteurs. Leurs pratiques sont des plus simples. Un sacrifice dans le cimetière, quelques momeries dont on se presse d'avertir la victime désignée pour l'effrayer, et elle tombe malade. On dit alors qu'elle est mangée. J'ai pu constater trois fois des morts arrivées dans ces circonstances et que les noirs ne manquaient pas d'imputer aux pratiques mystérieuses du sorcier, mais que j'ai toute raison de rapporter à des tumeurs provenant peut-être d'un régime exclusivement végétal.» (PATOUILLET, *Trois ans en Nouvelle-Calédonie;* Paris, Dentu, 1873, p. 201.)

Un article publié en janvier 1863 par *la Revue des Deux-Mondes*, sous le titre *la Chasse aux Têtes* (p. 154), parle d'une vieille sorcière de Bornéo qu'on accusait d'avoir fait périr une jeune femme « en façonnant une image de cire qu'elle exposait chaque matin devant un feu doux. A mesure que l'effigie s'en allait fondant, la femme Lia, la rivale condamnée, de plus en plus pâle, de plus en plus fiévreuse, languissait et se fondait elle aussi. »

Voici encore ce que rapporte le docteur A. CORRE (*Nos Créoles*, Paris, Savine, 1890, p. 123) en parlant des Antilles françaises:

... Quelques vieilles commères (mulâtresses ou négresses) connaissent mieux que cela. Elles pratiquent l'envoûtement, mais un envoûtement simplifié et d'après un procédé bien local. L'anoli, ce petit lézard vert, si gracieux, si alerte, qui s'étale et court au soleil, sur les arbres ou les savanes de nos colonies, remplace l'image de cire de nos aïeux; on le ficelle dans des brimborions d'étoffe ou de papier qui doivent rappeler le costume de la victime, et, sur ce représentant forcé de la personne offerte aux génies infernaux, on déclame les conjurations d'un rituel fantaisiste. Toutefois, ce nouveau chargé d'imprécations n'est point fatalement condamné à la mort, pas plus que la créature humaine dont il usurpe bien malgré lui la place. Il s'agit souvent de paralyser certaines volontés: c'est un mode inédit de suggestion mentale à longue distance. Deux négresses, à la suite d'une dispute accompagnée de coups de poings et de coups de dents, sont appelées devant le tribunal correctionnel. Pour prévenir les effets d'un réquisitoire qu'elle a de sérieux motifs de redouter, l'une des prévenues exécute un grand jeu. Quatre anolis, coiffés d'une petite toque de magistrat, sont enfermés dans une bouteille; le plus gros a la gueule ficelée: c'est le procureur, qui ne pourra prendre la parole au moment psychologique, car *on a maré langue li* (on lui a amarré, attaché la langue)...

En 1895, le successeur de Béhanzin sur le trône du Dahomey ayant eu à se plaindre des Français, ne trouva rien de mieux que de les faire envoûter par un féticheur tsaoussâ. Ce dernier fabriqua une pâte particulière qu'un autre sorcier devait enterrer dans le camp des Français, *aux endroits où les blancs passaient de préférence*. Le féticheur en sous-ordre prit peur et n'osa aller commettre son forfait. Il vint tout raconter au capitaine du poste menacé; interrogé par « les blancs » sur l'action qu'aurait dû produire le maléfice, il répondit: « A chacun de vos pas sur ladite pâte, chargée de vous représenter, il devait succéder pour vous un grand malaise, puis, à brève échéance, la mort. » Dr J. REGNAULT, *La Sorcellerie*, 1897, p. 18.)

Aux îles Marquises, on cherchait à s'emparer de la salive de la personne à qui l'on voulait du mal; on l'enveloppait dans une feuille d'arbre et on devenait ainsi le maître de sa santé et de sa vie. (*Ibidem*, p. 25.)

M. Leclère, dans un article de la *Revue Scientifique* sur la *Sorcellerie chez les Cambodgiens* (2 février 1895), s'exprime ainsi:

On dit qu'il y a des sorciers qui savent fabriquer des *rups* ou statuettes de cire qu'ils nomment du nom de la personne qu'ils veulent blesser ou tuer, puis qu'ils la percent, en prononçant des paroles magiques, avec un couteau. Alors, me raconte-t-on, la personne que représente la statuette est blessée ou tuée à l'instant même où la statuette est percée par le sorcier.

D'autres font une statuette en cire, la nomment, puis la placent dans un endroit que visitent les rayons du soleil. Alors, à mesure que s'altèrent les traits de la statue, s'altère la santé de la personne qu'elle représente et dont elle a reçu le nom. Quand cette statue cesse d'en être une, la personne meurt.

M. Errington de la Croix m'a raconté que des coutumes pareilles existaient en Malaisie. Voici encore quelques faits rapportés par d'autres voyageurs:

Chez les Polynésiens, pour faire du mal à un ennemi, on se procurait quelque chose lui ayant appartenu, une mèche de cheveux, un morceau de vêtement, un peu de ses aliments, etc.; sur ces objets, on récitait certaines formules, puis on les enterrait. (TYLOR, *New Zeeland and its inhabitants*.)

Chez les Tasmaniens qui habitaient la terre Van-Diémen et dont la race est éteinte aujourd'hui, « la sorcellerie était encore dans l'enfance: on ne cite qu'une seule pratique de magie en usage parmi ces Mélanésiens, c'était une sorte d'envoûtement. Pour le pratiquer, il suffisait de se procurer un objet quelconque ayant appartenu à un ennemi, d'envelopper cet objet de *graisse* et de l'exposer au feu. La santé du propriétaire de la chose ainsi traitée devait décliner au fur et à mesure de la fusion de la graisse ». (LÉTOURNEAU, *L'évolution religieuse dans diverses races humaines*; 1892, p. 30.)

« C'est, pour l'Australien, une grosse affaire que de livrer partie de sa chevelure. Il croit que tout homme qui possède une mèche de ses cheveux a le pouvoir de le faire mourir; et l'on me cite des cas où la personne, qui se croyait envoûtée par ce moyen, a poursuivi pendant des mois son persécuteur imaginaire jusqu'à ce qu'elle l'eût atteint et tué. » (D. CHARNAY, *Six mois en Australie; Tour du Monde*, 1880, t. 92.)

C'est sans doute pour des raisons analogues que les Arabes prennent grand soin d'enterrer tout ce qu'ils retranchent d'eux: cheveux rasés des hommes et des femmes, ongles coupés, dents, etc. On peut le constater en Algérie, en Tunisie, où l'on trouve souvent de petits paquets formés de ces diverses substances enfouis profondément dans les interstices des murs de pierres sèches.

Et n'est-ce pas là l'origine du dicton: Avoir une dent contre quelqu'un?

III

Les anciens rituels de l'Egypte font souvent allusion à l'Envoûtement (1), et M. Lenormand en a retrouvé la

---

(1) MASPERO, *Histoire ancienne des peuples d'Orient*, pp. 137 et 142.

Le mot *Envoûtement* vient soit du vieux français *volt* ou *vout*,

trace chez les Assyriens. Dans son livre sur la *Magie des Chaldéens,* il reproduit une grande tablette provenant de la bibliothèque du palais royal de Ninive et contenant une suite de vingt-huit formules d'incantation déprécatoire contre l'action des mauvais esprits, les accidents et les maladies. Le tout forme une longue litanie qui, divisée en paragraphes finissant tous par la même invocation sacramentelle, se récitait probablement, comme nos litanies actuelles, à l'heure des prières.

Voici le sixième verset :

Celui qui forge l'image, celui qui enchante, la face malfaisante, l'œil malfaisant, la langue malfaisante, la lèvre malfaisante, la parole malfaisante.

Esprit du Ciel, souviens-t'en ! Esprit de la terre, souviens-t'en !

Si nous passons aux Grecs, nous trouvons un texte de Platon :

Il y a, parmi les hommes, deux espèces de maléfices dont la distinction est assez embarrassante. L'une est celle que nous venons d'exposer nettement, lorsque le corps nuit au corps par les moyens naturels. L'autre, au moyen de certains prestiges, d'enchantements et de ce qu'on appelle ligatures, persuade à ceux qui entreprennent de faire du mal aux autres qu'ils peuvent leur en faire par là, et à ceux-ci qu'en employant ces sortes de maléfices on leur nuit réellement. Il est bien difficile de savoir au juste ce qu'il y a de vrai en cela ; et, quand on le saurait, il ne serait pas plus aisé de convaincre les autres. Il est même inutile d'entreprendre de prouver à certains esprits fortement prévenus qu'ils ne doivent pas s'inquiéter de petites figures de cire qu'on aurait mises ou à leur porte, ou dans les

---

image (*vultus* en latin), soit du verbe latin *vovere,* vouer. Dans Tibulle et dans Ovide, *devovere* signifie soumettre à des enchantements, envoûter.

carrefours, ou sur le tombeau de leurs ancêtres, et de les exhorter à les mépriser, parce qu'ils ont une foi confuse à la vérité de ces maléfices... Celui qui se sert de charmes, d'enchantements et de tous autres maléfices de cette nature a dessin de nuire par de tels prestiges; s'il est devin ou versé dans l'art d'observer les prodiges, qu'il meure! Si, n'ayant aucune connaissance de ces arts, il est convaincu d'avoir usé de maléfices, le tribunal décidera de ce qu'il doit souffrir dans sa personne ou dans ses biens. (*Lois*, liv. XI, traduction de M. Cousin, t. VIII, pp. 524-525.)

On connaît la réputation des sorcières de Thessalie, qui causaient l'impuissance et une mort lente en perforant chaque jour avec une aiguille d'image en cire de la personne à qui elles voulaient nuire.

Ovide rappelle cette coutume dans ses *Héroïdes*, à propos de Médée.

> Devovet absentes simulacraque cerea fingit
> Et miserum tenues in jecur urget acus (1)

(Epist. 6: *Hypsipile*, v. 91 et 92.)

De même Horace dans ses satires:

> Lanea et effigies erat, altera cerea: major
> Lanea, quæ pœnis compesceret inferiorem;
> Cerea suppliciter stabat, servilibus utque
> Jam peritura modis (2)

(Liv. 1ᵉʳ, Sat. 8, v. 29-33.)

La tradition de ce maléfice se conserva parmi les

---

(1) Elle envoûte les absents; elle fabrique des images de cire et pique le foie des malheureux avec de fines aiguilles.
(2) Il y avait aussi une poupée de laine et une de cire; celle de laine, plus grande, semblait devoir châtier l'autre; celle de cire se tenait en posture suppliante, comme prête à mourir d'une manière misérable.

peuples chrétiens, aussi bien de l'Occident que de l'Orient, mais il s'y compliqua souvent des pratiques sacrilèges qui, dans l'esprit de leurs auteurs, avaient pour effet d'abord d'augmenter par l'administration des sacrements la ressemblance de la figure avec la personne visée, puis de réjouir et d'exciter le zèle du démon, qu'ils appelaient à leur aide, par la profanation des espèces consacrées.

On peut consulter à ce sujet Tertullien (1) et l'histoire byzantine ainsi que les écrits de la plupart des jurisconsultes et des exorcistes du XVIᵉ siècle tels que Delrio, Alphonse de Castro, Le Loyer (2).

Un des exemples les plus souvent cités est celui de Duff, roi d'Ecosse, qui succomba tout desséché, par suite des manœuvres magiques d'une sorcière qui faisait fondre tous les jours sur un brasier une statuette de cire de ce prince; je vais donner quelques détails sur des cas choisis à diverses époques et puisés à d'autres sources.

Sous le règne de Louis X, Enguerrand de Marigny, garde du Trésor, fut arrêté sous l'inculpation du crime de concussion et d'altération des monnaies. Le roi était disposé à le traiter avec modération, lorsque ses ennemis,

---

(1) *De Spectac.*, ch. x, p. 90; *De Resurrectione carnis*, ch. XVI, p. 389.

(2) En 337, l'empereur Constance condamna au bûcher ceux qui « de loin font mourir leurs ennemis ». Il existe plusieurs ordonnances des rois de France contre ce genre particulier de sorcellerie: 742, Ordonnance de Chilpéric III; 1470, Ord. de Charles VIII; 1560, Ord. de Charles IX; 1562, Edit. d'Henri III; 1628, Ord. de Louis XIII; 1672, Ord. de Louis XIV.

C'est la peine de mort qui était ordinairement prononcée contre les coupables.

déterminés à le perdre, rapportèrent à Louis X « qu'un nécromant de profession, à la sollicitation de la femme et de la sœur d'Enguerrand, avait fabriqué certaines images de cire à la ressemblance du roi, du comte Charles de Valois et d'autres barons, afin de procurer par sortilège la délivrance d'Enguerrand et de jeter un maléfice sur lesdits roi et seigneurs; lesquelles images maudites étaient en telle manière ouvrées, qui, si longuement elles eussent duré, lesdits roi, comtes et barons n'eussent chaque jour fait qu'amenuiser, sécher et languir jusqu'à la mort (1). » Pour donner quelque poids à ces allégations, on montra au roi des figures percées et sanglantes que l'on assura avoir été trouvées chez le nécromant. Louis X, épouvanté, consentit à la condamnation de son favori, qui fut pendu à Montfaucon.

En 1317, Jean XXII, second pape d'Avignon, écrivait que ses ennemis avaient voulu l'envoûter : « Les magiciens Jacques dit Brabançon et Jean d'Amant, médecin, ont préparé des breuvages pour nous empoisonner, nous et quelques cardinaux nos frères; et, n'ayant pas eu la commodité de nous les faire prendre, *ont fait des images de cire sous nos propres noms pour attaquer notre vie en piquant ces images.* Mais Dieu nous a préservés et a fait tomber entre nos mains trois de ces images diaboliques. » (*Bibl. arch. hist. Tarn-et-Garonne*, t. IV, 2ᵉ trim. 1876.)

En 1333, Robert d'Artois fut accusé, entre autres crimes, d'avoir essayé d'envoûter la femme et le fils de Philippe VI de Valois. On lui fit un procès solennel dont toutes les séances furent tenues en lit de justice au

---

(1) Chronique de Saint-Denis.

Louvre et présidées par le roi lui-même assisté des pairs et des plus grands personnages du royaume.

Les pièces originales de ce procès existent encore au Trésor des Chartes (1); des copies en ont été en outre conservées dans le manuscrit n° 18437 (*ancien fonds Saint-Germain*) de la Bibliothèque nationale. Elles ont été reproduites dans un certain nombre de mémoires historiques, entre autres dans celui que Lancelot a inséré au tome X des Mémoires de l'Académie des inscriptions et belles-lettres.

C'est à ce dernier que nous empruntons le document suivant dont nous avons légèrement modifié l'orthographe pour le rendre plus compréhensible :

A quelques jours de là, c'est-à-dire entre la Saint-Remy et la Toussaint de la même année 1333, frère Henry (1) fut mandé par Robert qui, après beaucoup de caresses, débuta par lui faire derechef une fausse confidence, et lui dit que ses amis lui avaient envoyé de France un *volt* ou *voust* « que la reine avait fait contre lui ». Frère Henry lui demande : « Qu'est-ce que *voust* ? — C'est une image de cire, répondit Robert, que

---

(1) Le Trésor des Chartes est le fonds proprement dit des archives royales de France, de Philippe-Auguste à Charles IX. Actuellement il fait partie intégrante des Archives nationales, dont il forme la série J. Il se subdivise : en cartons dénommés *Layettes* sous la cote J qui contiennent les parchemins et papiers constituant des pièces originales ; et en registres sous la cote JJ.

Les pièces relatives au procès de Robert d'Artois sont comprises dans le registre JJ. 20 (de 1329 à 1337) et dans les layettes J. 439 et 440.

Les Archives nationales contiennent encore, en dehors du Trésor des Chartes, une section judiciaire où l'on a réuni dans des registres les documents relatifs aux procès les plus célèbres. Celui de Robert d'Artois occupe à lui seul trois registres U. 816-818.

(1) Frère Henri de Sagebran, de l'ordre de la Sainte-Trinité, curé de l'église de Busi, diocèse de Liége, était le chapelain de l'*Avoué de Huy*, un des plus chauds partisans de Robert d'Artois.

l'on fait baptiser, pour grever ceux que l'on veut grever. —
L'on ne les appelle pas en ces pays *voust*, répliqua le moine,
l'on les appelle *manies* (1).

Robert ne soutint pas longtemps cette imposture; il avoua à
frère Henry que ce qu'il venait de lui dire de la reine n'était
pas vrai, mais il avait un secret important à lui communiquer,
qu'il ne lui dirait qu'après qu'il aurait juré qu'il le prenait
sous le sceau de la confession. Le moine jura « la main mise
au piz ».

Alors Robert ouvrit un petit escrin et en tira « une image de
cire enveloppée en un couvre-chef crespé, laquelle image était
à la ressemblance d'une figure de jeune homme, et était bien
de la longueur d'un pied et demi, et si le vit bien clairement
par le couvre-chef qui était moult délié et avait entour le chef
semblance de cheveux aussi comme un jeune homme qui
porte chef. »

Le moine voulut y toucher : « N'y touchiez, frère Henry, lui
dit Robert, il est tout fait, icestuy est tout baptisié, l'on le m'a
envoyé de France, tout fait et tout baptisé; il n'y faut riens à
cestuy, et est fait contre Jehan de France et en son nom, et
pour le grever. Ce vous dis-je bien en confession, mais je en
vouldroye avoir un autre que je vouldroye que il fut baptisié

— Et pour qui est-ce? dit frère Henry. — C'est contre une
Dyablesse, dit Robert, c'est contre la Royne, non pas Royne,
c'est une Dyablesse; ja tant comme elle vive elle ne fera bien
ne ne fera que moy grever, ne ja que elle vive je n'auray ma
paix tantost au Roy, car de lui ferois-je tout ce qu'il me plai-
roit, je n'en doubte mie. Si vous prie que vous le me baptisiez,
car il est tout fait il n'y faut le baptesme que je ay tout prest
les parrains et les marraines et quant que il y a mestier, fors
le baptisement... Il n'y fault à faire fors aussi comme à un
enfant baptiser, et dire les noms qui y appartiennent. »

Le moine refusa son ministère pour de pareilles opérations,

---

(2) *Maniæ*, selon Festus, sont des figures faites avec de la pâte
de farine (*Ficta quædam ex farina in hominum figuras*), probablement comme les bonshommes en pain d'épice qu'on fabrique encore. Je suppose que c'est une corruption de *mumie*.

remontra que c'était mal fait d'y avoir créance, que cela ne convenait point « à si hault homme comme il estoit; vous le voulez faire sur le Roy et sur la Royne qui sont les personnes du monde qui plus vous peuvent ramener à honneur. » Monsieur Robert répondit: « Je ameroie mieux estrangler le dyable que le dyable m'estranglast. »

Robert, voyant que le moine ne voulait point se prêter à ce qu'il lui demandait, le chargea de lui trouver quelqu'un qui fît ce baptême. Frère Henry s'excusa et lui dit d'envoyer chercher celui qui avait baptisé l'autre. « Il est venu de France », répliqua Robert, voyant qu'il ne pouvait engager le moine.

On apprend tous ces détails de la déposition de frère Henry, faite juridiquement le 31 janvier 1334, en présence de l'évêque de Paris, dans les prisons de qui il était, de l'évêque d'Arras, etc. Elles furent confirmées par une autre déposition que Jean Aimery, prêtre du diocèse de Liége, aussi prisonnier dans les prisons de l'évêque de Paris, fît le même jour, 31 janvier 1334, en présence des mêmes personnes. Il déposa que Messire Arnoul de Courtray, chanoine de Saint-Albin-de-Namur, lui proposa de s'attacher à M. Robert d'Artois, qui était si puissant qu'il pouvait lui faire beaucoup de bien, a qu'il lui donnerait cent et cent mailles d'or. — Quel service li porroie-je faire? dit le prêtre, pour gagner si grand avoir? Je n'ay point accoustumé à recevoir tel guain ny si grant. Je me suis bien tenu apayéet oncquorres fais, quand je puis gagnier huit deniers ou douze ou quatorze le jour à chanter ma messe. » Messire Arnoul répliqua: « C'est Roy de France, M. Robert le fît Roy, ne n'eust oncques resté Roy si ce ne feust M. Robert d'Artois. Vous estes un homme qui avez esté par tous pays, et oultre les monts et ailleurs, si avez moult veu et sceu des choses que plusieurs ne scevent mie : et se vous voulez faire ce que l'on vous dira, le Roy de France ne sera pas Roy dedans un an. — Et comment? respliqua le prêtre. — Vous scavez bien, lui dit-on, faire manies ou forceries, ou autres choses par quoy le Roy porra mourir briesvement. » Cette proposition irrita le prêtre ; il dit au chanoine qu'il prît le profit pour lui et qu'il fît l'affaire qu'il devoit en savoir plus que lui.

En 1347, un prêtre du diocèse de Clermont nommé Pépin fut accusé, entre autres crimes de sorcellerie, d'avoir voulu envoûter l'évêque de Mende à l'aide d'une figure de cire (1).

Pépin, interrogé le 24 novembre par le commissaire de la cour ecclésiastique de Mende déclara que :

Se trouvant, il y avait quatre ans passés, à Langeac où il se livrait à la science de la pierre philosophale avec noble Guérin de Chateauneuf, seigneur d'Apcher, et Guillaume Laborte, il résolut de faire l'image. Ayant en sa possession de la cire vierge, il vint au lieu de Vedrines, terre d'Apcher, où il apporta ladite cire dans la maison du médecin de ce lieu où il demeura pendant six semaines. Un certain jour il pensa à l'image et, avec la cire qu'il y avait apportée, environ deux livres, il fit l'image de sa main, la fabriqua avec de l'eau chaude et sans autre mélange. Pendant la fabrication il avait devant lui le fameux livre (2) et prononçait les paroles nécessaires pour cette opération.

Interrogé sur le point de savoir s'il avait baptisé l'image, il répondit négativement et reconnut avoir prononcé quelques paroles en confectionnant cette image.

On lui demanda de déclarer si l'évêque se ressentirait du mal que quelqu'un ferait à cette image ou de la perte du membre qu'on lui couperait. Il répondit qu'il le croyait parce que les images en cires ont cette propriété.

On lui demanda, en outre, si l'évêque de Mende mourrait à la suite de l'amputation d'un membre de cette statue, et il répondit affirmativement et déclara que lui seul pourrait l'empêcher de mourir, parce que toute autre personne en était incapable. Il confessa qu'il avait écrit sur la poitrine de l'image, en la faisant, les noms des anges des Dominations.

---

(1) *Un envoûtement en Gévaudan en l'année 1347*, par Edmond Falgairolle, substitut du procureur de la République à Nîmes. — Nîmes, Catelan, 1892.

(2) C'était un livre de sorcellerie qu'il avait copié sur un autre livre dans un château près de Perpignan.

Il fabriqua cette image un vendredi. L'ange du jour s'appelait *Anhoël*, nom qui est inscrit sur la poitrine de ladite image, en même temps que six autres noms d'anges qu'il a oubliés, et sur le front de l'image il a inscrit celui de l'évêque pour se conformer à la science de cette opération.

Il raconte ensuite comment il est venu cacher secrètement cette image dans un trou du mur de l'étage supérieur de la tour du château d'Arzence appartenant au sieur d'Apcher. Cette image ne devait opérer qu'au mois de janvier. Dans ses autres interrogatoires, il déclare qu'il a trouvé dans ses voyages, et spécialement à Tolède et à Cordoue, des livres de magie (1) qui enseignaient à faire des images et qu'il a lu que ces images étaient capables de faire périr les hommes et les animaux qui la foulaient aux pieds; qu'il était même dangereux de les toucher. C'est du reste la première qu'il ait faite, et cela sous la pression du seigneur d'Apcher qui voulait se débarrasser de l'évêque.

On avait affaire à un magicien très novice; aussi les enquêteurs ne purent-ils tirer de lui qu'un aveu de son ignorance sur la manière dont la figure de cire pouvait agir sur l'évêque.

En Angleterre, pendant le règne de Henri IV, le cardinal de Winchester, jaloux du crédit que le duc de Glocester avait dans l'esprit du roi, porta contre la femme du duc l'accusation de sorcellerie. Il parvint à suborner des témoins qui déclarèrent que la duchesse avait des entrevues fréquentes avec un prêtre accusé de

---

(1) L'un de ces livres, intitulé *De Naturalibus*, composé par le roi de Majorque, lui avait été donné par ce prince lui-même, très habile dans la science magique.

nécromancie et une sorcière nommée Marie Gardemain. Ces témoins assurèrent de plus, sous la foi du serment, que la duchesse et ses deux complices se livraint à des pratiques diaboliques et faisaient fondre à un feu ardent une effigie en cire de Henri VI, afin d'épuiser les forces de ce prince et d'abréger sa vie, qui s'éteindrait quand la cire serait consumée. Cette accusation fut admise par les juges; malgré les protestations d'innocence des accusés et le haut rang de la duchesse, tous trois furent déclarés coupables: la duchesse fut condamnée à un emprisonnement perpétuel, le prêtre fut pendu et la prétendue sorcière brûlée.

Après l'assassinat du duc et du cardinal de Guise, un grand nombre de prêtres ligueurs plaçaient sur les autels, pendant la messe, des statuettes de cire faites à l'image de Henri III et les piquaient au cœur en prononçant des paroles magiques, afin de donner la mort à ce roi qu'il appelaient le tyran Hérode.

Il fut établi, dans le procès du maréchal d'Ancre, que le maréchal et sa femme se servaient, pour œuvres de sorcellerie, d'images qu'ils conservaient dans des cercueils.

On trouve dans le tome II des *Jours caniculaires* de Simon Mayol d'Ast, évêque de Valtoure (1), l'histoire d'une honnête femme qui avait été menacée par une sorcière. « Peu de jours après, cette honnête femme se sentit cruellement atteinte de grandes douleurs de ventre; il lui sembla qu'on lui perçait les boyaux de part en part, si bien qu'elle gémissait amèrement et par ses plaintes inquiétait ses voisins. Or, comme plusieurs la

---

(1) Paris, 1610-1612, 3 vol, in-4°.

venaient voir pour la consoler, entre autres un potier y
vint qui assura que sa voisine était ensorcelée, fit fouiller
au seuil de la porte pour voir s'il n'y avait pas quelque
charme; on y fouilla donc, et entre autres charmes on y
trouva une image qui avait une palme de longueur,
laquelle était transpercée des deux côtés avec une
aiguille. On prend le sortilège et l'on jette le tout au
feu : alors la patiente se trouve allégée de son mal. »

M. de Kerdaniel a donné, dans ses *Recherches sur l'envoûtement* (Chamuel, 1898), le compte rendu d'un procès
qui eut lieu en 1723 devant le Sénat de Savoie et à la
suite duquel le seigneur André Philibert, comte de
Pléorz, du duché d'Aoste, fut condamné à mort pour
avoir voulu envoûter sa femme au moyen de figures de
cire qu'il faisait fondre au feu.

Le tome IV des *Amusements des eaux de Spa*, publiés
en 1782, contient le récit d'une conspiration contre la vie
des rois de France et d'Espagne, qu'on voulait faire périr
de langueur par envoûtement.

L'affaire s'est passée à Livourne.

Elle fut découverte, dit le narrateur, par le consul de France
à Livourne, et j'étais chez M. le cardinal de Janson, lorsque le
courrier dépêché par le consul français lui apporta la relation
de cet exécrable attentat, médité, disait-on, par le consul d'une
des premières puissances de l'Europe. Le principal acteur de
cette pièce était un mauvais prêtre, habitué de Notre-Dame de
Montevero, nommé Dom Giovanni Gastioni, natif de Burgue et
sujet du grand-duc de Toscane. Ce misérable s'était associé un
Génois, conseiller du grand-duc, et quelques personnes moins
connues dont j'ai oublié les noms. Le consul de... à Livourne,
nommé M. Et..., leur prêta sa maison et attira dans ce complot son vice-consul qui était Anglais. Ce grand œuvre ne fut
pas l'ouvrage d'un jour; on en passa plus de quinze à en faire

les préparatifs. On feuilleta tous les grimoires que l'on put trouver, entre autres les livres de Cornélius Agrippa, la *Clavicule de Salomon*, etc., et on n'omit aucune des profanes rubriques que ces auteurs prescrivent; on travailla à l'aube dont ce mauvais prêtre devait se revêtir; on fit avec beaucoup de cérémonies les bougies qui devaient être allumées et bénites par ce scélérat, et on prépara la cire dont on devait former les figures de Leurs Majestés très chrétiennes et catholiques; on maléficia l'encens que l'on mit dans un encensoir de terre fait d'une certaine façon, et enfin le consul de... fournit et paya tout ce qui devait servir à cet abominable usage.

Un Provençal, nommé Charles Méret, admis dans la confidence, trahit ses complices et dénonça la trame au grand-duc et au cardinal de Médicis. L'affaire s'instruisit avec le plus grand secret par l'Inquisition. L'embarrassant était de pouvoir se saisir du corps du délit, c'est-à-dire des livres et instruments magiques. Méret fit savoir que le consul de... avait loué deux chambres au haut d'une certaine tour qu'il indiqua, où devait s'opérer l'abominable sacrifice. Suivant les lois magiques, il fallait que la scène se passât dans un lieu percé à l'orient et à l'occident, qui n'eût aucune vue du côté de Notre-Dame-de-Lorette, et qu'il n'y eût dans ce lieu aucune image du Seigneur ni de la Vierge. A l'heure indiquée, l'inquisiteur, conduit par Méret, précédé du barigelle, et suivi des sbires de Livourne, entra dans la tour et saisit le prêtre. Il était déjà revêtu de l'aube, il feuilletait le grimoire avec la baguette magique, et n'attendait que le retour de Méret pour percer les figures. On trouva dans la chambre une boîte de sapin sur le dessus de laquelle était écrit: *A M. Et..., consul de...* Cette boîte renfermait les deux figures, couronnées et le sceptre en main, avec des cheveux à la tête, circonstance nécessaire, disent les magiciens, à cette maudite opération. L'inquisiteur se saisit de toutes ces pièces, ainsi que des livres. On trouva parmi les papiers du prêtre deux suppliques écrites de la main du malheureux et signées de son sang. Il y traitait le démon de « Sacrée Majesté » et se donnait pour toujours à lui, à condition qu'il aurait avec lui un génie assistant, assez puissant pour l'aider à défendre et attaquer qui bon lui semblerait.

Confronté avec Méret, ce misérable convint des faits déposés par celui-ci, et déclara que par les ordres du consul de...' il devait fondre peu à peu et par quinze degrés différents ces deux figures couronnées, et que par le moyen de son art les deux princes qu'elles représentaient devaient périr de langueur jusqu'à six mois; mais le consul l'avait obligé, le poignard sur la gorge, de lui promettre de faire mourir ces princes en quinze jours, qui est le terme le plus prompt que son art lui permettait. Le mauvais prêtre avait coupé de ses propres cheveux de l'oreille gauche et les avait appliqués sur la tête des figures, avec des boîtes sacrées, de l'eau bénite, et les avait enveloppées de toiles chargées de caractères et de croix. Ces cheveux furent reconnus par le prêtre, et l'on vit encore la place où il les avait coupés.

Ce serait une erreur de croire que ces abominables pratiques soient complètement abandonnées de nos jours. Des livres récents, tels que *Là-bas*, de Huysmans, et *le Diable au XIXe siècle*, du Dr Bataille, nous dépeignent des bas-fonds de l'imagination humaine dont j'aurais eu, pour ma part, peine à admettre l'existence si le bruit qui s'est fait autour de certaines de mes expériences ne m'avait, bien involontairement, mis en rapport avec le monde où fleurit encore la magie noire.

Une dizaine de personnes plus ou moins détraquées m'écrivirent ou vinrent me voir (et ce n'est pas là un des moindres inconvénients de ce genre d'études) pour me prier de les protéger contre des ennemis qui les avaient envoûtées ou leur avaient jeté un sort, car, généralement, elles confondent les deux choses. Mais le document le plus intéressant que j'aie recueilli est l'histoire suivante, qui se serait passée dans une grande ville du Midi et dont je connais les acteurs; je me borne à la reproduire, sans la discuter, en changeant seulement les noms.

Mlle Jeanne, presque sans fortune, désirait vivement épouser un de ses parents, M. Paul, ayant quarante ans de plus qu'elle, mais fort riche. La sœur de M. Paul, Mme Louise, s'opposait à ce mariage, qui aurait eu pour effet probable de priver ses propres enfants de l'héritage de leur oncle. Mlle Jeanne et sa sœur, Mme Berthe, eurent l'idée d'aller consulter une sorcière en réputation dans la ville où elles habitaient. Cette sorcière, chez laquelle elles se rendaient pour la première fois, leur raconta que la demoiselle désirait se marier, qu'une femme s'y opposait, mais qu'il était possible de s'en débarrasser sans sortir de la maison.

Mlle Jeanne et sa sœur, Mme Berthe, crurent à une plaisanterie, mais Jeanne, qui était une enfant gâtée et très curieuse, tint absolument à voir comment la sorcière s'y prendrait.

On fit sortir de la chambre Mme Berthe; quand la sorcière fut seule avec Mlle Jeanne, elle montra une statuette en cire, demanda le nom de la dame qu'il fallait supprimer, la baptisa de ce nom, puis donna à la jeune fille une épingle pour la piquer.

Mlle Jeanne la piqua au ventre.

Le soir même, les deux sœurs dînaient chez un parent lorsqu'on apporta à ce dernier une dépêche annonçant que Mme Louise était morte subitement, le matin, à l'église, pendant une messe de mariage.

Elles furent naturellement très émotionnées et demandèrent des renseignements. Quelques jours plus tard, elles apprirent que Mme Louise était morte d'une perforation de l'intestin... L'année était à peine écoulée que M. Paul épousait Mlle Jeanne! ce qui semblerait presque prouver que le drame a été moins noir qu'on me l'a dit.

L'envoûtement est encore en usage chez les sorciers modernes du Béarn. Voici ce qu'en dit M. Probst-Biraben. (*Initiation*, mai 1898.)

Si l'ennemi s'est emparé d'un peu d'eau touchée par eux, d'une mèche de leurs cheveux ou d'une pièce de leur vêtement, un grand danger les menace et ils sont envoûtés.

Les objets dérobés en secret doivent fournir la matière du volt, et l'affaire est très grave. Il paraît que, dans ce cas, l'envoûteur met à macérer l'eau, les cheveux ou l'étoffe dans un vase exposé à la lumière lunaire. Après trois jours d'exposition nocturne, il prend un œuf, en brise le gros bout, enlève le blanc et le remplace par le volt. Cela fait, il bouche l'œuf avec un cachet de cire, d'empreinte ctéiforme. Il enterre ensuite l'œuf dans un endroit désert et prononce les paroles suivantes en pensant à l'envoûté:

Ben, ben, ben, crebo coum u caa
Et puix surtout, soufreches placa.

(Va, va, va, crève comme un chien, et puis surtout souffre bien.)

Le rebouteux, prévenu de l'opération par une souffrance aigüe au côté gauche, fait alors et sans retard un contro-envoûtement. Il prend un cœur de mouton frais, prononce le nom de l'envoûteur, le suspend à la crémaillère, après l'avoir percé de clous. Souvent même, en le suspendant au-dessus de l'âtre, il dit en béarnais: *Haüt biste tournes d'oun bienes* (allons, vite, reviens d'où tu es venu).

Le lecteur, désireux d'avoir encore d'autres détails sur ces questions, pourra consulter l'excellent livre du Dr Regnault, intitulé: *La Sorcellerie. Ses rapports avec la science biologique;* Paris, Alcan, 1897.

Je ne saurais du reste trop insister sur ce que je n'affirme nullement la réalité des faits contenus dans les récits que je rapporte; je suis simplement le chroniqueur d'une tradition qui, par sa persistance et son universalité, mérite d'attirer au moins l'attention de ceux qui étudient les progrès et les aberrations de l'esprit humain.

Il y a des procédés encore plus compliqués. Voici comment les décrit M. Stanislas de Guaïta (1).

Le Volt de l'envoûtement magique est la figure, modelée en cire, du personnage dont on veut la perte. Plus la ressemblance est parfaite, plus le maléfice a chance de réussir. Si, dans la composition du Volt, le sorcier peut faire entrer, d'une part, quelques gouttes de saint-chrême ou des fragments d'hostie consacrée ; d'autre part, des rognures d'ongle, une dent (2) ou des cheveux de sa future victime, il pense que ce sont là autant d'atouts dans son jeu. S'il peut dérober à celle-ci *quelques vieux effets, qu'elle ait beaucoup portés*, il s'estime heureux d'y tailler l'étoffe dont il habillera la figurine, le plus possible à l'instar de son vivant modèle.

La tradition prescrit d'administrer à cette poupée ridicule tous les sacrements qu'a pu recevoir le destinataire du sacrilège : baptême, eucharistie, confirmation, prêtrise et jusqu'à l'extrême-onction, si le cas y échoit. Puis l'exécration se pratique en lardant cet objet d'art d'épingles empoisonnées, avec une grande explosion d'injures pour exciter à la haine, ou bien en l'écorchant à certaines heures fatidiques, au moyen d'éclats de vitre ou d'épines venimeuses, toutes dégouttantes de sang corrompu.

Un crapaud auquel on donne le nom de celui qu'on désire envoûter remplace aussi parfois le Volt en cire ; mais les cérémonies imprécatoires demeurent identiques. Une autre recette veut qu'on lie le crapaud vivant avec des cheveux qu'on s'est procurés d'avance ; après avoir craché sur ce vilain paquet, *on*

---

(1) *Le Temple de Satan*, Paris, 1891, p. 185.
(2) D'où cette locution populaire de menace, qui est devenue une vague formule de haine ou simplement de rancune : *Qu'il prenne garde, j'ai une dent contre lui.* (St. de G.)

l'enterre sous le seuil de son ennemi, ou en tout autre endroit qu'il fréquente tous les jours par nécessité.

Le Dʳ Bataille, dont le livre, plein d'insanités, renferme quelques détails intéressants au point de vue historique (à la condition de ne les accepter que comme des indications dont il est nécessaire de contrôler l'exactitude), raconte une lutte d'envoûtement qui se serait passée, il y a quelques années, entre Albert Pike, un des grands-maîtres de la franc-maçonnerie, et le Dʳ Gorgas, médecin de l'Université de Baltimore, chef d'un rite écossais dissident.

Le réformateur du palladisme envoûtait à sa manière, le plus souvent en se servant d'une poupée de cire. Il se procurait, à défaut de cheveux ou de rognures d'ongles, une parcelle quelconque de vêtement porté par son ennemi ; dans sa lutte contre Gorgas, il était parvenu à avoir de la blanchisseuse du docteur un mouchoir de celui-ci.

Il faisait d'abord tremper cette étoffe dans un bain d'eau fortement salée, après avoir dit trois fois, en jetant le sel dans l'eau : *Sagrapim melanchtebo roslomouck elias phog.* Puis il faisait sécher l'étoffe devant un feu alimenté par des branches de magnolia. Après quoi, pendant trois semaines, chaque samedi, à onze heures du matin, il adressait une invocation à Moloch, pendant laquelle il tenait l'étoffe sur ses deux mains ouvertes et tendues en avant, comme si le démon invoqué eût été présent, visible, et qu'il lui eût présenté l'objet en offrande. Le troisième samedi, à sept heures après le midi, il brûlait l'étoffe à une flamme d'esprit de vin, tout en psalmodiant un chant luciférien de sa composition, et il recueillait les cendres sur une sorte d'assiette en plomb couverte d'hiéroglyphes gravés à la pointe d'un couteau consacré à Lucifer ; ce jour-là, il avait eu soin de rester à jeun jusqu'à trois heures après le midi, et son unique repas de la journée se composait de poisson, de biscuit et de fruits secs.

Après quoi, le lendemain, il pétrissait de la cire mêlée aux cendres de l'étoffe de l'ennemi et modelait sa poupée, qu'il appelait une *Dagyde*. La Dagyde de Gorgas avait trente centimètres de hauteur. Mais Pike ne perçait pas avec des épingles ni ne faisait fondre la Dagyde qui représentait son ennemi, il la plaçait sous un globe de cristal, dont le socle était muni d'une petite pompe pneumatique, et faisait ainsi le vide d'air à l'intérieur du globe. La personne envoûtée éprouvait alors toutes sortes de malaises bizarres dont elle ne pouvait soupçonner la cause.

Le plus curieux, c'est que les démons, tout en favorisant ces sortilèges, fournissent à leurs adorateurs des moyens de les combattre, par d'autres pratiques du même genre.

Le palladiste qui se sait l'objet d'un envoûtement à la dagyde se confectionne une poupée, à la cire de laquelle il mêle de ses propres cheveux et de ses rognures d'ongles. Cette figurine qui le représente est consacrée conformément à un cérémonial diabolique et il lui applique les remèdes empruntés à la magie spéciale d'Albert Pike. Les occultistes de la haute-maçonnerie nomment cela « la méthode de Paracelse renversée ».

Dans la Goétie, où le prince de l'enfer est invoqué sous le nom de Satan, on provoque surtout l'envoûtement du crapaud choisi, mâle ou femelle, selon le sexe de la personne qu'on veut combattre. Pour se protéger, on porte sur soi un crapaud dans une boîte de corne ; les satanistes affirment que c'est alors cette malheureuse bête qui subit les tourments destinés à son porteur.

IV

L'historien arabe Ibn Kadoun, qui vivait au XIVe siècle, et auquel nous devons des aperçus extrêmement remarquables au sujet des phénomènes étudiés plus tard sous le nom de Magnétisme animal, nous donne sur l'envoûtement des détails précis, en même temps qu'une théorie du phénomène.

Nous avons vu, de nos propres yeux, un de ces individus, fabriquer l'image d'une personne qu'il voulait ensorceler. Ces images se composent de choses dont les qualités ont un certain rapport avec les intentions et les projets de l'opérateur et qui représentent symboliquement, et dans le but d'unir et de désunir, les noms et les qualités de celui qui doit être sa victime. Le magicien prononce ensuite quelques paroles sur l'image qu'il vient de poser devant lui et qui offre la représentation réelle ou symbolique de la personne qu'il veut ensorceler ; puis il souffle et lance hors de sa bouche une portion de salive qui s'y était ramassée et fait vibrer en même temps les organes qui servent à énoncer les lettres de cette formule malfaisante ; alors il tend au-dessus de cette image symbolique une corde qu'il a apprêtée pour cet objet et y met un nœud pour signifier qu'il agit avec résolution et persistance, qu'il fait un pacte avec le démon, qui était son associé dans l'opération au moment où il crachait, et, pour montrer qu'il agit avec l'intention bien arrêtée de consolider le charme. A ces procédés et à ces paroles malfaisantes est attaché un mauvais esprit qui, enveloppé de salive, sort de la bouche de l'opérateur. Plusieurs mauvais esprits en descendent alors, et le résultat en est que le magicien fait tomber sur sa victime le mal qu'il lui souhaite.

Cent ans plus tard, Paracelse était encore plus explicite.

Dans son livre sur l'Etre spirituel (*De ente spiritum*), il s'exprime ainsi :

> Vous savez que, selon la volonté d'un esprit en lutte avec un autre esprit, si l'on couvre de terre et de pierre une image en cire, l'homme en vue duquel l'image a été faite est *inquiet et tourmenté dans le lieu où les pierres ont été amoncelées* et n'est soulagé que lorsque l'image a été remise au jour ; alors, il est délivré de ses anxiétés. Notez encore que, si l'on brise une jambe à cette image, l'homme se ressent de cette fracture : il en est de même des piqûres et des autres blessures semblables faites à l'image. (Chap. VII.)

Il faut observer ceci relativement aux figures de cire. Si, animé d'une haine contre quelqu'un, je veux lui faire du mal, il est nécessaire pour la réussite que je me serve d'un intermédiaire, c'est-à-dire d'un corps. C'est ainsi qu'il est possible que mon esprit transperce ou blesse une autre personne avec mon épée sans le secours de mon corps, par l'effet de mon ardent désir, et cela peut se faire parce que, par ma volonté, je fixe l'esprit de mon adversaire dans une image; je peux arriver ainsi à rendre cet adversaire difforme ou boiteux, à mon gré, par le moyen de la cire... Vous devez tenir pour certain que l'action de la volonté est d'une grande importance en médecine; et, de même que quelqu'un qui se veut du mal peut ressentir tout le mal qu'il se souhaite, parce que la malédiction est du ressort de l'esprit, de même il peut arriver que des images soient affligées, à la suite de malédictions, de maladies telles que les fièvres, les épilepsies, les apoplexies et autres semblables, lorsqu'elles ont été bien préparées. (Chap. VIII.)

Si on peint sur un mur une image à la ressemblance d'un homme, il est certain que tous les coups et blessures qu'on portera à cette image seront reçus par celui dont l'image offre la ressemblance. Cela tient à ce que l'esprit de cet homme, par la volonté d'un autre esprit que l'on peint ainsi, passe dans cette figure... Aussi, quel que soit le châtiment que vous demandez contre cet homme, il le subira si vous l'infligez à son image, parce que votre esprit a fixé l'esprit de cet homme dans cette figurine, de sorte qu'il est devenu votre sujet et qu'il est forcé de subir tout ce qu'il vous plaira de lui infliger. (Chap. IV.)

Nous avons dit que l'esprit infligeait des maladies aux corps. Cela peut se faire de deux manières : l'une quand les esprits s'attaquent mutuellement sans la volonté et l'assentiment des hommes, excités par la haine ou l'envie qu'ils se portent, ou par les autres stimulants du mal. La seconde voie par laquelle les esprits envoient des maladies est celle-ci : par nos pensées, par nos sens, par notre volonté. Lorsque tout cela est bien d'accord, nous cherchons à infliger, et nous pouvons le faire;

quelque dommage à autrui. Cette volonté ferme et déterminée est la mère qui engendre l'esprit malfaisant. (Chap. v.)

Ainsi, d'après Paracelse, c'est la volonté qui est la principale cause des effets produits (1), quoiqu'elle ne soit probablement pas la seule: *Quamvis multæ aliæ causæ huc afferri possint.* (Chap. VIII.)

Mais qu'est-ce au juste que ces esprits qui agissent l'un sur l'autre?

Pour définir l'être spirituel, nous dirons que c'est une puis-

---

(1) Cette puissante action de l'esprit sur le corps, qui explique les effets des suggestions, était bien connue des illustres maîtres du moyen âge dont la vigoureuse intelligence planait sur l'ensemble des connaissances humaines.

« Toute idée conçue dans l'âme, dit saint Thomas, est un ordre auquel obéit l'organisme, ainsi la représentation de l'esprit produit dans le corps ou une vive chaleur ou le froid; elle peut même engendrer ou guérir la maladie, et il n'y a rien là qui doive surprendre, puisque l'âme, *forme du corps*, est une même substance avec lui. » (*Somme théol.*, Iʳᵉ part., p. 110, art. 2.)

« L'imagination, si elle est vive, force le corps à lui obéir, parce que, selon la doctrine d'Aristote, elle est dans l'âme un principe naturel du mouvement. L'imagination en effet commande toutes les forces de la sensibilité, celle-ci à son tour gouverne les battements du cœur et par lui met en mouvement les esprits vitaux; ainsi tout l'organisme est bientôt modifié. Elle ne pourrait pas cependant, quelque vivacité qu'on lui prête, changer la forme de la main, du pied, ou d'un autre membre. » (*Ibid.*, 3ᵉ part., p. 13, art. 3.)

« Non seulement une forte imagination peut causer au corps la fièvre ou la lèpre, mais, d'après Avicenne, si elle est bien pure, affranchie des passions charnelles et douée d'une grande vivacité dans ses conceptions, les corps extérieurs eux-mêmes lui obéissent; à tel point que par une vive représentation intérieure, elle peut rendre la santé aux malades ou produire d'autres effets analogues. » (*Somme contre les Gentils*, liv. chap. CIII.)

Le Persan Gazzali, qui vivait comme Avicenne au Xᵉ siècle, va plus loin encore, d'après une citation faite par Richard de Midletown dans ses *Questions sur les facultés de la vie animale* (Paris 1519).

« Si l'âme, dit-il, se représente vivement la chute d'un animal, cela suffit pour qu'il tombe; de là ce proverbe: D'un regard Dieu précipite l'homme et le chameau dans la fosse. »

sance parfaite ou complète par laquelle tout le corps peut être affecté ou précipité dans toutes sortes de maladies... Réfléchissez que ni le diable ni aucun effet ou inspiration venant de lui ne peut être compris ici. En effet, le diable n'est pas un esprit; un esprit n'est pas non plus un ange. Ce qui est notre esprit, c'est ce qui se produit dans le corps vivant de notre pensée sans matière. Ce qui naît de notre mort, c'est l'âme. (Chap. IV.)

Cet esprit, comme toi, a des pieds et des mains; s'il est tué, il te tue; en effet, toi et ton esprit, vous êtes une seule et même chose. Mais retiens bien ceci : ce n'est pas ton corps qui reçoit cette blessure, quand même elle serait palpable et visible sur ton corps; ce stigmate est produit par ton esprit, qui a en possession ton corps et tes membres. De là il suit que ce n'est pas au corps qu'il faut appliquer les remèdes, ce serait peine perdue. Guéris l'esprit, et le corps deviendra sain, car c'est l'esprit qui est blessé et non le corps (Chap. VII.)

Enfin quelques occultistes modernes sont allés plus loin et, s'appuyant sur l'hypothèse du corps astral ou fluidique, ils ont ainsi décrit et expliqué l'envoûtement à l'*Esprit volant:*

Il vous faut, pour l'exécuter, avoir à votre disposition un sujet hypnotisé, dont le corps astral (de nature fluidique) abandonne, sur votre ordre, le corps matériel et soit dirigé par votre volonté vers votre ennemi.

Le corps astral ainsi extériorisé, ou bien pénètre la victime qui est désignée et l'étouffe par sa seule pénétration, en arrêtant, par exemple, les mouvements du cœur; ou bien il l'empoisonne au moyen de toxiques que vous avez eu l'art de volatiliser.

L'opération terminée, vous réintégrez dans le corps matériel de votre sujet son corps astral et vous le réveillez.

Certains sorciers, craignant des indiscrétions possibles, s'adressent à un corps astral déjà désincarné, c'est-à-dire au corps astral d'un mort (1).

---

(1) ED. DUBUS, *L'Art d'envoûter* (*Figaro* du 29 février 1893).

V

On voit, par ce qui précède, que dans l'envoûtement traditionnel il entre trois facteurs:

1° La volonté de l'envoûteur agissant directement comme force;

2° L'intervention d'esprits malfaisants par les sacrilèges;

3° Une action physique déterminée par l'usage d'objets ayant été en contact avec l'envoûté.

Pour ceux qui me connaissent, il n'est pas besoin de dire que c'est du troisième facteur seul que je me suis occupé, et ce sont mes essais à ce sujet que je vais maintenant exposer.

Après avoir constaté que la cire à modeler faisait partie des substances propres à emmagasiner la sensibilité du plus grand nombre des sujets extériorisés, j'ai confectionné une statuette avec cette cire, j'ai placé la statuette verticalement devant un de ces sujets, de façon à *l'effluver*, et j'ai reconnu que, si je piquais la statuette à la tête, le sujet éprouvait un malaise à la partie supérieure du corps; il l'éprouvait à la partie inférieure si je piquais la statuette sous les pieds. Ce n'était là que le résultat de l'emmagasinement par la cire des effluves les plus rapprochés; la preuve, c'est que le contraire se produisait si j'avais soin de placer la tête en bas, quand je la chargeais de sensibilité.

Je suis arrivé à localiser la sensibilité en coupant, pendant son sommeil, une mèche de cheveux à la nuque au sujet et en l'implantant dans la tête de la statuette; quand le sujet fut réveillé, il ignorait l'opération que je venais de lui faire subir; je me plaçai hors de sa vue et je tirai les cheveux fixés dans la cire. Immédiatement, le sujet se retourna en disant: « Mais qui est-ce qui me tire les cheveux? » — L'expérience fut tout aussi nette avec la barbe d'un autre sujet; une autre plus confuse avec une rognure d'ongle.

En général, la sensation ne se transmettait qu'à une distance de 5 ou 6 mètres; un jour, cependant, le sujet, Mme Vix, avait terminé sa séance où j'avais expérimenté avec la figure de cire; elle retournait chez elle et je la suivais des yeux dans une grande cour qu'elle traversait, lorsque Mgr B..., qui était avec moi, eut idée de piquer la cire; je vis aussitôt Mme Vix se baisser et se frotter la jambe. Je l'appelai et pus constater alors qu'elle possédait un point hypnogène précisément à l'endroit où elle avait éprouvé la sensation. Le point hypnogène avait joué, en quelque sorte, le rôle d'un orifice par lequel les effluves se seraient écoulés avec plus de violence que par le reste du corps (1).

En réfléchissant sur ce fait que les effluves des différentes parties du corps se fixaient surtout dans les points de la matière absorbante qui en étaient les plus rapprochés, je fus amené à supposer que j'aurais une localisation bien plus parfaite si je parvenais à réunir, sur certains points de matière absorbante, les effluves de telle

---

(1) On appelle *points hypnogènes* certains points qu'on trouve sur le corps de la plupart des sujets, et qu'il suffit de presser pour déterminer le sommeil magnétique.

Ces points sont insensibles à l'état de veille et constituent ce que, dans les procès de sorcellerie, on appelait les *stigmates du diable*. Très fréquemment la sensibilité est extériorisée en face de ces points qui sont en quelque sorte des trous de l'enveloppe charnelle par où s'échappent les effluves sensitifs, de sorte que, même à l'état de veille, on peut produire une *mumie* en présentant en regard de ces points un objet capable d'emmagasiner les effluves.

où telle partie du corps et à reconnaître ces points. Comme les effluves se réfractent d'une façon analogue à la lumière, une lentille réduisant l'image du corps remplissait la première partie du programme. S'il ne s'agissait plus que d'avoir une matière absorbante sur laquelle se serait fixée l'image réduite, je pensai qu'une plaque au gélatino-bromure pourrait réussir, surtout si elle était légèrement visqueuse.

De là mes essais avec un appareil photographique, essais que je vais raconter d'après mon registre d'expériences.

30 juillet 1892. — J'ai photographié Mme Lambert d'abord éveillée, puis endormie et extériorisée, ensuite endormie et extériorisée, en ayant soin de me servir, dans ce dernier cas, d'une plaque que j'avais eu soin de faire séjourner quelques instants contre son corps, dans son châssis, avant de la porter dans l'appareil.

J'ai constaté qu'en piquant avec une épingle la première plaque, Mme Lambert ne sentait rien; avec la seconde, elle sentait un peu; avec la troisième, elle ressentait vivement; tout cela quelques instants après l'opération (1).

2 août 1892. — Mme Lambert étant présente, j'essayai

---

(1) Par une coïncidence curieuse, c'est précisément au moment où je faisais mes premières expériences photographiques qu'un romancier, M. Lermina, concevait une opération semblable et la développait dans une nouvelle intitulée *l'Envoûteur*, publiée par *l'Initiation* (numéro de juillet 1892). En voici un extrait:

« — Vous croyez, n'est-il pas vrai, continua-t-il, qu'il n'y a dans cette reproduction d'une forme, d'une physionomie, qu'un jeu de lumière... Ignorants! Entre le corps qui se place devant l'objectif et la sensibilité des plaques qui avaient été impressionnées le 30 juillet et qui avaient été développées. La première ne donna rien, la deuxième fort peu de chose, la troisième était aussi sensible que le premier jour. Voulant voir jusqu'où irait la sensibilité de cette troisième plaque, je donnai deux forts coups d'épingle sur l'image de la main, de manière à déchirer la couche de gélatino-

---

la plaque sensibilisée, il s'établit un courant, enlevant à l'être, comme dans une opération galvanoplastique, d'innombrables particules de sa propre matière, de sa substance, de sa vie... La chimie les fixe, rien de plus, et comprenez-moi bien, entre cette représentation qui vous semble morte, et l'être qui est là-bas vivant, il existe un lien que rien ne peut jamais rompre. De l'un à l'autre des fils innombrables subsistent comme un réseau de cordons électriques, et quand je frappe, quand je blesse, quand je lacère cette image, coups, blessures et lacérations, comme le signe ou le télégraphe, comme la voix ou le téléphone, vont se répercuter sur l'être vivant... qui ne comprend pas, lui, pourquoi il souffre, pourquoi il gémit, pourquoi il meurt... »

Balzac avait déjà émis une théorie analogue pour expliquer le daguerréotype. Voici en effet ce que raconte Nadar dans le premier numéro de *Paris-Photographe*, page 16.

« Selon Balzac, chaque corps dans la nature se trouve composé de série de spectres, en couches superposées à l'infini, foliacées en pellicules infinitésimales, dans tous les sens où l'optique perçoit ce corps.

« L'homme à jamais ne pouvant créer, — c'est-à-dire d'une apparition, de l'impalpable constituer une chose solide, ou de *rien* faire une *chose*, — chaque opération daguerrienne venait donc surprendre, détachait et retenait en se l'appliquant une des couches du corps objecté. De là pour ledit corps, et à chaque opération renouvelée, perte évidente d'un de ses spectres, c'est-à-dire d'une part de son essence constitutive. Y avait-il perte absolue, définitive, ou cette déperdition partielle se réparait-elle consécutivement dans le mystère d'un renaissement plus ou moins instantané de la lumière spectrale ? Je suppose bien que Balzac, une fois parti, n'était pas homme à s'arrêter en si bonne route et qu'il devait marcher jusqu'au bout de son hypothèse. Mais ce deuxième point ne se trouva pas abordé entre nous. »

On trouvera dans la note D (*La vie des atomes et les rêveries scientifiques*) une conception de la photographie en couleurs, due à un écrivain du XVIIIe siècle.

bromure. Mme Lambert, qui était à 2 mètres de moi et ne pouvait pas voir la partie que je piquais, tomba aussitôt en contracture en poussant des cris de douleur. J'eus assez de peine à la faire revenir à son état normal ; elle souffrait de la main, et, quelques secondes après, je vis apparaître sur la main droite, celle dont j'avais piqué l'image, deux petits traits rouges dont l'emplacement correspondait aux piqûres. Le Dr P..., qui assistait à l'expérience, constata que l'épiderme n'était pas entamé et que les rougeurs étaient sous la peau. Je constatai, en outre, que la couche de gélatino-bromure (qui était beaucoup plus sensible que la plaque qui la supportait) émettait des radiations avec des maxima et des minima comme le sujet lui-même ; ces radiations ne se présentaient presque pas de l'autre côté de la plaque.

5 *octobre* 1892. — Mme Lambert n'a été magnétisée par personne depuis le 2 août ; je l'endors et l'extériorise fortement par des passes prolongées. Je charge de ses effluves une plaque photographique en la plaçant d'abord entre ses mains, puis en la promenant lentement devant son corps. M. B... fait l'opération de la pose, qui dure vingt secondes ; le jour étant très sombre, M. B... va développer la plaque ; Mme Lambert ne sent rien pendant cette opération, qui se fait à une distance de plus de 100 mètres. La plaque étant rapportée, Mme Lambert sent quand je touche la plaque, mais elle ne sent rien quand c'est M. B... qui la touche, à moins que je ne touche moi-même M. B... (1). Elle sent les attouchements même sur les parties recouvertes par les vêtements.

---

(1) Quelques jours après, le *Paris-Bruxelles* publiait sous la signature d'*Arsac*, l'article suivant :
« Nous avons vu répéter l'expérience de la plaque photographique

Je donne un coup d'épingle sur l'image de l'une des mains: Mme Lambert s'évanouit. Quand elle revient à elle, je constate qu'une égratignure qu'elle avait à la main avant l'opération photographique est devenue plus apparente. Je lui dis que c'est l'effet de ma piqûre, mais elle me répond que ce n'est pas là qu'elle s'était sentie piquée et qu'elle souffre: deux ou trois minutes après, apparaît une raie rouge avec légère dépression de la peau à l'endroit sensible. Le stigmate augmente d'intensité à vue d'œil.

NOTA. — Avant cette expérience, j'avais constaté, pour la deuxième fois, que, lorsque je suis bien en rapport avec Mme Lambert, il me suffisait de me pincer la main pour que, au bout de quelques minutes, la marque de

---

sensibilisée. Les phénomènes rapportés se produisaient chaque fois que les coups d'épingle étaient donnés par l'expérimentateur, par la personne qui avait plongé le sujet dans le sommeil; en l'absence de l'hypnotiseur, on pouvait, neuf fois sur dix, piquer le portrait sans que l'hypnotisée ressentît aucune douleur. Jamais le sujet n'a témoigné la moindre douleur lorsque le cliché a été piqué par une personne ignorant absolument le but de l'expérience. Nous sommes donc enclins à conclure que ce que l'on a pris pour le phénomène de l'envoûtement n'est qu'un phénomène de suggestion. L'envoûtement est possible; mais pour l'instant on ne peut le reproduire que dans certaines conditions nettement définies. Ce qu'il faut retenir des expériences de M. de Rochas, c'est que l'extériorisation de la sensibilité est désormais un fait acquis. »

L'observation de M. d'Arsac sur la *nécessité du rapport* confirme les miennes, mais elle ne prouve nullement qu'il y ait là un phénomène de suggestion, ou pour parler plus exactement de *transmission de pensée*. J'ai toujours piqué *sans regarder* à l'emplacement des mains, et le sujet ignorait, encore plus que moi, où allait se produire la déchirure qui se répercutait sur son épiderme; je n'ai, du reste, jamais pu produire avec Mme Lambert aucune transmission de pensée. La seule auto-suggestion qui soit admissible, c'est celle qui aurait trait à la production du stigmate sous l'influence de l'imagination au point où le patient avait ressenti la douleur.

mes ongles apparût au point correspondant de ma propre main, reproduisant ainsi à peu près la célèbre expérience du Dr Janet avec Mme B... au Havre (voir la *Revue philosophique*, n° 8, avril 1886).

7 octobre. — Je me proposais d'essayer si Mme Lambert percevrait les actions sur la plaque photographique d'avant-hier, dès qu'elle serait en ma présence et sans que je l'eusse mise en rapport avec moi-même par de simples contacts; malheureusement, elle arrive éplorée, malade à la suite de chagrins domestiques, et je suis obligé de l'endormir pour la calmer.

Quand elle est endormie et extériorisée, je constate que la plaque a conservé toutes ses propriétés; Mme Lambert perçoit même les attouchements sur la couche de gélatino-bromure autour de son image, mais elle ne les perçoit alors que comme un vague malaise localisé. Elle perçoit sur les diverses parties du corps les attouchements faits sur l'image des vêtements qui recouvrent ces parties.

Je constate pour la seconde fois que la plaque de gélatino-bromure émet aussi des effluves avec des maxima et des minima de sensibilité alternés; mais ici la première couche sensible est sur l'image elle-même, et les intervalles sont plus rapprochés.

Mêmes observations que le 5 octobre sur le peu de sensibilité de la plaque de verre. Il m'a semblé qu'une des couches sensibles dépendant de son propre corps changeait de place dans l'espace quand je plaçais la plaque sensibilisée en face d'elle, de manière à produire, suivant mon hypothèse, des interférences avec les effluves de la plaque.

9 octobre 1892. — Mme Lambert est mieux portante;

dès son arrivée, je porte près d'elle la plaque photographique du 5 octobre et je pique la plaque; elle ressent encore la piqûre, bien qu'elle soit complètement éveillée.

Je l'endors alors et je déchire violemment avec une épingle la couche de gélatino-bromure; Mme Lambert éprouve de la douleur à la partie du corps correspondant à celle de la partie de l'image que j'ai déchirée, mais elle ne s'évanouit pas et il ne se produit aucun stigmate.

J'avais une épreuve sur papier, tirée de matin même, c'est-à-dire trois jours et demi après la sensibilisation de la plaque; elle présente une certaine sensibilité, mais vague. Quand on la touche un peu fortement, Mme Lambert ressent une sorte de frisson par tout le corps; ce frisson est désagréable si je pique l'image, agréable si je la caresse.

31 octobre 1892. — Je refais l'expérience de la photographie avec Mme Lambert en me servant d'une plaque préalablement *effluvée*, je déchire la couche de gélatino-bromure encore toute fraîche dès qu'elle a été fixée: le sujet éprouve une sensation désagréable, mais pas très vive, probablement parce que la pellicule s'est déchirée sans effort.

Je pique vivement deux fois cette même pellicule: elle le sent, mais moins que dans les expériences précédentes où la pellicule était sèche; peut-être le sujet est-il moins sensible aujourd'hui parce qu'il y a cinq ou six spectateurs et que, dans ce cas, elle est en rapport moins exclusif avec moi. Cependant, au bout d'une minute ou deux, les deux stigmates apparaissent aux parties du corps correspondant aux points piqués de l'image.

26 avril 1893. — Mme O..., qui s'extériorise très facilement, même à l'état de veille, a bien voulu venir avec moi chez Nadar pour essayer l'expérience de la plaque sensibilisée. Les expériences suivantes ont été faites en présence du Dr Barlemont et de MM. Paul Nadar et Anthony Guerronnan.

1re EXPÉRIENCE. — Après avoir mis le châssis contenant la plaque sur les genoux de Mme O..., éveillée mais extériorisée, et l'y avoir laissé quelques minutes pour établir le rapport, on a placé le châssis dans l'appareil et on a laissé poser pendant une vingtaine de secondes sous un jour assez faible.

Je suis ensuite descendu avec Mme O... et l'opérateur à l'étage inférieur dans la chambre noire. Mme O... a ressenti la sensation de la fraîcheur de l'eau quand on a mis la plaque dans la cuvette pour la développer.

Quand la plaque a été développée, nous avons constaté que Mme O.., placée à quelque distance, ressentait un malaise chaque fois qu'on touchait la plaque, mais ne localisait pas la sensation au point touché sur son image. En revanche, elle éprouvait des maux de cœur chaque fois qu'on remuait la cuvette contenant le liquide qui avait servi au développement et qui se trouvait à quelques mètres. J'en ai conclu que l'agent transmetteur de sensibilité s'était redissous presque en entier dans les eaux de lavage.

2e EXPÉRIENCE. — J'ai endormi fortement Mme O..., et nous avons recommencé l'opération de la même manière; mais Mme O... est restée endormie sur sa chaise pendant que l'opérateur se rendait dans le laboratoire pour développer la plaque. A un moment donné, Mme O... a fait des contorsions comme si elle ressentait des douleurs à l'estomac; on a constaté qu'à ce moment l'opérateur cassait par accident la plaque en la mettant dans le bain.

La plaque cassée fut remontée dans la cuvette; le sujet ressentit encore un mlaise vague et non localisé quand on piquait son image; il avait également des maux de cœur quand on agitait l'eau de la cuvette (1).

3ᵉ EXPÉRIENCE. — Pendant que le sujet dormait encore, on avait fait une seconde épreuve de sa personne et on avait pris aussi une photographie de la paume de ma main droite à peu près en grandeur naturelle, de manière à remplir une plaque de même grandeur que celle où se trouvait le portrait de Mme O...

Mme O... étant réveillée et causant avec nous, l'opérateur, caché derrière un paravent à proximité, plaça la photographie de ma main au-dessus de celle du sujet, les deux couches de gélatine tournées l'une sur l'autre, selon mes instructions données à *l'insu du sujet* qui ne se doutait même pas qu'une expérience de ce genre dût être tentée.

J'avais supposé que, puisque j'endormais Mme O... simplement en présentant à distance la paume de ma main droite devant son front, ma main rayonnait, et que ce rayonnement pourrait être emmagasiné dans une plaque de gélatine comme le rayonnement du sujet lui-même quand il était extériorisé. Cette image de main, rendant ensuite à son tour par rayonnement l'agent dont elle s'était chargée, devait communiquer les vibrations productrices de l'hypnose à l'image de Mme O...

---

(1) Ces maux de cœur, quand on agite l'eau sensibilisée, se produisent chez presque tous les sujets; ils m'ont été signalés notamment par plusieurs dames qui l'éprouvent, même en leur état normal, lorsqu'on remue, à peu de distance d'elles, les eaux qui viennent de servir à leur toilette.

qui, servant simplement de relai, les transmettrait à Mme O... elle-même si elle se trouvait assez près.

Ce que j'avais prévu arriva: au moment où l'opérateur, caché par le paravent, plaçait les deux plaques en regard, Mme O... cessait de parler et s'endormait presque instantanément.

Je passai alors moi-même derrière le paravent, et je *réveillai le sujet en soufflant sur son image.*

Puis nous recommençâmes l'expérience, le sujet ignorant, comme c'est la règle, qu'il s'était endormi puis réveillé; le second essai réussit comme le premier.

Nous prévînmes alors Mme O... de ce qui s'était passé; elle eut beaucoup de peine à le croire. Comme elle est très peu suggestible, même en état d'hypnose, elle nous assura qu'elle allait résister à l'envie de dormir si réellement elle se produisait, et que nous ne parviendrions pas à amener le sommeil chez elle. L'opérateur ramena les deux plaques en regard en sa présence, et la lutte ne dura guère plus d'une minute; elle s'endormit encore (1).

Le 2 juin 1898, j'ai reproduit l'expérience de la photographie sensibilisée avec Mlle Lina, chez le photographe Ener, en présence de 6 ou 7 personnes, parmi lesquelles se trouvait M. Gaston Méry, qui en a ainsi rendu compte dans l'*Echo du Merveilleux* du 15 juin:

« On a commencé par endormir Mlle Lina assez profondément au moyen de passes; puis on a mis entre ses mains une plaque photographique dans son châssis, *pour établir le lien.*

---

(1) Mme O.... a été souffrante pendant trois jours à la suite de cette séance; elle attribuait cette souffrance à la rupture de la plaque.

« Après quelques minutes, on a repris le châssis avec la plaque, qu'on a placé dans l'appareil, et on a réveillé le sujet, qui ne conservait aucun souvenir de ce qui venait de se passer.

« On lui a demandé alors de poser et on est allé ensuite développer la plaque dans le laboratoire situé à l'étage supérieur.

« Les spectateurs n'ont pas tardé à voir le sujet pâlir et se plaindre de maux de cœur et d'un refroidissement général. — C'était la plaque qu'on agitait dans l'eau froide.

« Quand la plaque a été développée, on l'a apportée près du sujet et on a piqué en plusieurs points la couche de gélatine; le sujet a ressenti à chaque fois les piqûres, mais toujours au creux de l'estomac, où se trouve le plus sensible de ses points hypnogènes.

« Le rapport entre la plaque et le sujet diminue rapidement; le sujet qui, au commencement de l'expérience, percevait ce qui se passait sur la plaque (froid et balancement) à une dizaine de mètres de distance dans le cabinet noir, ne ressentait presque plus, au bout d'un quart d'heure, les coups d'épingle donnés à cette même plaque à un mètre d'elle. En soufflant sur la plaque, on finit par la rendre tout à fait inerte. »

Telles sont les *seules* expériences que j'ai faites pour transformer en *mumies* des plaques photographiques: je les ai racontées en détail pour bien établir la réalité du phénomène et en délimiter en même temps la portée physique. Deux nouvelles citations de l'ouvrage du Dr Bataille, répandu, il y a quelques années, à profusion dans le clergé catholique, vont prendre, pour ainsi dire en flagrant délit, la genèse d'une de ces superstitions qui déshonorent encore notre siècle; elles montreront jusqu'où peut aller le dévergondage de certaines imaginations, comment les absurdités s'infiltrent dans l'esprit des masses et pourquoi le savant Gabriel Naudé, médecin de Louis XIII, avait écrit, en 1625, un livre intitulé: *Apologie pour tous les grands personnages qui ont été faussement soupçonnés de magie.*

Le mode d'envoûtement que le colonel de Rochas s'est surtout appliqué à étudier est l'envoûtement photographique; on peut même dire qu'il en est l'inventeur. Il consiste à faire, sur une photographie dont le cliché a été obtenu dans certaines conditions, les piqûres d'épingle du vieux jeu que la majorité des occultistes font aux poupées de cire. La personne qui a sa photographie ainsi maltraitée ressent des douleurs dans toutes les parties du corps où son portrait est piqué.

Ce procédé est encore à l'état d'expérience. Néanmoins, dès qu'il a été connu, les palladistes se sont préoccupés de lui trouver une contre-partie, comme pour le crapaud et la poupée de cire. Le vieux Walder prétendait que, pour triompher de l'envoûtement photographique, il avait découvert une recette merveilleuse.

Inutile de dire que cette recette est un nouveau prétexte à sacrilèges. « Lorsqu'on se sait envoûté, affirmait-il, selon le procédé mis à la mode par M. de Rochas, il faut, tous les lundis, dès le septième coup de midi sonnant, s'enduire le corps, sur les tempes, autour du cou et dans la région du cœur, d'un liniment composé d'essence térébenthine et d'hostie adonaïte concentrée, réduite en poudre; en faisant cette friction, on répètera tout le temps le vrai J∴ B∴ M∴ (*Jesus Bethlemitus Maledictus*). Au surplus, chacun des autres jours de la semaine on demeurera, sitôt levé du lit, trois minutes en tenant le pouce replié et caché dans la main, tant pour la main droite que pour la main gauche, et l'on dira à haute voix en grec la formule de la sixième heure, telle que la donne le divin Appollonius de Tyane dans le *Nuctéméron*, formule qui s'interprète ainsi: « L'esprit se tient immobile; il voit les monstres infernaux marcher contre lui et il est sans crainte. » En suivant fidèlement ses prescriptions, on aura l'invulnérabilité garantie contre tous les assauts quelconques de l'envoûteur, et, le trente-troisième jour, le volt photographique aura perdu toute puissance maligne définitivement (1).

(*Le Diable au XIXe siècle*, p. 256.)

Plus loin (p. 285), le Dr Bataille reproduit en partie un

---

(1) La presse se préoccupa, il y a quelques mois, d'un prêtre défroqué, l'abbé Boullan, qui avait fondé, à Lyon, la secte mystique du *Carmel*. Il prenait, dit-on, des statuettes de saints ou de saintes, les baptisait au nom des personnes auxquelles il voulait du mal et les torturait tout en faisant des invocations au diable. De son côté, il avait des ennemis qui agissaient de même contre lui, et on est allé jusqu'à dire que sa mort était due à une cause de ce genre. En tous cas, la curiosité publique fut assez éveillée pour que M. Phil. Auquier pût faire paraître, le 7 février 1893, dans le *Figaro*, un article intitulé: *Le Roi des exorcistes*, où nous trouvons sur les contr'envoûtements du dit abbé Boullan des renseignements qui semblent empruntés à un grimoire du moyen âge.

« Si, craignant un envoûtement, vous consultiez l'apôtre, il commençait par endormir une voyante et lui faisait expliquer, dès qu'elle était prise du sommeil somnambulique, la nature du sortilège subi. Si le cas était grave, il recourait « au sacrifice de gloire de Melchissédec », qui se pratique ainsi:

« Sur un autel, composé d'une table, d'un tabernacle de bois, en forme de maisonnette, surmonté d'une croix cerclée sur le fronton par la figure du Tétragramme, l'officiant fait apporter le calice d'argent, les pains azymes et le vin. Puis, ayant revêtu des habits sacerdotaux, une longue robe vermillon, serrée à la taille par une cordelière blanche et rouge, et un manteau blanc découpé sur la poitrine en forme de croix renversée, il commence à lire les prières du sacrifice.

« Le consultant est placé près de l'autel. Continuant ses oraisons, le prêtre pose sa main gauche sur la tête de l'envoûté; puis, étendant son autre main, il supplie l'archange Saint-Michel de l'assister et adjure les glorieuses légions des anges d'enchaîner les esprits du mal. Enfin vient le moment de la prière déprécatoire, et l'officiant la clame par trois fois après avoir posé sur l'autel la main du consultant. Le pain azyme et le vin sont ensuite offerts à ce dernier et le sacrifice prend fin. »

article de M. Horace Blanchon relatant les expériences qu'il m'a vu faire à la Charité sur trois malades du service de M. le Dr Luys : Mme B..., la nommée Jeanne et la nommée Clarisse, et il ajoute :

> Cette citation n'est pas utile, l'écrivain reproduit ayant fidèlement relaté ce qu'il a vu ; et son impartialité est d'autant plus indiscutable que, personnellement, il déclare dans la conclusion qu'il est nullement convaincu par les expériences auxquelles il a assisté chez M. de Rochas, « dont la bonne foi scientifique, dit-il, n'est, d'ailleurs, nullement en cause ». M. Horace Blanchon pense que les sujets employés par le colonel sont de bonnes simulatrices, et voilà tout. La vérité est qu'il n'y a en tout cela ni résultat scientifique naturel, ni supercherie non plus, M. de Rochas n'étant pas un naïf à qui des farceuses en imposeraient ; *il y a œuvre du Diable*, ni plus ni moins, et c'est ce que beaucoup ont le tort de ne pas vouloir comprendre. Ce n'est pas la science des hommes, mais celle de l'Eglise seule qui est capable d'expliquer et qui explique ces phénomènes étranges et troublants.

Ne sont-elles pas malheureusement encore complètement d'actualité, ces lignes de Naudé? (*L. c.*, p. 93.)

« Joint que ce serait une grande simplicité de croire qu'il n'y eût que ceux qui ont entré dans le Cercle, pratiqué les invocations et exercé la Magie, qui peuvent escrire ou faire des livres en icelle, puisqu'un chacun peut facilement discourir à la fantaisie d'une chose en laquelle il n'y a ny préceptes, ny ordre, ny méthode, et qu'il ne faut que mesler les caractères des douze signes et sept planètes, les noms de quelques anges de l'Ecriture, le Tohu et le Bohu, l'Urim et le Thumim, le Bérésith et le Merchava, l'Eusoph et l'Agla des Cabalistes avec l'Hippomanes, le parchemin vierge, le Pentalpha, le Suaire, la Teste de mort, le sang de hibou, de chauve-souris, et quelques prières et conjurations du *Flagellum Dæmonum* pour faire une infinité de ces Livres et Traités mystérieux, lesquels ne se communiquent pas après qu'en cachette, et se vendent ordinairement bien cher par ceux qui n'ont d'autre moyen de subvenir à leur nécessité qu'en pratiquant ces fraudes et tromperies aux dépens de beaucoup d'esprits faibles, superstitieux et mélancoliques qui se persuadent d'avoir trouvé la febve au gasteau et le moyen de faire beaucoup de choses merveilleuses et extraordinaires par la rencontre de ces trompeurs et charlatans.

« ...*Tam magna est penuria mentis ubique!*
In nugas tam prona via est!... »

CHAPITRE IV

LA POUDRE DE SYMPATHIE

I

L'envoûtement aurait pour résultat de faire souffrir quelqu'un en agissant à distance sur son système nerveux. Si le fait est réel, la contre-partie doit nécessairement exister; il m'a suffi, en effet, de compulser les traditions dédaignées par l'histoire officielle des sciences pour y trouver la preuve que l'agent nerveux extériorisé peut transmettre aussi bien des actions favorables que des actions nuisibles.

Comme le mal semble avoir toujours eu pour les hommes plus d'attrait que le bien, ce n'est que dans des temps relativement récents que nous voyons apparaître les cures à distance à l'aide des *remèdes sympathiques;* mais cette circonstance a, du moins, l'avantage de nous permettre de retrouver les premières observations et de les étudier avant qu'elles n'aient été déformées par les circonstances plus ou moins merveilleuses dont l'imagination des foules ne tarda point à les entourer.

II

La poudre de sympathie guérissait les blessures, suivant l'opinion de nos pères, par sa simple application sur les linges qui avaient servi à les panser. Ce n'était pas autre chose que du vitriol bleu ou sulfate de cuivre trituré et employé dans certaines conditions. On sait que le sulfate de cuivre a une puissante action contre les micro-organismes et qu'il assainit les plaies au contact; les fumeurs, sujets à avoir des aphtes dans la bouche, se guérissent simplement en touchant ces petites ulcérations avec un cristal de vitriol; depuis quelques années, on l'emploie en grande quantité contre l'oïdium, une des maladies de la vigne.

Celui qui l'a surtout fait connaître est un grand personnage, ayant joui en son temps d'une immense réputation comme homme d'Etat, comme homme de guerre, comme savant et comme bibliophile, le chevalier Kenelm Digby.

Né en 1603, dans une illustre famille d'Angleterre, il fut comparé, dès son enfance, à Pic de la Mirandole, à cause de sa prodigieuse mémoire, de sa rare sagacité et de ses brillantes qualités physiques et morales.

En 1628, les Anglais ayant eu quelque altercation avec les Vénitiens et les Algériens, Digby, âgé à peine de 25 ans, leva une escadre à ses frais et, avec l'autorisation de son roi, il fit voile pour la Méditerranée, où il battit les deux puissances ennemies.

Quelques années plus tard, obligé de quitter l'Angleterre pour des motifs politiques, il se mit à voyager. Il alla voir les savants les plus célèbres, notamment Descartes, et il séjourna à plusieurs reprises en France. En

1644, il publiait à Paris un exposé de son système philosophique sous le titre: *Traité de la nature des Corps*. Il passa les années 1657 et 1658 à Montpellier, et c'est à cette époque qu'il prononça, devant l'assemblée de l'Université, le discours relatif à la poudre de sympathie (1), auquel nous empruntons les documents qui suivent:

Digby apprit, dit-il (2), le secret de la poudre de sym-

---

(1) *Discours fait en une célèbre assemblée par le chevalier Digby, chancelier de la reine de la Grande-Bretagne, etc., touchant la guérison des plaies par la poudre de sympathie*. Paris, Courbé, 1658, petit in-8°.

Cet ouvrage fut réimprimé plusieurs fois, notamment en 1673, à Rouen, in-12, avec une petite *Dissertation sur le même sujet*, par Nicolas Papin. Une autre édition fut donnée à Paris en 1681 par Jacques Osmont.

(2) Je ne crois pas beaucoup à cette histoire du Carme voyageur. Plus d'un siècle auparavant, Paracelse avait publié (*Archidoxis magicæ*, lib. I) la recette de son onguent vulnéraire, composé de sang humain, de graisse humaine, d'usnée (mousse recueillie sur un crâne humain exposé à l'humidité), d'huile de lin, d'huile de rose, de bol d'arménie, etc. Il suffisait, pour guérir une blessure, *sans douleur ni emplâtre, même à 20 milles de distance*, de tremper dans l'onguent un morceau de bois imbibé du sang du blessé. — Ailleurs (*De tumor, pust., et ulcer morbi gallici*, lib. X), il recommande l'emploi du vitriol tiré du cuivre pour guérir certains ulcères. Voici du reste comment il explique les actions curatives des remèdes: « Les remèdes agissent par une épandation de leurs forces, par une vertu dynamique, par une odeur, un goût dont l'action est quelquefois instantanée. Quand vous appliquez un emplâtre sur une plaie, vous ne pensez pas que cet emplâtre se change en chair; il opère magnétiquement par sa seule présence. Il en est de même des remèdes internes: plus leur nature est spirituelle, plus ils ont de vertu médicinale.

Pendant l'enfance de Digby, les idées de Paracelse sur la persistance, pendant un temps assez long, d'un lien vital entre les parties détachées du corps d'un animal et cet animal lui-même avaient été bruyamment remises à l'ordre du jour, à propos du cas de ce Bruxellois qui, ayant perdu son nez dans un combat, était allé s'en faire refaire un autre par un spécialiste, le célèbre chirurgien Gaspard Tagliacozzi, de Bologne; mais, comme il craignait l'incision à faire à son bras, il mena avec lui, à cet effet, un portefaix du bras

pathie d'un religieux Carme qui avait voyagé en Chine, dans la Perse et dans l'Inde.

Digby le donna au roi Jacques, qui l'éprouva en plusieurs occasions, puis à Théodore Turquet de Mayenne, premier médecin du roi de France (1); Turquet le passa au duc de Mayenne, son protecteur, qui fut tué, en 1621, au siège de Montauban. Le chirurgien du duc l'ayant vendu à plusieurs personnes moyennant des sommes considérables, il ne tarda pas à tomber dans le domaine public.

La méthode et manière prescrites de se servir de ce remède sympathique estoit, dit Digby (2), de prendre seulement du vitriol (même le plus commun) comme il venoit des droguistes, sans aucune préparation ou addition quelconque et de le faire dissoudre dans de l'eau de fontaine ou plutôt de pluye en telle quantité qu'en y trempant du fer poly (par exemple un couteau), il sorte tout chargé de couleur comme s'il estoit changé en cuivre (3). Et, dans cette eau, on mettoit tremper quelque

---

duquel on tira son nez, moyennant un prix convenu. Environ treize mois après, le Bruxellois, de retour dans sa patrie, sentit son nez se refroidir tout à coup et tomber en putréfaction au bout de quelques jours. En recherchant la cause de cette chute inopinée, on reconnut qu'au moment précis où son nez se refroidit, le portefaix avait expiré. Le célèbre Van Helmont, ayant connu des témoins oculaires du fait, composa, en 1617, un traité intitulé: *De magnetica vulnerum curatione*, qui fut imprimé seulement en 1621 et eut un immense retentissement. Il y invoque comme explication une foule de phénomènes analogues, que Digby rappelle également dans son discours.

MAXWELL, qui rapporte le fait dans le IIe livre de son traité de la *Médecine magnétique*, ajoute : « J'ai entendu raconter une histoire semblable par un de mes amis, docteur en médecine, qui m'a juré en avoir été témoin oculaire. »

(1) Turquet, après avoir été médecin de Henri IV, passa en Angleterre où il devint le médecin de Jacques Ier et de Charles Ier.

(2) *Discours fait en une célèbre assemblée...* Paris, 1658, p. 179.

(3) On voit que le vitriol de Digby était bien du sulfate de cuivre et non du sulfate de fer, comme l'indiquent, par erreur, la plupart des ouvrages modernes.

linge taché du sang de la blessure que l'on vouloit guérir si le linge estoit sec; mais s'il estoit encore frais et humide du sang, il ne falloit que le saupoudrer avec de la poudre de semblable vitriol, en sorte que cette poudre s'incorporait et imbibait dedans le sang encore humide; et garder l'un ou l'autre bien tempéré; savoir la poudre en une boëte dans sa pochette, et l'eau (qui n'admet point cette commodité) en quelque chambre ou la chaleur soit modérée. Et à chaque fois que l'on met nouvelle eau vitriolique ou nouvelle poudre à nouveau linge ou autre étoffe ensanglantée, la personne sent un nouveau soulagement, comme si alors la playe avait été effectivement pansée par quelque souverain médicament.

Et, pour ce sujet, on réitéroit cette façon de panser soir et matin. Mais, maintenant, la plupart de ceux qui ne se servent de ce remède de sympathie font diligence d'avoir du vitriol romain ou de Cypre; puis ils le calcinent à blancheur au soleil. Et outre cela aucuns y ajoutent de la gomme tragaganthe: *Facile est inventis addere.* Pour moy, j'ay veu d'aussi grands effets du seul vitriol de dix-huit deniers la livre, comme de la poudre qu'on prépare aujourd'hui.

Voici maintenant, tiré du même livre, le récit bien net et bien circonstancié de l'un des cas de guérison obtenus par la poudre de sympathie:

M. Jacques Howell, secrétaire du duc de Bouquingan (assez connu en France par ses écrits et particulièrement par sa *Dendrologie*, traduite en français par M. Baudoüin, ce me semble), survint un jour comme deux de ses amis se battoient en duël. Il se mit aussitost en devoir de les séparer; il se jette entre eux deux; et de sa main gauche, saisit les gardes de l'épée de d'un des combattant pendant que de sa droite nue il empoigne la lame de l'autre. Eux, transportez de furie chacun contre son ennemy, font leurs efforts de se deffaire de l'empeschement que leur amy commun leur donnoit de se tuer l'un l'autre: et l'un tirant brusquement son espée, qui ne pouvoit pas estre retenüe par la lame, coupe jusqu'à l'os tous les nerfs, muscles et tendons de la main de M. Howell; et, à mesme temps, l'autre dégage sa garde et porte un coup d'estramaçon à la teste de son adversaire, qui va fondre sur celle de son amy, lequel, pour parer le coup, traverse la main desjà blessée, qui, par ce moyen, fut coupée autant par le dehors, comme elle l'estoit par le dedans... Voyant le visage de M. Howell tout couvert de sang tombé de sa main élevée, ils accourent à lui pour l'assister ; et, après avoir visité ses blessures, ils les bandent de l'une de ses jarretières, pour tenir closes les veines qui estoyent toutes coupées et saignoient abondamment. Ils le ramènent chez lui, cherchent un chirurgièn ; et le premier venu servit pour luy mettre le premier appareil. Pour le second, quand se vint à ouvrir la playe le lendemain, le chirurgien du Roy y fut envoyé par Sa Majesté qui affectionnoit beaucoup ledit sieur Howell.

J'estois logé tout proche de lui. Et un matin, comme je m'habillois, quatre ou cinq jours après cet accident, il vint en ma chambre me prier de luy donner quelque remède à son mal. D'autant (dit-il) qu'il avait appris que j'en avois de très bons pour semblables occasions ; et que sa blessure estoit en si mauvais estat que les chirurgiens appréhendoient que la gangrène ne s'y mist : ce qui arrivant, il lui falloit couper la main. En effet, son visage témoignait la douleur qu'il enduroit, laquelle il disoit insupportable avec une inflammation extrême. Je luy répondis que je le servirois volontiers ; mais que, quand il sauroit de quelle façon je pansois les blessés, sans avoir besoin de les toucher ou de les voir, peut-estre il ne le voudroit plus, parce qu'il croiroit cette manière de guérir superstitieuse ou inefficace. — Pour la dernière (dit-il), les grandes merveilles que plusieurs personnes m'ont racontées de vostre médicament ne me laissent point douter de son efficace. Et pour la première, tout ce que j'ay à dire est compris en ce proverbe espagnol : *Haya se el milagro, y hagalo Mahoma.*

Je luy demanday donc quelque pièce d'étoffe ou de linge sur laquelle il y auroit du sang de ses playes. Il envoya incontinent quérir la jarretière qui lui avoit servi de premier bandage. Et cependant, je demandoy un bassin plein d'eaüe, comme si je me voulois laver les mains, et pris une poignée de poudre de vitriol que je tenois en un cabinet sur ma table et l'y fis promptement dissoudre. Aussitôt que la jarretière me fût apportée, je la mis dans le bassin, et remarquant ce que faisoit ce pendant M. Howell. Il parloit à un gentilhomme en un coin de ma chambre sans prendre garde à ce que je faisois : et tout à l'heure, il tressaillit et fit une action comme s'il sentoit en lui une grande émotion. Je lui demandoy ce qu'il avoit et ce qu'il sentoit. — Je ne sais (dit-il) ce que j'ay, mais je sais bien que je ne sens plus de douleur. Il me semble qu'une fraîcheur agréable, comme si c'estoit une serviette mouillée et froide, s'espand sur ma main, ce qui m'a osté toute l'inflammation que je sentois. — Puis donc (lui répliquay-je) que vous sentez desjà un si bon effet de mon médicament, je vous conseille d'oster tous vos emplastres ; tenez seulement la playe nette et en un estat modéré et tempéré de chaud et de froid (1).

Cecy fut aussitost apporté à M. de Bouquingan et, peu après, au Roy qui furent tous deux fort curieux de savoir la suite de l'affaire, qui fust, qu'après disner, j'ostay la jarretière hors de l'eaüe et la mis à sécher à un grand feu. A peine estoit-elle bien seiche (et, pour cet effet, il falloit qu'elle eust esté premièrement bien eschauffée), que voylà le laquais de M. Howell qui vint me dire que son maistre sentoit depuis fort peu de temps de douleur autant que jamais, et encore plus grande, avec une chaleur si extrême comme si sa main eust esté parmy les charbons ardents ; je luy respondis que quoy que cela luy fust arrivé à présent, il ne laisserait pas de se bien porter dans fort peu de temps, que je sçavois la cause de ce nouvel accidents et que j'y donnerois ordre, et que son maistre seroit délivré de sa douleur et inflammation avant qu'il peust être de retour chez lui pour l'en asseurer. Mais qu'au cas que cela ne fust pas, qu'il revinst m'en avertir ; sinon qu'il n'auroit que faire de retourner. Avec cela, il s'en va ; et, à l'instant, je remets la jarretière dans l'eaüe ; sur quoy, encore qu'il n'y eust que deux pas chez son maistre, il le trouve tout à fait sans douleur ; et mesme avant qu'il y arrivast, elle estoit entiè-

---

(1) Cf. l'observation du chirurgien américain dans la note E.

rement cessée. Pour faire court, il n'y eut plus de douleur, et dans cinq ou six jours sa playe fut cicatrisée et entièrement guarie (pp. 7 et suiv., édit. de 1681).

Le sujet perçoit donc les actions exercées sur le sang de sa plaie qui conserve un lien sensible avec le corps, pourvu que la distance ne soit pas trop grande; car Digby note que son logis était tout proche de celui de Jacques Howell. Mais cette communication de sensibilité ne se borne pas à une action curatrice, elle est complète en ce sens que le chaud et le froid se font également sentir à distance; de plus, certaines actions détruisent le rapport ou le lien, ainsi que l'indique Digby à la page 146.

J'ay dit que la lumière emportant ces atomes de vitriol et de sang et les dilatant à une grande étendue dans l'air, la playe les attire et est d'abord soulagée, et puis ensuite guarie par les esprits du vitriol qui est balsamique.

Mais si vous mettez le bassin ou la poudre avec le linge taché dans une armoire faite dans une muraille en quelque coin d'une chambre froide ou en une cave, là où la lumière ne donne et d'où l'air ne sort point (et partant est corrompu et sent le relent), en ce cas-là, la playe ne sentira aucun amendement ni aucun effet de cette poudre. Et la même chose arrivera, si ayant mis en quelque coin le bassin ou la poudre, vous les couvrez avec beaucoup de couvertures épaisses, estouffantes et spongieuses, qui imbibent les atomes qui en pourroient sortir et qui retiennent la lumière et les rayons qui y entrent et qui s'y arrestent et s'y perdent.

Aussi, si vous laissez congeler en glace l'eau vitriolée où le linge est trempé, le blessé sentira au commencement un grand froid à sa playe; mais, quand le tout est glacé, il ne sentira ny bien ny mal, d'autant que ce froid congelant constipe les pores de l'eau, laquelle ne laisse point alors transpirer ou sortir les esprits.

Si on lave le linge taché, en vinaigre ou lessive (qui par leur acrimonie pénétrante emportent tous les esprits du sang), devant que de lui appliquer le vitriol, il ne fera aucun effet.

Mais, si l'on ne le lave que d'eau simple, il ne laissera pas de faire quelque chose (car elle n'en emporte pas tant); néanmoins, l'effet n'en sera pas si grand comme si le linge n'avôit point été lavé du tout, car alors il est plein de tous les esprits du sang.

La mesme cure se fait appliquant le remède à l'épée qui a blessé la personne, si ce n'est que l'épée ait esté fort chauffée au feu, car il feroit évaporer tous les esprits du sang : ce qui rendroit l'épée inhabile par cette cure.

Et voicy la raison pourquoy l'on peut panser l'épée. C'est que les esprits subtils du sang pénètrent dans la substance de la lame de l'épée, jusques à l'étendue que la lame a été portée dans le corps du blessé, et ils font là leur résidence, sans que rien les en puisse chasser, excepté, comme j'ay dit, le feu. Pour preuve de quoy, tenez-la sur un réchaud de feu modéré et vous verrez sortir de la lame opposé au feu une petite humidité qui ressemblera à la tache que l'haleine fait sur un miroir ou sur la mesme lame polie; et, si vous regardez à travers quelque verre qui grossit beaucoup les objets, vous verrez que cette rosée d'esprits consiste en de petites bulles ou vessies enflées. Et, quand une fois elles seront évaporées entièrement, vous n'en verrez plus sur cette épée, si elle n'était poussée à nouveau dans quelque corps vivant, ny même dès le commencement vous ne les verrez autre part que précisément sur la partie de la lame qui est entrée dans la playe (1)...

Or donc pendant que les esprits sont dans la playe, elle (leur subtile pénétration) servira à guérir le blessé (2); mais après

---

(1) L'abbé de Vallemont (*Physique occulte*, p. 217), dit que cette expérience sert aux chirurgiens à connaître la profondeur de la plaie sans la sonder, puisqu'il n'y a que la partie de l'épée qui est entrée dans un corps vivant sur laquelle se forme cette vapeur.

(2) Paracelse (*Archidoxis magicæ*, p. 699; Genève, 1668) avait déjà indiqué l'application d'un onguent à l'arme qui avait blessé, pour guérir la blessure:

UNGUENTUM ARMORUM

que le feu les a une fois chassés, le remède appliqué à cette épée ne fera rien du tout. De plus, si quelque chaleur violente accompagne ces atomes, elle enflamme la blessure ; mais le sel commun peut y remédier ; l'humidité de l'eau humecte la playe, et le froid cause le frisson à la personne blessée...

Il me semble que mon discours vous a assez évidemment montré qu'en cette cure il n'est pas besoin d'admettre une action par un agent distant du patient. Je vous ay tracé une réelle communication de l'un à l'autre : à sçavoir d'une substance balsamique qui se mêle corporellement avec la playe.

C'est un chétive lâcheté et petitesse de cœur et une crasse ignorance d'entendement, de prétendre quelqu'effet de magie ou de charme, et de limiter toutes les actions de la nature à la grossièreté de nos sens, quand nous n'avons pas suffisamment considéré ny examiné les causes et les principes sur lesquels il convient de fonder nostre jugement. Il n'est pas besoin d'avoir recours à un démon ou à un ange pour cette difficulté :

*Nec Deus intersit, nisi dignus vindice nodus.
Inciderit...*

III

La poudre de sympathie jouit d'une vogue immense jusqu'à la fin du XVIIe siècle.

Le sieur Papin, « docteur en médecine et des plus fameux de la ville de Blois » (1), composa sur elle une longue dissertation dont voici la préface :

Sénèque, dans ses *Questions naturelles,* nous assure que la

Hoc modo unguentum quoque parare potest, quod vulnera citra omnem dolorem sanescant, si arma, quibus aliquis vulneratus est unguento illo olinas.

Cet onguent avait la même composition que l'onguent vulnéraire dont j'ai parlé dans la note 2 de la page 123 ; mais Paracelse dit qu'il est bon d'y ajouter du miel et du sang de taureau !

(1) Avertissement placé par le sieur Rault en tête de la traduction française qu'il publia en 1681 de la dissertation latine de Papin sur la poudre de sympathie. Il s'agit de Nicolas Papin, oncle de Denis Papin, l'inventeur de la machine à vapeur.

Nature, mère de toutes choses, n'est pas si prodigue de ce qu'elle a de plus rare et de plus secret, qu'elle l'expose tout à la fois. Tout le monde ne pénètre pas confusément dans ses mystères, et ils ne sont pas ainsi connus à chacun, elle les réserve comme un lieu sacré. Aussi est-ce que, dans un temps, on n'en découvre qu'un, et dans un autre, un autre. Certes, si dans nostre siècle, il s'est découvert quelque secret admirable dans la médecine, qui doive confirmer cette opinion, ce doit estre cette merveilleuse manière de guérir les playes reçues sur le corps humain, par l'application de la poudre de sympathie dont la découverte est toute nouvelle, et qui, ayant l'applaudissement de tout le monde pour ses rares et fréquentes expériences, mérite d'emporter l'avantage sur toutes sortes de médicaments...

D'abord que j'entendis parler de cette merveille, je me persuaday que c'estoit quelque invitation chimérique ou digne de risée; mais, ayant appris qu'elle avoit l'approbation des personnes les plus considérables, je commençai à m'esmerveiller moy-mesme. Et enfin, m'estant assuré de la vérité par de fréquentes expériences que j'en fis, je me vis obligé d'en prendre le parti avec toute assurance. Je n'estois plus après la recherche si la chose estoit constante, mais ce que c'estoit, et de quelle manière elle se passoit. Toutefois, je ne laissois pas de me trouver dans d'assez grandes difficultés qui durèrent plus d'une année, et jusques à ce que m'estant embarqué pour Candie, nous fûmes obligés de relâcher à Zanthe pour le mauvais temps; où estant le bienvenu dans le fameux collège des médecins de la ville, il m'arriva par occasion de discourir sur la vertu merveilleuse de la poudre de sympathie, et d'en faire publique discussion. Le nombre de savants y fut grand, dont une partie eut de la peine à se contenir de rire à l'entendre seulement nommer; d'autres qui ne doutoient aucunement de la vérité, après les fréquentes expériences qu'un très habile et très savant chirurgien de la même isle en avoit publiquement faites, tenoient ses effets au-dessus de la nature, en condamnoient l'usage, disant pour toute raison que ceux qui s'en servoient avoient fait quelque paction avec le démon.

Papin se livre ensuite à de longues discussions basées sur les théories alors en vogue de l'Esprit universel, discussions devenues aujourd'hui fort obscures pour nous, parce que nous avons d'autres idées et que nous nous servons d'autres termes aussi savants, qui paraîtront aussi incompréhensibles à nos successeurs. Voici, du reste, sa conclusion: « Avec la vertu imprimée dans un sujet équivoque, la portion la plus subtile et la plus éthérée de l'esprit qui est restée dans le sang ou dans le pus se répand aussi avec eux; laquelle, selon qu'elle participe encore à quelque chose d'élémentaire, avec ce qu'elle a de plus céleste, devient le principal instrument des mutations des premières qualités élémentaires dont elle est remplie comme estant leur sujet propre, pour les porter à la partie blessée, de même que la vertu agglutinative, laquelle vient des gommes meslées avec la poudre, et pareillement de la vertu sarcotique ou cicatrisante, laquelle procède du vitriol. *Toutes lesquelles choses, à dire le vrai, ne réussiroient pas si bien, si l'opération se faisait en un lieu trop éloigné du blessé, et si l'on gardait le linge ou l'étoffe teinte de sang et parsemé de poudre dans un éloignement de plusieurs heures.* »

Le célèbre *Recueil de recettes duement esprouvées*, imprimé en 1676, à Lyon, par les soins de Mme Fouquet, la mère du malheureux surintendant des finances, en donne deux préparations différentes et la recommande contre les hémorragies.

Dans une lettre datée du 28 janvier 1685, Mme de Sévigné parle d'une plaie qu'elle avait à la jambe: *J'avais*, dit-elle ensuite, *encore heureusement de la divine sympathie; mon fils vous dira le bon état où je suis. Il est vrai qu'une petite plaie que nous croyons fermée a fait mine de se révolter, mais ce n'était que pour avoir l'honneur d'être guérie par la poudre sympathique...*

Dans une autre lettre, elle écrit: *Le baume tranquille ne faisait plus rien, c'est ce qui me fit courir avec transport à votre poudre de sympathie qui est un remède tout divin.* Et, pour preuve de sa merveilleuse efficacité, elle ajoute: *Ma plaie a changé de figure, elle est quasi sèche et guérie. Enfin, si, avec le secours de cette poudre que Dieu m'a envoyée par vous, je puis une fois marcher à ma fantaisie, je ne serai plus digne que vous ayez le moindre souci de ma santé.*

Nous ne savons pas comment Mme de Sévigné employait son divin remède et si la *suggestion* n'entrait pas en jeu, comme pour toutes les nouveautés qui ne guérissent que pendant qu'elles sont à la mode. Toujours est-il que, peu à peu, on confondit, comme nous l'avons déjà fait remarquer, le sulfate de fer avec le sulfate de cuivre; on y ajouta des matières étrangères inertes et l'on administra à tort et à travers, sans se douter que le remède n'était efficace que sur certaines organisations, et dans certaines circonstances. Aussi n'était-il plus considéré par les historiens de la médecine que comme « l'une de ces folies qui ne résisteraient pas au plus léger examen (1). » Le jugement est sommaire, mais que de fois n'avons-nous pas vu déjà des assertions aussi tranchantes cruellement démenties par l'expérience?

Pour ma part, je n'ai pas eu l'occasion de diriger mes expériences de ce côté-là, et voici les seules notes que je de trouve dans mes papiers:

---

(1) D𝑟 MÉNIÈRE, *les Consultations de M*^{me} *de Sévigné*, 1864, p. 101.

« 29 *juillet* 1892. — J'ai piqué au pouce Mme Lambert endormie et extériorisée. Le sang est venu difficilement; quelques gouttes recueillies sur un mouchoir restaient sensibles et transmettaient au sujet les sensations, d'un bout de l'appartement à l'autre (une douzaine de mètres).

« Ce mouchoir maculé, trempé dans une dissolution de sulfate de cuivre, lui procurait une sensation de fraîcheur très agréable; cette sensation ne se produisait pas quand on le trempait dans l'eau pure.

« J'ai cherché à reconnaître le lien qui unissait son sang dans le mouchoir avec son corps, à voir si, de son pouce à la tache de sang, il y avait une ligne sensible avec une sensibilité décroissante selon l'éloignement. Mme Lambert a accusé des maxima et des minima, mais beaucoup plus rapprochés que ceux des courbes ordinaires qui l'enveloppaient. — Phénomènes à étudier plus complètement.

« 6 *janvier* 1893. — Mme Lambert s'est coupé le doigt; elle l'a empaqueté dans une bande de linge qui est tachée de sang; je lui demande cette bande sans lui dire pour quel motif, et, de retour chez moi, je la fais tremper dans une dissolution de sulfate de cuivre. Le lendemain, Mme Lambert me montra sa petite coupure cicatrisée et me dit qu'elle ne l'avait pas fait souffrir depuis la veille. — Cette expérience n'est pas bien nette et n'a d'intérêt qu'en la rapprochant des autres. »

En revanche, un de mes amis m'a adressé de Maëstricht la très intéressante lettre qui suit:

Je causais dernièrement avec un prêtre très instruit de vos étonnantes révélations scientifiques par rapport à l'extériorisa-

.tion de la sensibilité. Or, il ne manifesta pas toute la surprise que j'attendais. Il me dit :

« Voilà longtemps que saint Alphonse de Liguori s'est occupé de questions analogues. Consulté au sujet de la licéité de l'emploi de la poudre sympathique agissant à distance, il opinait que les théologiens répondaient en général négativement, parce qu'il semblait incompréhensible que les qualités de cette poudre puissent agir à distance.

« Le théologien Elbel néanmoins est d'avis que cette pratique peut être tolérée dans des cas urgents et pourvu que le blessé ne soit pas trop éloigné, par exemple à une distance de trois cents pas (*sic*), et qu'on prenne la précaution de faire des restrictions contre l'action démoniaque.

« On constate que la poudre en question ($Cu^2O^3SO^3$) est nommée sympathique parce que, répandue sur du sang fraîchement extrait d'une blessure, elle guérit cette blessure et en fait cesser tout écoulement. On ne comprend pas que ceci puisse se produire autrement que par l'écoulement de la substance (sensibilité?) ou par les vapeur du vitriol qui en s'amalgamant avec les particules encore chaudes du sang, se meuvent dans la direction de la blessure et ferment les petites ouvertures par où le sang s'échappe comme à l'aide de petits coins (*sic*). »

Si je rapporte ces détails, c'est uniquement pour vous permettre d'y faire un triage ; peut-être y trouverez-vous quelque particularité ou quelque indice qui puisse servir à vos études.

Voici un petit récit que je tiens du même prêtre, recteur d'un collège ; je puis en attester la véracité ; des informations que j'ai prises me permettent d'ajouter que les pratiques dont il est question ne sont pas rares dans le Brabant septentrional.

Un étudiant du collège s'était fait des blessures affreuses en en tombant à travers une vitre. Le pouls était coupé, et, en retirant brusquement le bras, le malheureux s'était fait une profonde entaille dans les chairs du bras qui mettait à nu le radius. Le sang jaillit comme une fontaine de deux grosses artères ouvertes. Un médecin donna les premiers soins ; mais, en présence de la violente hémorragie, il demanda l'aide d'un confrère; le cas semblait désespéré; des douleurs atroces faisaient rugir le pauvre enfant plusieurs jours durant. Une des blessures continuant à saigner, le tétanos était à redouter. Les médecins étaient à bout de ressources. C'est alors qu'un des compatriotes de l'enfant suggéra l'emploi d'un remède étrange. Il connaissait un homme du peuple qui, par certains procédés, faisait non seulement cesser toute hémorragie, mais calmait incessamment les douleurs; il suffisait de lui remettre un linge imbibé du sang de la blessure. Il portait ce linge sur le corps afin de le maintenir au degré de la chaleur naturelle et tant que le linge était maintenu en cet état, l'hémorragie et la douleur cessaient, mais si le linge se refroidissait, le patient retombait dans son état précédent.

On n'avait pas le choix, et quoique parfaitement incrédule, on envoya immédiatement le linge imbibé de sang. Dès que l'homme l'eut en sa possession, l'hémorragie et la douleur cessèrent comme par enchantement. Ce fut un soulagement immense pour le pauvre enfant et pour son entourage.

Il faut croire que le possesseur du *Pint* (c'est ainsi qu'on nomme le pouvoir de cet homme) porta soigneusement le linge extériorisateur, car la guérison fut prompte et parfaite.

Jules S.

Les sorciers modernes du Béarn ont conservé des traditions analogues, et voici ce qu'en dit M. Probst-Birabon dans l'*Initiation* de mai 1898.

Ils prisent fort la guérison des plaies par la poudre de sympathie et le traité du chevalier Digby est un de leurs bréviaires. Ils prennent un linge du malade ayant touché la plaie et mettent sur ce linge du sulfate de fer en poudre. Le client guérit, même à distance, paraît-il; chose extraordinaire, ils prétendent qu'un mauvais sorcier pourrait, avec un linge semblable, donner au malade une fièvre mortelle, par la simple exposition du linge à la flamme du feu.

IV

Je terminerai ce chapitre par quelques autres extraits de l'ouvrage de Digby qui montrent comment le savant anglais avait cherché à donner l'explication des phénomènes observés par lui.

a) *La forme des molécules des corps et les cristaux*

Chaque sorte de corps affecte une figure particulière. Nous le voyons clairement parmi les différentes sortes de sel. Pilez-les séparément, dissolvez, coagulez et changez-les tant qu'il vous plaira, ils reviennent toujours, après chaque dissolution et coagulation, à leur figure naturelle, et chaque atome du même sel affecte toujours la même figure. Le sel commun toujours en cubes à faces quarées, le sel nitre en colonnes à six faces, le sel armoniac en hexagones à six pointes, de même que la neige est sexangulaire; le sel d'urines en pentagones... et ainsi de plusieurs autres sels.

Les distillateurs ont remarqué que s'ils reversent sur la teste morte (1) de quelque distillation l'eau qui en a été distillée, elle s'y imbibe et s'y réunit incontinent; au lieu que si vous y versez quelque autre eau, elle surnage et a grand'peine de s'incorporer. La raison est que cette eau distillée, qui semble un corps homogène, est pourtant composée de corpuscules de différentes natures et par conséquent de différentes figures (comme les chymistes le montrent à l'œil), et ces atomes étant chassés par l'action du feu hors de leurs chambres, et comme des lits qui leur estoient appropriés avec une très exacte justesse, quand ils reviennent à leurs anciennes habitations, c'est-à-dire à ces pores qu'ils ont laissés vuides dans

---

(1) Les anciens chimistes appelaient *caput mortuum* ou *tête morte* le résidu de leurs opérations.

les testes mortes, ils s'y accommodent en se rejoignant admirablement et se commensurent ensemble.

Et le même arrive quand il pleut après une grande sécheresse ; car la terre boit incontinent cette eau qui en avoit esté attirée par le soleil au lieu que toute autre liqueur étrangère n'y entreroit qu'avec difficulté.

Or, qu'il y ait des pores de différentes figures dans des corps qui semblent estre homogènes, M. Gassendi l'affirme et tâche de le prouver par la dissolution des sels de différentes figures dans l'eau commune. Quand (dit-il, ou à cet effet) vous y aurez dissout du sel commun autant qu'elle en peut prendre, supposons par exemple une livre, si vous y mettiez encore un scrupule seulement, elle le laissera couler au fond comme si c'étoit du sable ou du plastre ; maintenant elle dissoudra encore une bonne quantité de sel nitre ; et, quand elle ne touchera plus à ce sel, elle dissoudra autant du sel armoniac, et ainsi d'autres sels de différentes figures (*Pp.* 75 *et suiv.*).

b) *Les molécules de même nature s'attirent*

En nostre pays (et je crois que c'est le même ici) l'on fait provision pour toute l'année de pastés de cerfs et de daims, en la saison que leur chair est meilleure et plus savoureuse, qui est durant les mois de juillet et d'aoust ; l'on les cuit dans des pots de terre ou de crouste dure du seigle, après avoir bien assaisonné d'espices et de sel ; et, estans froids, on les couvre, six doigts de haut, de beurre frais fondu pour empêcher que l'air ne les entame. On remarque pourtant, après toutes les diligences qu'on peut faire, que quand les bestes vivantes, qui sont de même nature et espèce, sont en rut, la chair qui est dans ces pots s'en ressent puissamment, est grandement altérée et a le goust fort, à cause des esprits bouquains qui sortent en cette saison des bestes vivantes et sont attirés par la chair morte de leur même nature. Et alors on a de la peine d'empescher que cette chair ne se gâte. Mais, cette saison estant passée, il n'y a plus de danger pour tout le reste de l'année.

Les marchands de vins remarquent en ce pays-ci, et partout où il y a du vin, qu'en la saison que les vignes sont en fleur, le vin qui est dans la cave fait une fermentation et pousse une petite lie blanche (qu'il me semble qu'on appelle la mère) à la superficie du vin, lequel est en désordre jusques à ce que les fleurs des vignes soient tombées; et alors, cette agitation ou fermentation s'estant apaisée, tout le vin revient en l'état où il estoit auparavant. Et ce n'est pas d'aujourd'hui seulement qu'on a fait cette remarque; car (pour ne rien dire de plusieurs autres qui en parlent) saint Ephrem le Syrien, dans son dernier testament (il y a près de treize cents ans), rapporte cette même circonstance du vin qui souffre une agitation et fermentation dans le tonneau à même temps que les vignes exhalent leurs esprits à la campagne. C'est que ces esprits vitaux qui émanent des fleurs remplissent l'air de tous côtés..., ils sont arrêtés dans les tonneaux par le vin qui leur tient lieu de source et qui a en abondance de semblables esprits. Et ces nouveaux esprits volatils survenants excitent les esprits les plus fixes du vin et y exercent une fermentation, comme si on y versait du vin doux ou du vin nouveau... Et c'est pour cette même raison que ces plantes fleurissent au lieu qu'à tout autre temps ces taches ne cèdent point à la lessive (1).

En Angleterre, où nous n'avons pas assez de vignes pour en faire du vin, la même chose s'observe et encore quelque particularité davantage. Quoy qu'on ne fasse pas de vin en nostre

---

(1) J'ai entendu dire par une dame habitant la campagne dans un grand pays de vignoble, que les taches de vin faites aux serviettes et aux nappes reparaissaient au moment des cuvées, bien que ces linges parussent complètement blancs après avoir passé à la lessive.

Gœthe fait allusion à un phénomène de même nature quand il dit:

Wem die Reben wieder blühen
Rühret sich der Wein im Fass.

(Lorsque les bourgeons de vigne se remettent à fleurir, le vin travaille dans le tonneau.)

pays, nous en avons pourtant en très grande abondance qui s'y apportent du dehors. Il en vient principalement de trois endroits : des Canaries, d'Espagne et de Gascogne. Or, ces régions estans en différents climats et degrés de latitude et par conséquent l'une plus chaude que l'autre et où les mêmes arbres et plantes fleurissent plutôt les unes que les autres, il arrive que cette fermentation de nos différents vins s'avance plus ou moins, selon que les vignes dont ils proviennent fleurissent plus tôt que plus tard en leur pays : estant conforme à la raison que chaque vin attire plus volontiers les esprits des vignes d'où il provient que les autres.

Je ne scaurois m'empêcher en cette occasion de faire une petite digression pour développer un autre effet de la nature que nous voyons assez souvent et qui n'est pas moins curieux que le principal que nous traitons. Il semblera peut-estre avoir des causes et des ressors encore plus obscurs : néanmoins ils dépendent en plusieurs circonstances des mêmes principes, quoy qu'en d'autres ils soient différens. C'est touchant les marques qui arrivent aux enfants quand leurs mères durant leur grossesse ont envie de manger quelque chose. Pour y procéder dans mon ordre accoutumé, j'en proposeray premièrement quelque exemple. Une dame de haute condition que plusieurs de cette assemblée connoissent (au moins par réputation) a sur son col la figure d'une meure aussi exacte comme un peintre ou un sculpteur la pourroit représenter ; car elle n'en a pas seulement la couleur, mais aussi la grosseur, avançant par-dessus la chair comme si elle estoit en demy relief. La mère de cette dame estant grosse d'elle, elle eut envie de manger des meures : et son imagination en estant remplie, la première fois qu'elle en vit il luy en tomba une par accident sur le col. On essuya aussitost et avec soin le sang de cette meure et elle n'en sentit autre chose pour lors ; mais, l'enfant estant nay, on aperçut la figure d'une meure sur son col, au même endroit où le fruit estoit tombé sur celui de la mère ; et tous les ans, à la saison des meures, cette impression, ou pour mieux dire cette excressance s'enfle, grossit, démange et devient enflammée. Une autre fille qui avait une semblable marque, mais d'une fraize, en estoit encore plus incommodée; car, en la saison des fraizes, non seulement elle démmangeoit et s'enflammoit, mais elle se crevoit comme un abscez, et il en découloit une humeur âcre et corrosive, jusqu'à ce qu'un habile chirurgien luy osta tout jusques aux racines par le moyen d'un cautère; et, depuis cela, elle n'a jamais senty aucun changement en cet endroit qui l'incommodoit tant auparavant, n'y estant resté qu'une simple cicatrice. (*Pp*. 82 *et suiv*.)

c) *Les restes de vie*

La grande fertilité et richesse d'Angletérre consiste en pâturages pour la nourriture du bestail. Nous en avons les plus beaux du monde et aussi abondance d'animaux et principalement de bœufs et de vaches. Il n'y a si pauvre ménage qui n'ayt quelque vache pour leur fournir du lait. C'est la principle nourriture des pauvres gens aussi bien qu'en Suisse. C'est pourquoy ils sont grandement soigneux du bon estat et de la santé de leurs vaches.

S'il arrive qu'en faisant bouillir du lait, il se gonfle tant qu'il répande par-dessus le poëslon et tombe dans le feu, la bonne femme ou la servante abandonne à l'instant tout ce qu'elle faisoit et accourt au poëslon qu'elle retire du feu, et à même temps prend une poignée de sel, qu'on tient toujours au coin de la cheminée pour le garder sec, et le jette dessus cette braise où le lait s'estoit répandu.

Demandez-lui pourquoi elle fait cela et elle vous dira que c'est pour empescher que la vache qui a rendu ce lait n'ayt pas mal au pis; car, sans cela, elle l'auroit dur et ulcéré et pisseroit du sang et enfin elle serait en hasard de mourir, non pas que telle extrémité lui arrivast à la première fois, mais néanmoins elle en souffriroit du mal : et, si cela arrivoit souvent, la vache ne manqueroit pas d'en mourir à la fin.

Il pourroit sembler qu'il y a quelque superstition ou folie en cecy. L'infaillibilité de l'effet garantit de la dernière; et, pour la première, plusieurs croient que la maladie de la vache soit surnaturelle et un effet de quelque sorcellerie, et ainsi que le remède que je viens de dire est superstitieux; mais il est aisé de les désabuser de cette persuasion en leur déclarant comment la chose va, selon les fondemens que j'ay posés (1)...

Cet effet touchant la conservation du pis de la vache, ensuite de la brûlure de son lait, me fait souvenir de ce que plusieurs personnes m'ont dit avoir veu en France et en Angleterre.

Quand les médecins examinent le lait d'une nourrice pour l'enfant de quelque personne de condition, ils l'éprouvent par divers moyens devant que de juger définitivement de sa bonté, comme par le goust, par l'odorat, par sa couleur, par sa consistance, etc. Et quelques-uns le font bouillir jusqu'à l'évaporation pour voir sa résidence et autres accidens et circonstances qui se reconnoissent et se discernent mieux par ce moyen. Mais celles au lait desquelles on fait cette dernière épreuve se sont senties fort tourmentées à la mamelle et au tetin et particulièrement pendant qu'on faisait bouillir leur lait; et partant, après avoir une fois enduré ce mal, elles ne vouloient plus consentir qu'on emportast de leur lait hors de leur vue et présence, quoy qu'elles se soumissent volontiers a toute autre épreuve que celle du feu (2).

---

(1) Digby explique que le lait en tombant sur le feu s'évapore et que ses atomes, se répandant dans l'air, vont jusqu'au pis de la vache, *où il est attiré par sympathie,* emportant avec lui des atomes de feu qui irritent le tissu glanduleux et tendre du pis. — Quant au sel crépitant sur le feu, il agit au moyen de ses atomes qui s'emparent de ceux du feu et les précipitent en les empêchant ainsi d'aller plus loin, de même qu'il abat les atomes de suie enflammée quand on s'en sert contre un feu de cheminée; si du reste quelques atomes de feu s'échappaient et allaient jusqu'au pis, ils seraient accompagnés d'atomes d'esprit de sel qui sont eux-mêmes des remèdes contre la brûlure.

Dans la pratique, les magnétiseurs rompent le *lien* en agitant violemment l'air entre les deux objets en *rapport.*

(2) Van Helmont rapporte que, dans son pays, les nourrices qui veulent se faire passer le lait le font couler sur des charbons ardents et qu'à la suite d'un certain nombre d'opérations de ce genre leurs seins se tarissent.

« Toutes les choses, dit-il, qui sortent de quelque façon que ce soit du corps des hommes ou des bêtes, soit naturellement, soit par la force de la maldie, sont imprégnées de l'esprit vital et ont une vie commune avec le corps. De là résulte qu'étant plus semblables aux

Pour combiner cette expérience de l'attraction que le pis de la vache fait du feu ensemble avec la vapeur du lait brûlé, je m'en vais vous en dire une autre de semblable nature, dont j'ay moy-même veu la vérité plus d'une fois et que vous pourrez expérimenter facilement.

Prenez les ordures d'un chien toutes les fois qu'il en fera et jetez-les toujours dans le feu. Au commencement vous le verrez seulement un peu échauffé et émeu; mais dans peu de temps vous le verrez comme s'il était tout brûlé, pantelant et tirant la langue comme s'il venait de courir longtemps.

Or, ce mal lui arrive à cause que ses intestins attirant la vapeur de son excrément brûlé, et, avec cette vapeur, les atomes de feu qui les accompagnent, ils s'altèrent et s'enflamment, de sorte que, le chien ayant toujours la fièvre et ne pouvant plus prendre de nourriture, ses flancs se resserrent et se rétrécissent, et à la fin il en meurt.

Il ne seroit pas à propos de divulguer cette expérience parmy quelques personnes et nations trop sujettes à s'en servir à mal. Car la même chose qui arrive aux bestes arriveroit aux hommes, si on faisoit de même avec leurs excéments.

Il arriva une chose remarquable à ce propos à une personne de nos voisins pendant mon séjour en Angleterre. Il avoit un fort bel enfant et fort délicat, et, afin d'y avoir toujours l'œil, il fit venir la nourrice chez luy. Je le voyais souvent, car c'estoit un homme de grande intrigue dans les affaires, et j'avois alors besoin d'un tel personnage. Un jour je le trouvoy fort triste, et sa femme tout éplorée. De quoy demandant la raison, ils me dirent que le petit se portoit fort mal; qu'il avoit la fièvre et le corps tout enflammé, ce qui se voyoit à la rougeur du visage; qu'à tout propos il faisoit des efforts pour aller à la selle, et pourtant qu'il ne faisoit guères de matière qui estoit toute chargée de sang; et qu'il se rebuttoit de tetter. Et ce qui les mettoit le plus en peine

---

corps, dont elles sortent, que les choses qui n'ont jamais été dans un corps, elles impriment rapidement à un corps semblable la qualité qu'elles ont empruntée au corps.

On verra plus loin (chap. VI) l'opinion de Maxwell sur cette question.

estoit qu'ils ne pouvoient conjecturer aucune cause vraye semblable de tout ce désordre ; car sa nourrice se portoit très bien, avoit son lait tel qu'ils le pouvoient souhaiter, et en toutes autres choses on avoit eu le soin qu'il falloit. Je leur dis sur-le-champ que, la dernière fois que j'avois esté chez eux, j'avois alors dessein de les advertir, mais que sur l'heure quelque autre chose m'en avoit destourné, et que puis après je ne me souvins plus de la leur dire. C'est que l'enfant ayant fait signe de vouloir estre mis à terre, aussitôt qu'il y fut, laissa tomber ses ordures ; et la nourrice prit incontinent une pellée de cendres et braise, dont elle les couvrit, et puis jetta le tout dans le feu. La mère se mit à me faire des excuses de ce qu'on avoit esté si négligeant à corriger cette mauvaise habitude de l'enfant, disant que, comme il avanceroit en âge, il s'en corrigeroit de luy-même. Je lui répliquay que ce n'estoit pas pour cette considération que je luy tenois ce discours, mais pour trouver la cause du mal de leur enfant et ensuite le remède. Et là-dessus je leur fis le récit d'un semblable accident qui estoit survenu deux ou trois ans auparavant à un enfant d'un des plus illustres magistrats du parlement de Paris qui estoit élevé en la maison d'un médecin de grande réputation en même ville. Je leur dis aussi ce que je viens de vous rapporter, Messieurs, touchant les excréments des chiens, et je leur fis faire réflexion sur ce qu'ils avoient ouï dire diverses fois et ce qui se fait assez souvent dans notre pays.

C'est que, dans les villages où il fait toujours bien crotté durant l'hyver, s'il arrive qu'il y ait quelque fermier qui soit plus propre que les autres et qui tienne plus nettement les avenuës de sa maison que les voisins, les goujats sont bien ayses d'y venir lascher leur ventre ; d'autant qu'en tels villages il n'y a guères de commodité d'aisements ; outre qu'en tels lieux ainsi proprement accommodez, ces galants de goujats sont hors de dangers de s'enfoncer dans la boue, qui autrement leur pourroit monter par dessus les souliers ; mais les bonnes ménagères, en ouvrant au matin la porte du logis, y trouvent un présent dont l'odeur mal gracieuse les transporte de colère. Celles qui sont instruites à ce jeu vont incontinent rougir une broche ou une pelle dans le feu, puis l'enfoncent ainsi chaude dans l'excrément; et quand le feu en est esteint, ils la réchauffent de nouveau et répètent souventes fois la même chose. Cependant le fripon qui a fait cette saleté sent une douleur et colique aux boyaux, une inflammation au fondement, une envie continuelle d'aller à la selle, et à peine en est-il quitte qu'il ne souffre une fièvre durant tout ce jour-là; ce qui est cause qu'il n'a garde d'y retourner une autre fois. Et ces femmes, pour s'estre ainsi garanties de semblables affronts, passent ignoramment pour sorcières et pour avoir fait pacte avec le diable puisqu'elles tourmentent de la sorte les gens sans les voir ny les toucher.

Ce gentilhomme ne rejeta pas ce que je venais de dire et fut encore davantage confirmé que je lui dis qu'il regardast au fondement de son enfant, que sans doute il le trouveroit fort rouge et enflammé, et que, le visitant, on vit aussitôt qu'il était tout chargé de pustules, et comme excorié.

Il ne passa guère de temps que ce pauvre petit mignon languissant ne fist, avec grande douleur et pitoyables cris, quelque peu de matière, laquelle, au lieu de permettre qu'elle fust jetée dans le feu et couverte de braise, je la fis mettre dans un bassin d'eau froide que je fis porter en lieu frais; ce qu'on continua de faire chaque fois que l'enfant leur en donnoit le sujet; et il commença à s'amender à l'heure même et dans deux ou trois jours il se porta très bien (1). (*Pp.* 170 *et suiv.*)

---

(1) Cahagnet, dans sa *Magie magnétique* (Paris, 1858, p. 441), rapporte un fait qui vient à l'appui des observations de Digby. Mais, je ne saurais trop le répéter, il ne faut pas oublier qu'en admettant même que ces histoires soient exactes, on ne doit y voir que des cas aussi exceptionnels que les facultés des sujets susceptibles d'entrer dans les états hypnotiques.

« Encore très jeune, lui raconta un de ses amis, lorsque je faisais mon tour de France, je trouvai de l'ouvrage dans une boutique dont la maîtresse devint amoureuse de moi. Je ne tardai pas, vu mon âge et mon peu d'expérience, à obtenir d'elle ce qu'elle m'offrait volontiers; mais, comme elle était vieille et qu'elle avait une fille de mon âge environ, je me sentais plus amoureux de la fille que de la mère, aussi le lui laissais-je apercevoir; je fis même une condition de notre liaison, de les connaître toutes deux. La mère promit tout, mais elle voulait m'épouser avant de m'accorder sa fille. Je trouvai la proposition d'autant plus étonnante que le mari de cette femme existait et dirigeait notre atelier. Je lui en fis l'observation. Elle me dit: « Tu vois quelle mine il a, il va descendre la garde au premier jour ; je travaille à m'en débarrasser ; il était dur-à-cuir ; voilà plus de quinze mois que je fais cette besogne ; mais avant trois mois il sera parti. — Et quelle besogne fais-tu donc? lui demandai-je. — Pardié, me répondit-il, tous les matins, il va faire son cas sur le fumier, et moi, je vais y jeter une pincée de... (Cet homme me nomma une substance que je ne peux faire connaître). Tu vois, reprit la femme, quelle courante il a, etc., etc.; et il n'y a plus d'espoir! »

« Cet homme me dit que cette révélation jeta un tel trouble dans son âme qu'il n'eut rien de plus pressé que de quitter cette ville. Il m'assura qu'il s'était informé de la santé antérieure de son patron, qu'elle était des plus belles, et qu'effectivement, depuis environ quinze mois, il était atteint d'une dysenterie inguérissable. »

CHAPITRE V

LA GUÉRISON MAGNÉTIQUE DES PLAIES ET LE TRANSFERT DES MALADIES

I

Suivant les croyances du xviie siècle, on pouvait non seulement soulager ou faire souffrir un individu à distance en opérant sur une mumie, comme nous venons de le voir dans les deux chapitres précédents, mais encore on avait la prétention de guérir un grand nombre de malades en soutirant de leur organisme le fluide malsain, cause de la maladie, au moyen de certaines substances qui possédaient la propriété de l'absorber.

De nombreux volumes ont été écrits pour ou contre ce genre de médication qui est suffisamment bien exposé dans le chapitre IX de la *Physique occulte* de l'abbé de Vallemont (1). J'en reproduis les principaux passages, en

---

(1) Ce livre, publié pour la première fois en 1693, eut beaucoup de succès, puisque j'ai en main la seconde édition imprimée en 1696, qui contient un certain nombre de hors-d'œuvre ajoutés par *un curieux de la nature.*

laissant, avec intention, subsister l'énumération de certains faits que notre génération a reconnus faux, pour montrer que les raisonnements les mieux établis ne suffisent pas toujours pour nous maintenir dans la vérité et que, dans les sciences naturelles, ce qu'il faut établir avant tout, c'est la réalité des phénomènes.

II

Quand un bon aimant touche un fer, il se fait de cette pierre un écoulement magnétique de corpuscules qui aimantent ce métal, c'est-à-dire lui communiquent la vertu de l'aimant, comme on le voit dans l'aiguille de la boussole. Il y a des médecins qui prétendent que les malades exhalant au dehors des corpuscules *morbifiques* peuvent, par cette voie, transmettre leur maladie à un autre et s'en délivrer par une guérison qu'ils appellent *magnétique*, à cause de quelque analogie qu'elle a avec les écoulements qui passent de l'aimant au fer.

Il y a une grosse querelle entre les savants sur ce point. Les uns disent qu'il y a bien une prorogation de maladies qui n'est que trop effective, mais que la prétendue transplantation est une chose entièrement chimérique. Hermanus Grube est de ce sentiment, et il soutient, dans un petit livre qui a pour titre: *De transplantatione morborum analysis nova*, imprimé à Hambourg, en 1674, que rien n'est plus incertain et moins possible que cette guérison magnétique.

Bartholin (1) combat de toutes ses forces pour la transplantation: il montre par plusieurs exemples que la chose est possible, et il ne manque pas d'appeler la raison pour prouver que cette guérison est très naturelle. Le *Journal des Savants* donna,

---

(1) Thomas Bartholin, né à Copenhague en 1616, mort en 1680, fut professeur de médecine à Copenhague et a fait plusieurs découvertes anatomiques, notamment sur les vaisseaux lactés, thoraciques et lymphatiques. Ses principaux ouvrages sont: *Anatomia*, 1641; *De uce animalium*, 1647; *De monstro in natura medicina*, 1762.

il y a quelques années, l'extrait de ce livre, qui est tout à fait curieux. Il y a un très grand nombre d'habiles gens qui sont de l'opinion que Bartholin a suivie et qu'il explique très clairement par la philosophie des corpuscules.

Voici à peu près comme en parle le *Journal des Savants:*

La transplantation des maladies, c'est quand une personne est guérie d'un mal en le communiquant à quelque bête, ou à un arbre, ou bien à une plante. C'est ainsi que Bartholin dit qu'une personne attaquée d'une fièvre quarte fut guérie en se mettant du pain chaud sous l'aisselle et le donnant, tout imbu de cette sueur, à manger à un chien ; et qu'une autre fut guérie de la jaunisse en faisant un gâteau pétri avec de l'urine et de la farine, et le donnant à manger à un chat.

Robert Fludd (1) raconte comment, par le moyen de la transplantation, un nommé Joannes Rumélius Pharamandus guérissait immanquablement de la goutte. Ce docteur en médecine, dit Robert Fludd, prenait des ongles des pieds et du poil des jambes des goutteux et les mettait en un trou qu'il perçait dans le tronc d'un chêne jusqu'à la moelle ; et, ayant bouché ce

---

(1). Né à Milgat, dans le comté de Kent, en 1575, mort en 1637. D. Fludd fut un des savants les plus singuliers de son temps. Tout en se montrant partisan outré des doctrines de la Kabbale, dont il avait sondé les mystères, il aimait les sciences exactes et faisait preuve d'un rare esprit d'observation. Nul n'avait des connaissances plus variées ; il était à la fois philosophe, médecin, anatomiste, chimiste, mathématicien et physicien. Il avait construit des machines qui faisaient l'admiration de ses contemporains. Il était renommé dans toute l'Europe comme astrologue, nécromancien et chiromancien.

Ceux qui cherchent à allier les sciences occultes avec les sciences positives doivent prendre pour modèle Robert Fludd. Ses écrits, qui ne sont pas très communs, semblent avoir été conçus sur le plan de cette alliance.

Si Robert Fludd n'avait été qu'un philosophe mystique, planant dans les régions abstraites de la pensée, nous l'aurions passé sous silence ; mais ce fut en même temps un investigateur sagace qui, à l'aide de l'expérience, est arrivé à établir des principes propres à exercer une grande influence sur la marche des sciences physiques.

La méthode expérimentale employée par l'auteur nous rappelle, par sa rigueur mathématique, les principes de la philosophie naturelle de Newton.

FERD. HOEFFER, *Histoire de la chimie*, t. II, p. 177.)

trou avec une cheville faite du même bois, il couvrait le dessus avec du fumier de vache. Si la maladie ne revenait pas dans l'espace de trois mois, il concluait que le chêne avait assez de force pour attirer à lui tout le mal. (*Philosophia Mosaïca,* lib. 2.)

Ce savant anglais prétend que cette transplantation se fait très naturellement par l'effusion de la *Mommie* ou des esprits qui résident dans le sang, et qu'on peut faire passer dans un animal, dans un arbre ou dans une plante (1) : *Mumia spiritualis cujus sedes est in sanguine microcosmico ex corpore humano, mediante quadam substentia magnetica ex eodem subjecto electa extrahi potest atque in bestiam, arborem, vel plantam transplantari; ita ut hac etiam ratione morbus ægroti possit ab eo in dictas creaturas transferri.*

Il prouve cette effusion d'esprits par l'expérience de plusieurs chiens qui, ayant perdu leur maître, le démêlaient dans une grande foire, le suivaient partout où il avait passé, quoi qu'il fût à cheval, et enfin le trouvaient, guidés par le sentiment de la mommie spécifique qui transpirait sans cesse du corps du maître et qui laissait des traces de sa personne dans l'air, longtemps même après qu'il n'y était plus.

Cela étant supposé comme constant, il ne s'agit plus, pour la transplantation des maladies, que de trouver une matière à laquelle la mommie de la partie malade se puisse attacher facilement, afin que cette matière lui serve comme de véhicule pour la transporter dans un animal, dans un arbre ou dans une plante, ou pour la faire adopter, comme parle Paracelse, aux animaux ou aux végétaux.

Ainsi, selon Robert Fludd, pour la phtisie ou pulmonie, il faut appliquer, sur la région du cœur, de la graine de lin ou

---

(1) Andréas Tenzel (*Medicina diastatica,* ch. vii) dit que la sensibilité d'une personne peut être transférée à une plante en enterrant sous la plante une mumie, c'est-à-dire un objet saturé de cette sensibilité, comme par exemple un morceau de chair. « Il faut surtout bien faire attention à ne pas endommager le buisson ou la plante qui a été saturé aussi d'une partie du membre par la mumie; il faut au contraire le soigner et tâcher d'avancer la croissance. »

de genièvre; pour l'hydropisie, il faut mettre de la pimprenelle ou de l'absinthe sur le ventre du malade; pour les ruptures ou contusions, on prend le plantain ou le millepertuis; sur les tumeurs ou les plaies, on applique de la persicaire ou de la petite ou grande consoude; dans les maux de dents, des yeux, on a recours à la persicaire tachée.

On applique aussi sur le mal, avec la graine ou la plante, un peu de terre préparée, que l'on mêle avec d'autres terres dans laquelle on met ensuite la graine ou la plante. On laisse croître ces plantes jusqu'à ce qu'elles aient attiré à elles les mommies. Après quoi on les brûle avec la terre si la maladie est humide; ou bien on les met sécher, si la maladie n'excède ni en chaleur ni en humidité; et à mesure que la plante meurt et se sèche, le malade recouvre la santé. Si la maladie vient de la chaleur, comme dans les pulmoniques, on jette la plante et la terre dans une eau courante.

Enfin, si l'on fait manger la plante imprégnée des corpuscules morbifiques à quelque animal plus robuste que le malade, la bête prendra le mal et le malade en sera délivré.

Voilà l'opération de la transplantation des maladies, telle que Robert Fludd l'enseigne et comme elle a été pratiquée par lui et ses amis.

Il faut observer que cette mommie se tire non seulement par la transpiration insensible, mais encore par la sueur, par les urines, par le sang, par les cheveux ou en recueillant ce qui tombe de la peau quand on la gratte un peu fort. (1).

Ainsi, un homme de qualité en Angleterre guérissait de la jaunisse un malade fort éloigné pourvu qu'il eût de son urine. Ce qu'il faisait de la sorte: il mêlait cette urine avec des cendres de bois de frêne et il en formait 3 ou 7 ou 9 petites boules, et ayant fait au haut de chaque boule un trou, il y

---

(1) Les rognures des ongles et les cheveux coupés du flamine de Jupiter devaient être enfouis sous un arbre heureux. (AULU-GELLE, X, 15.) Rapprocher cette coutume de celle des Perses, qui enfouissaient toujours les rognures d'ongles et les cheveux coupés.

mettait une feuille de safran et le remplissait de la même urine. Ensuite il rangeait les boules à l'écart dans un lieu où personne ne touchait et dès lors le mal commençait à diminuer. Robert Fludd assure que plus de cent personnes de toute condition ont été guéries par ce seigneur anglais.

Ainsi Balthazar Wagner assure qu'il a souvent guéri la rougeur et l'inflammation des yeux en appliquant sur la nuque du cou de la racine de mauve cueillie quand le soleil est vers le quinzième signe de *Virgo*.

Si on prend des ongles des pieds et des mains d'un hydropique, si on les attache sur le dos d'une écrevisse et qu'on la jette à la rivière, le malade se trouve bien guéri.

Si on frotte fortement, jusqu'au sang, des verrues avec un morceau de chair de bœuf, et si on enterre cette chair, à mesure qu'elle pourrit, les verrues se sèchent et disparaissent.

Ainsi, un homme de qualité guérissait de la goutte en appliquant sur le lieu de la douleur un morceau de chair de bœuf humectée d'un peu de vin; l'ayant relevée six heures après, il la trouvait pourrie et la faisait manger à un chien dans lequel la maladie passait après plusieurs opérations semblables. On peut guérir l'épilepsie de la même manière.

Passarolus dit que si on fait toucher aux hémorroïdes un oignon de tubéreuse sèche et que s'il se corrompt, il arrivera la même chose aux hémorroïdes. C'est pourquoi il recommande fort qu'on mette l'oignon sécher à la cheminée. (*Fascicul. arcanon.*, 1, p. 210.)

Je n'ai jamais eu de bonnes raisons pour combattre cette transplantation des maladies. Il y a déjà plus de la moitié de la question décidée par la certitude et la triple expérience que l'on a qu'il y a des maladies, comme la peste, qui se communiquent avec une terrible facilité. Il ne resterait qu'à savoir présentement si la personne qui communique la maladie la perd; je voudrais distinguer cela et traiter la chose avec méthode.

Je dirais qu'une maladie qui serait fortement enracinée dans le sang, dans les humeurs et dans la moelle des os, ne pourrait pas se transplanter en sorte que le malade en fût quitte. Un goutteux, par exemple, qui tient son mal de celui-même dont il a reçu la vie, en a pour son compte et je douterais fort que la transplantation pût le tirer d'affaire. Il en faut dire autant d'une pierre qui est dans les reins, ou d'une veine rompue dans le corps, d'un œil perdu.

Il n'en est pas de même d'une maladie qui n'a pas éveillé ni jeté de profondes racines, et je croirais bien que la transplantation s'en pourrait faire naturellement, pourvu que les sujets soient présents et dans l'atmosphère des corpuscules qui transpirent du malade.

Plusieurs médecins se sont soulevés contre cette guérison magnétique, et ils ont prétendu qu'elle était superstitieuse. Bartholin, que Frommann appelle l'*Astre éclatant du Danemark*, prouve au contraire qu'elle ne renferme aucune superstition, puisque l'on ne s'y sert que de choses naturelles et que tout se fait sans paroles, sans caractères et sans aucune cérémonie. Il ajoute qu'il y en a des exemples dans l'Ecriture sainte; que Moyse pratiquait quelque chose de semblable (1), et

---

(1) On lit dans Cabanis (*Rapport du physique et du moral de l'homme*, t. II, p. 540): « Nous voyons dans le troisième livre des *Rois*, que David couchait avec de jolies filles pour se réchauffer et se donner un peu de forces. Au rapport de Gallien (*Methodus Medendi*, lib. III, cap. XII), les médecins grecs avaient depuis longtemps reconnu dans le traitement de différentes consomptions l'avantage de faire téter une nourrice jeune et saine; et l'expérience leur avait appris que l'effet n'est pas le même lorsqu'on se borne à faire prendre le lait au malade après l'avoir reçu dans un vase. Cappivaccius conserva l'héritier d'une grande maison d'Italie en le faisant coucher entre deux filles jeunes et fortes. Forestus rapporte qu'un jeune Polonais fut retiré du même état en passant les jours et les nuits auprès d'une nourrice de vingt ans, et l'effet du remède fut si prompt que, bientôt, on eut à craindre de voir le convalescent perdre de nouveau ses forces avec la personne qui les lui avait rendues... »

Il n'y a pas de bonne femme, dit le Dr PIGEAIRE (*Puissance de l'électricité animale*, p. 231) qui ne sache qu'il n'est pas sain pour un enfant de le faire coucher avec une personne âgée, quoique celle-ci jouisse d'une santé parfaite... Il existait autrefois, dans les montagnes de l'Auvergne, un usage qu'il est bon de mentionner. Lorsqu'un voyageur, faible, maladif ou transi de froid arrivait dans une hôtellerie, on lui demandait s'il voulait un lit *chauffé* ou *braisé*; le voyageur répondait naturellement: « Je désire un lit bien chaud. »

même le fils de Dieu, quand il fit passer le démon du corps d'un possédé dans les pourceaux (*Cent.* 3; *histor.* 56). Et à l'occasion du petit livre de Hermannus Grube, contre la transplantation des maladies, Bartholin a composé une lettre où il établit par des expériences, tant sacrées que profanes, que cette transplantation est une chose véritable et naturelle. Les raisons sur quoi il compte le plus sont tirées de la transpiration insensible et des écoulements de la matière subtile qui sort par les pores du corps de l'homme...

Puisqu'on peut prendre une maladie par les pores, pourquoi ne pourrait-on pas s'en délivrer par la même voie? (1)

Ainsi Frommann assure qu'un écolier qui avait une fièvre maligne la donna à un chien qu'il mettait coucher dans son lit, que l'écolier en échappa et que le chien en mourut. (*De fascinat. magic.*, p. 1014, § 34.)

Thomas Bartholin raconte comment son oncle, qui avait une colique fort violente, en fut guéri par un chien qu'on lui appliqua sur le ventre, dans lequel elle passa. Il dit que sa servante, s'étant mis sur la joue le même chien, elle fut soulagée d'une douleur de dents très aiguë et que, quand le chien fut échappé, il fit très bien voir par ses mouvements et ses cris que le mal était passé à lui.

Hoffmannus dit qu'un homme qui était tourmenté de la goutte en fut délivré par un chien qui la prit, parce qu'il couchait dans son lit, et que, de temps en temps, ce pauvre animal avait la goutte, comme son maître l'avait auparavant (*loc. cit.*, p. 367).

Au moment de se coucher, il était très surpris de voir sortir de son lit un garçon joufflu, bien portant et bien coloré, enveloppé de la tête aux pieds d'un sarrau de toile bien propre. Le lendemain, notre voyageur s'empressait de s'informer si c'était l'usage de donner un lit où un autre s'était couché. — Monsieur, vous avez demandé que votre lit fût chaud, on vous l'a chauffé: si vous l'aviez voulu *braisé*, on l'aurait bassiné avec le braise. — Quelle différence y a-t-il entre ces deux méthodes? — Oh! Monsieur, c'est bien différent: le lit chauffé par une personne jeune, saine et vigoureuse restaure et fortifie bien davantage.

(1) Voir les notes K et H.

Borellus dit, sur cela, que c'est le véritable moyen pour connaître les maladies qui sont cachées dans le corps humain. Car, dit-il, si on met coucher un petit chien durant quinze jours avec un malade, si on le nourrit des restes de ce que le malade mange, et s'il lèche ses crachats, il est certain qu'il prendra le mal de cette personne. Il n'y a après cela qu'à ouvrir le chien, et on découvre, dans la partie qui a contracté la maladie, celle du malade qu'il faut soulager. Il ordonne même de mettre de petits chiens dans le lit d'un goutteux pour qu'ils attirent au moins une partie du mal, en sorte qu'on les voit devenir en peu de temps dans un état où ils ne peuvent qu'à peine se soutenir. (BORELLUS, *Cent.* 3, *observat.* 28.)

III

Il serait trop long de reproduire ici la théorie du savant abbé sur le phénomène de la transplantation; elle n'est ni plus ni moins hasardée que celle que nous en pourrions donner nous-même; mais il n'est pas sans intérêt, ce me semble, de montrer, par l'énoncé des principes philosophiques sur lesquels elle s'appuie, que les hommes de bon sens raisonnaient, il y a deux siècles, comme aujourd'hui, et qu'ils avaient à combattre les mêmes objections, les mêmes préjugés. Il ne faut donc pas rejeter leur témoignage à la légère, comme le font beaucoup de gens pour lesquels l'esprit scientifique n'a pris naissance qu'au moment précis où ils ont apparu sur la scène du monde.

a) *Le pouvoir de la Nature*

Nous ne devons pas mesurer l'étendue du pouvoir de la nature par les bornes étroites de notre intelligence. Ce serait, sans doute, une mauvaise conséquence de dire : « Je ne conçois pas comment cela peut se faire; donc, cela n'est pas naturel, donc il y a de la diablerie. » Il y a même beaucoup à dire à ce raisonnement, puisqu'on y suppose, comme principe, que l'on comprend tout ce qui est naturel ; en quoi certainement on se trompe fort ; car il y a, dit Pline, beaucoup de choses cachées dans le sein de la Nature, qu'il ne nous est pas possible de pénétrer. *Natura vero rerum vis atque majestas in omnibus momentis fide caret...* (*Hist. nat.*, lib. VII, cap. I.)

Quoique, entre plusieurs de ces effets merveilleux qui sont rapportés par les physiciens, il y en ait quelques-uns de fabuleux et qui ne se soutiennent que par la sotte crédulité des esprits simples, lesquels n'examinent jamais rien, on ne laissera pas de demeurer d'accord qu'il y a un très grand nombre d'effets purement naturels que ceux qui ont le plus étudié la nature n'ont jamais pu expliquer et qu'on serait pourtant ridicule d'attribuer au démon...

C'est donc une injustice d'attribuer à la magie des effets dont on ne comprend pas le mécanisme (1). Accusons la faiblesse de notre esprit plutôt que de nous en prendre à la Nature ! Croyons-nous qu'elle n'agisse jamais qu'à découvert et sensiblement ? Faudra-t-il qu'elle employe toujours des agents visibles et palpables pour que nous lui conservions l'honneur d'un prodige ? Dès qu'elle se dérobera à nos sens, faut-il qu'elle soit exposée à la censure de notre esprit ? Tout ce qui ne se fera point sous nos yeux sera-t-il toujours fait par le diable ? N'y a-t-il que le démon qui soit un agent invisible ? N'y a-t-il point aussi de petits corpuscules qui peuvent se porter invisiblement de l'agent sur le patient et joindre, par un contact physique, deux corps qui paraissent désunis aux yeux et éloignés l'un de l'autre ? Combien les machinistes font-ils de choses pour leur art, qui nous paraissent des enchantements et que nous ne comprenons point ? Combien, à plus forte raison, la nature fera-t-elle des choses qui nous surpassent infi-

---

(1) Van Helmont (*De curâ magneticâ vulnerum*, num. 36) déplorait déjà le mal que la croyance à la magie fait aux sciences et en particulier à la physique : *Quod dolendum summopere atque admirandum magis artes mecanicas proficere quotidie, solum vero naturalium studium censuris iniquis terreri et retroire.*

niment davantage, puisqu'elle est, comme dit si bien Gallien, le plus habile ouvrier qui soit dans le monde?

La nature, selon Bartholin (*De natur. mirabilib.*, p. 72) est un abîme qu'il ne faut pas sonder seulement par le ministère des sens; ce sont des juges subalternes dont la juridiction est trop bornée pour juger de l'étendue de son pouvoir. Quand nous donnons l'esprit pour guide à nos sens, combien nous arrive-t-il encore souvent de demeurer court sur quantité d'effets qui se présentent tous les jours? Et, après beaucoup de travail et d'application d'esprit, il faut bien quelquefois nous contenter d'expliquer par analogie plusieurs effets que nous ne saurions développer précisément par eux-mêmes. Le grand Scaliger n'avait pas tort quand il se récriait, je crois que c'est contre Cardan : « Toy, qui fais le savant, dis-moy bien clairement ce que c'est qu'une de ces pierres dont tu trouves tant sous tes pas? » *Dic mihi formam lapidis, qui tamen quotidie tuis observatur oculis et Phillida solus habeto...* (chap. XVI).

Ils ne peuvent pas croire qu'il ne se puisse faire quelque chose dans la Nature au delà de leur connoissance. Tout ce qu'ils ne comprennent pas ne peut être naturel.

C'est de là que le monde s'est rempli de tant de fables grossières et ridicules touchant les sorciers. Ceux qui savoient un peu de grec et d'hébreu, il y a quelques centaines d'années, passoient pour des Magiciens. Il est arrivé plusieurs fois à des ignorants de prendre des figures de mathématique pour des caractères magiques. Jean Schiphower de l'ordre des Hermites de Saint-Augustin du couvent d'Osenbrug, dans le comté d'Edimbourg, parlant de l'imprimerie, vers 1440, dit que dans ces premiers commencements, les superstitieux et les ignorans la faisoient passer pour un art où il pouvoit y avoir la magie la plus criminelle. Il n'y a point de bateleurs dont les subtilités ne passent pour des sorcelleries auprès de beaucoup de monde. C'est encore par le même esprit que nous voyons aujourd'hui accuser de magie les opérations de la baguette parce que la cause n'en est pas connue. (*Préface.*)

b) *Le mécanisme de la Nature*

Il faut d'abord remarquer que par le *mécanisme de la Nature* on ne veut point signifier un être, qui, sans être Dieu, agiroit par tout le monde comme les philosophes payens l'ont entendu; car ils s'imaginoient que la Nature était une âme universelle qui animoit et mettoit en mouvement toutes les choses corporelles. Mais, par le mécanisme de la Nature nous entendrons toujours les *lois générales du mouvement que le Créateur a établies et selon lesquelles il gouverne l'Univers.*

Il faut encore remarquer que, comme il est constant qu'il n'y a point d'effet sans cause puisque rien ne peut se produire de soi-même, il est pareillement certain que nulle cause ne peut agir sur aucun sujet, si ce n'est en le touchant, suivant ce principe naturel auquel il ne faut jamais donner d'atteinte, que RIEN N'AGIT SUR CE QUI EST DISTANT (*Nihil agit in rem distantem*).

Cela supposé, je dis que la Nature agissant toujours par les voies les plus simples et ne faisant jamais rien en vain, elle ne prend pas, quand elle opère des merveilles, une autre conduite que celle qu'elle tient lorsqu'elle se joue, pour ainsi dire, dans des ouvrages communs et dont les ressorts sont tout à découvert. Ce principe est de la dernière importance; et faute d'y avoir eu égard dans l'explication des phénomènes de la Nature, les philosophes de l'école et le petit peuple se sont jetés dans des extrémités contraires qui ont également retardé le progrès que les hommes pouvoient faire dans l'étude des choses naturelles.

Le petit peuple, accoutumé à ne pas s'élever au-dessus des choses sensibles et ne pouvant s'imaginer que la nature employât des agents qui ne fussent pas visibles et palpables, a attribué aux sorciers et aux démons tous les effets dont il ne pouvoit pas développer le mécanisme.

Les Philosophes de l'école, au contraire, ne voulant pas ramper avec les peuples dans les choses grossières et sensibles, ont pris une route tout opposée. Quand il a été question d'expliquer les phénomènes surprenans de la Nature, ils ont appelé à leur secours les *qualités réelles*, les *formes substantielles* et les termes pompeux de *sympathie*, d'*antipathie*, et de *vertus occultes*, sous lesquels on leur reprochera toujours d'avoir voulu cacher leur ignorance.

Pour nous, notre dessein est de marcher entre ces deux extrémités. (Chap. III.)

c) *La divisibilité de la matière*

Il ne faut qu'un peu d'attention pour comprendre quelque chose de l'extrême petitesse des corpuscules insensibles et pour s'assurer qu'il y en a qui surpassent de beaucoup les autres en ténuité.

1. — Il est certain que les corpuscules qui sont sur la piste d'un lièvre qu'un chien chasse et par lesquels il est dirigé, sont plus subtils que les atomes qui se transpirent du musc et de l'ambre gris, puisque les corpuscules du lièvre échappent à notre odorat, auquel les particules odoriférantes sont très sensibles.

2. — Il est certain que les corpuscules de l'air doivent être plus subtils que la matière qui est transpirée du lièvre, puisque cette matière est sensible à l'odorat du chien et que l'air n'est de la juridiction d'aucun de nos sens.

3. — Il est certain que les rayons du soleil sont plus subtils que l'air et que l'eau, puisque les corpuscules de lumière passent au travers des vitres, ce que les particules de l'air et de l'eau ne peuvent pas faire.

4. — Il est certain que les corpuscules magnétiques qui s'écoulent de l'aimant sont plus subtils que les rayons du soleil, car la matière magnétique fait mouvoir une aiguille de boussole au travers du bois, de l'ivoire et des métaux les plus durs qui sont des choses impénétrables aux atomes lumineux.

5. — Peut-être y a-t-il encore des corpuscules infiniment plus subtils que ceux de l'aimant. En effet, rien n'empêche que nous ne jugions que ces petits animaux, qui ne sont visibles que par le microscope, ont un sang composé de particules encore plus minces que tout ce que nous venons de considérer. Ces petits animaux, que l'œil n'avait jamais vus avant

l'invention du microscope, ont sans doute des organes et des conduits pour prendre et pour diriger les aliments ; ils ont des œufs pour la propagation de leur espèce ; il y a dans ces œufs d'autres animaux encore plus petits qui s'y nourrissent (1). (Chap. x.)

On verra, dans la note L, que la transplantation des maladies à l'aide des animaux et des plantes n'a pas cessé d'être en usage chez les magnétiseurs et dans le peuple. Elle a été introduite récemment dans les grands hôpitaux de Paris, avec une forme particulière, sous le nom de *Transferts*.

En 1885, le Dr Babinski, chef de clinique de M. Charcot, à la Salpêtrière, communiqua à la Société de psychologie physiologique (séance du 25 octobre) une note résumant une série d'expériences qu'il divisait en deux catégories.

Les premières ont porté sur deux jeunes filles hystéro-épileptiques ayant chacune une hémi-anesthésie sensi-

---

(1) M. METZGER (*Essai sur le spiritisme scientifique*, p. 52) rapporte, d'après le professeur Mac-Pherson, quelques expériences faites en Angleterre sur l'odorat, sens qui paraît tout particulièrement aiguisé chez les personnes occupées dans les pharmacies. On choisit parmi elles soixante hommes et quarante femmes. On prit ensuite les drogues qu'on dilua tant et tant qu'il semblait impossible qu'il y restât aucune odeur perceptible. Il se trouva que les hommes montrèrent une finesse d'olfaction supérieure du double à celle observée pour les femmes. Quelques-uns découvrirent de l'acide prussique dans *deux millions* de parties d'eau. Dans une autre expérience, les odeurs furent diluées et disséminées dans une chambre contenant neuf mille pieds cubes d'air. Il y eut des sujets qui perçurent un *trois cent millionième* de chlorophénol et la *millième partie* de cette quantité de mercaptan.

tive sensorielle et toutes deux facilement hypnotisables. On les plaçait assises, dos à dos, mais sans que le contact fût nécessaire, et on approchait un aimant de l'une d'elles. On observait alors qu'une des deux malades d'hémi-anesthésique qu'elle était devenait, au bout de quelques instants, anesthésique totale, tandis que l'autre malade recouvrait la sensibilité dans son côté anesthésié, tout en la conservant dans le côté opposé. Puis un nouveau transfert s'opérait, même quand on éloignait l'aimant, c'est-à-dire que la première malade, devenue anesthésique totale, recouvrait la sensibilité dans toute l'étendue de son corps, et que la seconde malade devenait à son tour anesthésique totale. Il se produisait ainsi une série d'oscillations consécutives, dues probablement à ce que l'on faisait agir simultanément et sans méthode les deux pôles de l'aimant. Quand on éloignait les deux malades, elles redevenaient très rapidement à l'état qu'elles présentaient avant l'expérience, c'est-à-dire toutes deux hémi-anesthésiques. Ces phénomènes avaient lieu aussi bien lorsque les deux malades étaient à l'état de veille que lorsqu'elles étaient en état de somnambulisme.

On a ensuite produit par suggestion, chez l'une de ces malades, des monoplégies brachiales, des monoplégies crurales, des hémiplégies, des paraplégies, les unes flasques, les autres spasmodiques, des coxalgies et même le mutisme. Cette malade était alors mise à côté de sa compagne, *près de laquelle on plaçait l'aimant*. Au bout de quelques instants, le transfert se produisait; l'infirmité quittait la première et, comme attirée par l'aimant, se portait sur la seconde avec ses caractères et sa localisation exacts. Puis survenaient des oscillations analogues à celles que nous avons indiquées plus haut. Quand on éloignait les malades l'une de l'autre, la malade sur laquelle l'infirmité se trouvait à ce moment-là la gardait, et il fallait la lui enlever par suggestion.

Le somnambulisme s'est transféré de même d'un sujet endormi sur un sujet éveillé sous l'influence de l'aimant.

Dans la seconde série des expériences, dit le Dr Babinski, « nous avons pris des malades hystériques, hommes ou femmes, présentant des manifestations hystériques telles que paralysies flasques ou spasmodiques, non plus artificielles, mais naturelles, c'est-à-dire survenues indépendamment de toute suggestion de notre part, et qui ont motivé l'admission de ces malades à l'hospice. Ces malades, pour la plupart, n'ont jamais été hypnotisés, et, dans les expériences suivantes, ils ont été laissés à l'état de veille. Nous avons placé les malades en rapport avec l'un ou l'autre des deux sujets dont nous avons parlé plus haut, que nous plongions dans la période somnambulique du grand hypnotisme et à côté duquel nous mettions l'aimant.

« Nous avons observé que le sujet hypnotisé ne tarde pas, sous cette influence, à présenter les mêmes accidents que l'hystérique à côté duquel il se trouve. Pourtant la transmission de ces paralysies se fait avec moins de pureté que dans les expériences de la première catégorie. Mais une différence beaucoup plus grande sépare les expériences de la première catégorie de celles de la seconde. En effet, dans ces dernières, il n'y a pas à proprement parler de transfert. Les accidents hystériques se transmettent au sujet hypnotisé, *mais persistent avec tous leurs caractères* chez les malades qui en sont primitivement atteints. Toutefois, en répétant un certain nombre de fois ces expériences, on arriverait peut-être à faire disparaître ces paralysies, et il aurait là une méthode de traitement. Nous avons observé, en effet, dans un cas, à la suite de deux expériences consécutives, une contracture spontanée d'un membre inférieur s'atténuer notablement. Nous nous proposons, du reste, de poursuivre ces recherches. »

C'est le Dr Luys qui les a reprises à l'hôpital de la Charité et leur a donné un grand retentissement; je me bornerai à en donner ici un aperçu sommaire.

Sa première méthode consistait à mettre le malade en communication par les mains avec le sujet en face duquel il était assis. Ce sujet était amené par un procédé quelconque dans la première phase de léthargie de l'hypnose, puis un opérateur déterminait la fusion pour ainsi dire des deux états nerveux en promenant le pôle nord d'un gros aimant toujours dans le même sens le long du cercle formé par les bras et les épaules des deux patients.

Au bout de quelques passes on poussait le sujet jusqu'au somnambulisme et on constatait alors qu'il avait pris la personnalité nerveuse et psychique du malade, se plaignant des mêmes maladies, présentant les mêmes infirmités. On guérissait ensuite le sujet par suggestion et on le réveillait; puis on recommençait, un certain nombre de jours, la même opération, et, dans beaucoup de cas, on amenait ainsi, au bout d'une douzaine de séances, une amélioration notable dans l'état du malade.

J'ai vu ainsi guérir, ou du moins modifier d'une façon très heureuse, des paralysies, des vertiges, des céphalalgies et même des battements de cœur et des nœvi.

Plus tard, le Dr Luys s'est borné à placer un aimant en fer à cheval d'abord sur la tête du malade (les pôles vers le front, le pôle nord sur la tempe droite), pendant cinq à six minutes, puis sur celle du sujet mis préalablement en état de léthargie hypnotique. Voici comment il rendait compte, le 10 février 1894, à la Société de Biologie, de quelques-unes de ses expériences :

M. d'Arsonval a entretenu la Société de Biologie dans la dernière séance, d'après la commmunication d'un physicien anglais, de la persistance dans un barreau aimanté de l'action du fluide magnétique ayant, en quelque sorte, conservé le souvenir de son état antérieur. — Mes recherches dans cet ordre d'idées m'ont amené à constater depuis longtemps des phénomènes analogues à l'aide des couronnes aimantées placées sur la tête d'un sujet en état hypnotique. — Il s'agit dans ce cas, non plus de l'emmagasinement des vibrations de la nature magnétique, mais bien des vibrations de la nature vivante, des véritables vibrations cérébrales à travers la paroi crânienne, et emmagasinées dans une couronne aimantée, dans laquelle elles persistent un temps plus ou moins long.

Pour constater ce phénomène, je me sers non pas d'un instrument physique impuissant à répondre, mais bien d'un réactif vivant, d'un sujet hypnotisé et devenu, par le fait, ultra sensible aux vibrations magnétiques vivantes.

Je présente à la Société la couronne aimantée dont je lui ai déjà fait voir différents modèles. A l'aide d'un système de courroies, elle s'adapte sur la tête, l'embrasse circulairement et laisse libre la région frontale.

Elle constitue ainsi un aimant courbe avec un pôle positif et un pôle négatif. — Cette couronne a été placée, il y a plus d'un an, sur la tête d'une femme, atteinte de mélancolie avec des idées de persécution, agitation et d'une tendance de suicide, etc. L'application de cette couronne sur la tête de cette malade amena, au bout de cinq ou six séances, un amendement progressif dans son état et, au bout de dix jours, j'ai cru pouvoir la renvoyer de l'hôpital sans danger. Au bout d'une quinzaine de jours, cette couronne ayant été isolée à part, j'eus l'idée purement empirique de la placer sur la tête du sujet ici présent.

C'est un sujet mâle hypnotisable, hystérique, atteint de crises fréquentes de léthargie. Quelle ne fut pas ma surprise de voir ce sujet, mis en état de somnambulisme, proférer des plaintes, tout à fait les mêmes que celles proférées, quinze jours auparavant, par la malade guérie !

Il avait pris d'abord le sexe de la malade; il parlait au féminin; il accusait de violents maux de tête; il disait qu'il allait devenir folle, que ses voisins s'introduisaient dans sa chambre pour lui faire du mal, etc. En un mot, le sujet hypnotique avait, grâce à la couronne aimantée, pris l'état cérébral de la malade mélancolique. La couronne aimantée avait donc suffisamment agi pour soutirer l'influx cérébral morbide de la malade (qui avait guéri) et pour se perpétuer, comme un souvenir persistant, dans la texture intime de la lame magnétique. C'est là un phénomène que nous avons reproduit maintes et maintes fois, depuis plusieurs années, non seulement chez le sujet présent ici, mais chez d'autres sujets.

Cette communication est, dans l'ordre des phénomènes physiologiques, parallèle à celle de M. d'Arsonval sur la durée de certains états antérieurs dans les corps inorganiques : elle va susciter (je n'en doute pas), bien des étonnements et des accès de scepticisme chez des personnes qui ne sont pas habituées aux recherches d'hypnologie.

On va mettre en doute la sincérité du sujet, sa disposition à produire le merveilleux, sa tendance à l'entraînement et peut-être aussi l'acquiescement trop facile de l'opérateur.

A tous ces sous-entendus, je ne répondrai qu'une chose : que ce phénomène de la transmission des états psychiques d'un sujet, à l'aide d'une couronne aimantée qui garde les impressions perçues, rentre déjà dans l'ordre des phénomènes précédemment communiqués par M. d'Arsonval. — Et, d'une autre part, la première fois que je l'ai faite, cette expérience, elle a été faite à mon insu, d'une façon tout empirique. La couronne imprégnée a été posée sur la tête du sujet hypnotique environ quinze jours après qu'elle avait été placée sur la tête de la malade. Il y a eu fatalement une première opération, dont *j'ignorais absolument les résultats;* mais, pas plus que le sujet hypnotisé, nous ne savions ce qui allait se passer, et le sujet impressionné a réagi, *motu proprio*, sans excitation autre que la couronne magnétique.

On peut donc dire, sans chercher à en déduire des conséquences ultérieures autres, que certains états vibratoires du cerveau, et probablement du système nerveux, sont susceptibles de s'emmagasiner dans une lame courbe aimantée, comme le fluide magnétique dans un barreau de fer doux, et d'y laisser des traces persistantes; *bien plus*, comme dans les expériences de M. d'Arsonval, pour détruire cette propriété magnétique persistante, il faut la *tuer* par le feu. Comme il dit, la couronne a besoin d'être portée au rouge pour cesser d'agir (1).

Le 19 avril 1892, j'ai assisté moi-même, dans le service du Dr Luys, au fait suivant, que je retrouve sommairement consigné dans mes notes et qui est peut-être celui auquel M. Luys fait allusion dans la citation précédente.

« Une couronne aimantée avait servi, quinze jours auparavant, au traitement d'un malade. Depuis ce moment, le malade était sorti de l'hôpital guéri ou à peu près guéri et la couronne enfermée dans un placard. On la mit sur la tête d'un sujet en léthargie hypnotique et le sujet prit les symptômes de la maladie et les dispositions psychiques que le sujet avait il y a quinze jours; la couronne les avait enregistrés et reproduits comme le phonographe enregistre et reproduit la voix.

« Le même phénomène se serait certainement produit si le malade était mort, de telle sorte qu'on aurait pu, par ce procédé, avoir une sorte d'évocation d'une personnalité qui ne serait plus de ce monde. »

---

(1) On peut également détruire les propriétés *mumiques* de la couronne en faisant tremper les deux pôles dans l'eau et j'ai constaté que l'eau se chargeait alors aux dépens de l'aimant et devenait ainsi active pour les sujets.

Le 25 décembre de la même année, et au même lieu, j'ai vu mettre une couronne aimantée d'abord sur la tête d'un chat, puis d'un sujet en état de réceptivité; puis d'un coq et d'un autre sujet également préparé. Dans les deux cas, les sujets ont pris les allures et le cri des animaux dont on leur avait transféré ainsi l'état psychique.

Dans le cas du coq, j'ai prié le Dr Luys de presser le point de la mémoire somnambulique du sujet réveillé (ayant perdu le souvenir de ce qui s'était passé dans son sommeil), et de lui demander à quoi il pensait lorsqu'il dormait; le sujet a répondu qu'il pensait à ses poules.

L'aimant serait donc une substance particulièrement propre à servir de mumie dans les maladies du système nerveux.

En tenant compte de nos idées modernes sur la constitution de la matière et des expériences rapportées dans le premier chapitre de cet ouvrage, on pourrait supposer que l'état vibratoire spécial aux effluves du malade modifie l'état vibratoire normal de l'aimant (1); puis que l'aimant, ainsi mis à l'unisson du malade, agit à son tour sur le sujet pour faire vibrer de la même manière son système nerveux.

On pourrait également supposer que l'aimant est un condensateur du fluide nerveux humain sur lequel il agit en l'absorbant ou le dissolvant pour le dégager ensuite quand les conditions ne sont plus les mêmes; c'est ainsi

---

(1) Je fis placer un jour la couronne aimantée sur la tête d'un enfant affligé de la danse de Saint-Guy. Le sujet voyant, Albert L..., prétendit que les effluves de la couronne qui, avant l'imposition, présentaient l'apparence de flammes régulières, avaient pris, après l'imposition, des mouvements saccadés.

que, d'après les expériences et suivant l'expression de Graham, le fer et le palladium *occlusent* l'hydrogène et que les colloïdes *occlusent* les gaz facilement liquéfiables.

Dans ces conditions, la guérison se ferait en soutirant peu à peu à chaque opération le fluide vicié, qui serait remplacé par du fluide pur fourni par le milieu ambiant.

Dans tous les cas, au point de vue curatif, il semble inutile d'opérer le transfert sur une autre personne; il suffirait de modifier l'état nerveux du malade soit par l'aimant, soit par toute autre substance capable d'agir comme mumie (1). C'est, en effet, ce qui a lieu.

« J'ai enlevé, dit M. Ochorowicz (*Suggestion mentale*, p. 182), le mal de tête à quelques centaines de personnes par une simple imposition des mains. Par ce moyen, vieux comme le monde, j'enlève un mal de tête 80 fois sur 100 dans l'espace de quelques minutes. »

Vers 1850, Cahagnet écrivait: « L'imposition de la main sur la partie malade fait disparaître par enchantement les engorgements. Quand la main a séjourné dix minutes sur un dépôt très enflammé, elle a fait l'effet d'un cataplasme en se chargeant du feu que cette partie contenait: on sent ce feu qui gagne l'avant-bras et le coude au point de devenir insupportable. Dans cet

---

(1) Si cette manière de voir est juste, on pourrait *revivifier* la couronne chaque fois qu'on s'en est servi, ainsi que je l'ai indiqué dans une note ou, plus simplement, chercher la mumie spéciale à chaque personne, ce qui constitue le principe de la métallothérapie; ou enfin se borner à *envelopper* la tête du malade *de linges mouillés* qu'on changerait fréquemment, l'eau étant une mumie pour presque tout le monde.

Ce sont là de simples déductions que je n'ai pas eu l'occasion de vérifier.

instant, si quelque incrédule doute de cette action de l'homme sur l'homme, on peut lui proposer de supporter cette main ainsi chargée, sur la joue (par exemple), l'y laisser le même temps qu'elle a été sur le mal; il ne tardera pas à reconnaître, à la douleur qu'il sentira en cet endroit, qu'il a eu tort de douter: vous avez déposé sur sa joue saine ce que le mal avait déposé dans votre main. » (*Guide du magnétiseur.*)

Dans le cas des nœvi ou taches de vin notablement diminuées par les passes d'aimant, il entrait probablement de la suggestion, et il est assez vraisemblable que la suggestibilité du malade pouvait être le résultat de l'équilibre nerveux qu'on établissait avec le sujet éminemment suggestible avec lequel on l'accouplait.

Du reste, tous ces phénomènes ont besoin d'être réétudiés avec méthode et dans le silence du cabinet au lieu d'être simplement constatés plus ou moins hâtivement dans une consultation d'hôpital, au milieu des causes d'erreur provenant des relations entre les sujets et des explications fournies au public par l'opérateur.

CHAPITRE VI

LES THÉORIES DE MAXWELL

I

Maxwell, dont on ne connaît que ce qu'il dit de lui-même dans le seul ouvrage qu'il ait laissé, peut être considéré comme le père du magnétisme animal: le Dr Thouret a montré, en effet, que les théories de Mesmer avaient été en partie puisées dans celles de Maxwell (1).
Où ce dernier avait-il pris les siennes? C'est ce qu'il est plus difficile de déterminer. Ses idées sur la matière première, sur la formalité des êtres et l'influence des astres, dérivent nettement de la doctrine thomiste qui régnait dans l'école au moment où il écrivait; mais, pour tout ce qui regarde la théorie des *mumies*, il est allé plus loin que Paracelse (1493-1541) et Van Helmont (1577-1634) qui l'ont précédé de quelques années. On peut supposer qu'en dehors de ses observations propres, il s'est aidé des révélations de quelques-uns de ces

---

(1) *Recherches et doutes sur le magnétisme animal.* Paris, 1784.

sujets lucides qui ont existé de tout temps; malheureusement, il a érigé en aphorismes de simples déductions plus ou moins logiques de faits réellement observés (1); de plus, il nous a présenté comme générales des lois qui, fussent-elles justes, ne pourraient s'appliquer qu'à des natures tout à fait exceptionnelles; aussi les expériences les plus simples (2) n'ont-elles point tardé à faire

---

(1) Maxwell a certainement été un expérimentateur en magnétisme, car il dit dans le chapitre XIII, développement de la conclusion XII, « Non satis tutum de his agere propter pericula. Ansam præbere potest luxuriosæ libidinis explendæ, vel maximam. Imo, si hæc conclusio clare explicaretur (quod avertat Deus), patres de filiabus, mariti de uxoribus, imo feminæ de semet ipsis certæ esse nequirent. » Et ailleurs: « Tibi animum ad nefanda non addam; si quidquam ex meis scriptis damnanda sequentia erueris, non propalabis (cap. XI)... cum enim hujus artis mirabilia viderim maximasque utilitates, tum etiam innumera mala ex debito usu vel incauto abusu... » (præfat.)

(2) Telles sont par exemple celles qu'il relate dans les chapitres XIV et XV du livre II: « Intestinorum fecibus, ut capite superiore dictum est, omnes intestinorum morbi; purgatur etiam corpus, et fluxus inducitur, excitantur et curantur ani vitia et multa alia perficiuntur, quæ tu proprio ex periculo, si sedulus est, invenies. Quanto applicatur ulcera antiqua, carcinomata, fistulasque curare possunt. Imo, quod pro secreto magno apud quosdam conservatur, unguenti armarii vires sine omni prœparatione eleganter subplent. Tum vero ex homine sano, robustique corporis eligendæ sunt, ne imbecillioribus nocumentum ille apparatus inferat. Fecibus hisce herbis salutaribus adhibitis, multa commoda transplantatione inferri possunt.

« Hanc ex multis causam unam puto, cur rustici et qui rure habitant, salubriores longioresque nobilibus et civibus dies degant: hi enim capsulis feces reconditas vel putrescere sinunt, vel in loco insalubri projiciunt: illi autem terræ eosdem mandantes, herbis salubribus, transplantatione mediante a languoribus immunes maxima pro parte vitam agunt.

« A morbidorum excrementis in genere supra cavere jussimus; hic vero particulatum consilium dare libet, nempe, ut in locis, ubi ægrota alvum exonaverint, feces non deponas tuas: sic enim multa mala nonnunquam inferuntur; cognovimus enim quosdam tetro odore læsos; alios, licet odorem non perciperint, cum in eodem loco feces deposuerint, in quo prius fluxu correptus idem fecerat, statim fluxu correptos, nulla alia caussa procatarctica præcedente.

considérer comme un tissu de rêveries un livre qui, cependant, contient des vues très remarquables. J'ai pensé qu'il ne serait pas sans intérêt de l'analyser ici, d'autant plus qu'il est extrêmement rare et qu'il n'a jamais encore été traduit en français.

II

Le livre de Maxwell est intitulé: *De medicina magnetica libri III, in quibus tam Theoria quam Praxis continetur; auctori Guillelmo Maxvello, D. D. Scoto-Britano. Francofurti,* MDCLXXIX.

« Caussa vero hujus tam mirabilis rei ex superioribus satis patet, ab iisque petenda, nec hic repetenda.

« Præterea cavendum est ne feces super herbas malignas exuberantes sive violenter purgantes deponamus; hisce enim sæpius, caussa latente, dysenteria periculosa inducitur, quæ vix nisi herbis putrefactis, ullis medicamentis cedit. Denique in locis inimicis pervils hæc excrementa deponere inconsultum est. Quem dolorem carbo accensus cum spiritu vini sale mixto in hisce excrementis immissus causset, nulli non notum est... Urina... habet cum hepate, renibus et vesica, magnam affinitatem; per has namque partes transit; propterea de horum partium morbis per urinam judicant medici...

« Unum tamen mirum experimentum hic addam quod tale est. Si in vesica suilla cujuscumque urina ponatur, atque vesica orificium diligenter claudatur, et in camino suspendatur, lotium illius, cujus urina inibi est, tam valide retinet, ut nullo modo, nullisque remediis auxiliis mingere in æternum poterit, nisi ex vesica suilla suspensa lotium, quod impositum erat, dematur...

« Cavendum ergo imprimis est, ne pueri in ignem mingant: sæpe enim, illa mictione (nutricum constans affirmatio est) dolorem nephreticum sibi pariunt, alioque plurima mala hinc oriuntur. Nec equidem super herbas venenosas acres et violenter urinam venenosa qualitate cientes mingere convenit; hoc enim modo exulceratio renum et vesica acquiretur. Nec ergo quidem in matula ubi quis, fœtido harum partium morbo laborans primo minxerit, urinam redderem, et lotium meum, mixta ejus urina, fermentationi darem. »

Il se compose de plusieurs parties:

Un Avant-Propos de l'éditeur Georgius Francus, daté de Heidelberg le 17 septembre 1678. Il débute par cette belle pensée de Sénèque: *Nobilis et inquieta mens homini data est. Nunquam se tenet: spargitur, et cogitationes suas in omnia nota atque ignota dimittit, vaga et quietis impatiens et novitate rerum lœtissima; quod non miraberis, si primam ejus originem adspexeris: non solum terreno et gravi concreta corpore. Ex illo cœlesti spiritus descendit. Cœlestium enim natura semper in motu est.* (Consolatio ad Helviam, cap. vi.)

Le Dr Francus ajoute qu'il a été vivement sollicité, depuis plusieurs années, de publier les œuvres de Maxwell; qu'il s'était mis pour cela en rapport avec Henricus Oldenburgius, secrétaire de la Société royale d'Angleterre, mais que des maladies et des occupations professionnelles ne lui avaient encore permis de mettre au jour que ce petit volume.

Vient ensuite une Préface où Maxwell lui-même explique que l'amour de la vérité et le désir du bien public ont seuls pu le décider à exposer des opinions si contraires à celles qui ont cours et à produire une œuvre qui, à sa connaissance, n'avait jamais été tentée avant lui. Pauvre et très occupé, ce n'est que grâce au très noble, très illustre et très docte chevalier Edmond Stufford qu'il a pu faire imprimer ce premier ouvrage, mais il espère que la générosité d'un Mécène et ses propres travaux lui permettront de faire connaître un jour, pour le bien public, des choses encore plus admirables.

« Si, dit-il en terminant, tu ne sais que la philosophie vulgaire enseignée dans les écoles, et si, médecin, tu ne connais que Galien, je te prie de t'abstenir de la lecture de ce traité. Les sophismes te suffisent-ils, la philologie te plaît-elle, te réjouis-tu à te discuter sur les impossibilités et les chimères? Je me suis abstenu de tout cela. Ne m'occupant que des choses utiles et nécessaires, je n'ai rien de commun avec tes habitudes, je n'ai pas entrepris ce travail pour toi et je ne me suis pas proposé de révéler les arcanes à toi et aux tiens; que ces pages soient dédiées à des Muses plus indépendantes... »

Le LIVRE Ier se compose de douze *Conclusions* que je reproduirai plus loin avec quelques explications en notes.

Le LIVRE II est consacré à l'application pratique de ces conclusions et composé de 20 chapitres dont voici les titres:

Chap. Ier. — *Des choses qui sont nécessaires au médecin pour aborder la pratique de la médecine magnétique.*

Chap. II. — *Des choses qui purgent et de la purgation.*

Chap. III. — *De la phlébotomie.*

Chap. IV. — *Des cautères.*

Chap. V. — *Des médicaments réconfortants.*

Chap. VI. — *Du choix des remèdes qui doivent être employés dans cet art.*

Chap. VII. — *Du temps où il faut choisir et appliquer ces remèdes.*

Chap. VIII. — *De la manière dont il faut appliquer ces remèdes pour amener la santé dans un corps malade.*

Chap. IX. — *Dans lequel on traite de la transplantation et des diverses manières dont elle s'accomplit.*

Chap. X. — *Des manières dont se fait l'application à nud.*

Chap. XI. — *Dans lequel on traite du* MAGNÈS (de Magnete) *nécessaire dans cet art et où l'on en publie plusieurs descriptions jusqu'ici très peu connues.*

Chap. XII. — *De l'usage de l'aimant dans cet art.*

Chap. XIII. — *Des* MÉDIUMS (De Mediis) *avec lesquels on effectue des cures dans cet art sans avoir recours au magnès.*

Chap. XIV. — *Des excréments rendus par l'anus.*

Chap. XV. — *De l'urine.*

Chap. XVI. — *De la sueur et de la transpiration insensible.*

Chap. XVII. — *Des poils.*

Chap. XVIII. — *Des rognures d'ongles et des dents.*

Chap. XIX. — *De la salive et de la mucosité nasale.*

Chap. XX. — *Du sang et du pus.*

Ce deuxième livre se termine par cent APHORISMES dont beaucoup sont encore des énigmes pour nous.

Le LIVRE III devait se composer de l'application de la méthode, dans tous ses détails magnétiques et astrologiques, aux diverses maladies; mais Maxwell dit que, distrait par des soucis privés, il ne peut en donner qu'un seul exemple qui porte sur le mal de tête; et cet exemple comporte neuf pages dont la lecture, fort peu compréhensible, est tout à fait propre à donner le mal que l'auteur veut guérir.

III

LES CONCLUSIONS DE MAXWELL

I. — L'âme (1) n'est pas seulement dans son propre corps visible, mais elle est aussi en dehors du corps et n'est pas circonscrite par le corps organique.

II. — L'âme opère en dehors de ce qu'on appelle son propre corps.

III. — De tout corps s'échappent des rayons corporels dans lesquels l'âme opère par sa présence et auxquels elle donne l'énergie et la puissance d'agir. Ces rayons ne sont pas seulement spéciaux au corps, mais encore aux diverses parties du corps. (*Sunt vero radii hi non solum corporales, sed et diversarum partium.*)

IV. — Ces rayons qui sont émis par les corps des animaux ont de l'affinité avec l'ESPRIT VITAL (2) (*spiritu*

---

(1) « Le monde animé est l'âme première et suprême par l'intelligence qui possède en elle les raisons séminales de toutes choses. Ces raisons qui proviennent de la splendeur des idées du premier intellect sont comme les instruments par lesquels ce grand corps est gouverné et comme les chaînons de la chaîne d'or de la Providence.

« Pendant que les opérations de l'âme poursuivent leur cours, le corps est engendré, c'est-à-dire qu'il est produit par la puissance de l'âme et formé d'une façon diverse suivant son imagination. C'est de là que vient la puissance dominatrice qu'elle a sur le corps et qu'elle ne pourrait avoir si celui-ci n'en dépendait entièrement et pleinement. » (*Aphorismes* I et II.)

Maxwell définit ailleurs *l'imagination* du monde : « la force qui inspire dans la matière les raisons séminales. »

(2) « Pendant que l'âme se fabrique un corps, il se produit en outre un troisième quelque chose qui sert de milieu (*médium*) entre les deux, qui unit plus intimement l'âme au corps et au moyen duquel se répartissent toutes les opérations des choses naturelles. Ce quelque chose est appelé *l'esprit vital*.

« Les opérations naturelles des choses sont réparties par cet es-

vitali gaudent) par lequel s'effectuent les opérations de l'âme (1).

V. — Les excrétions des corps des animaux retiennent

---

prit dans leurs propres organes, suivant la disposition de l'organe.

« La disposition de l'organe dépend d'abord et principalement de l'intelligence qui dispose de tout; deuxièmement, de l'âme du monde qui s'est formé un corps suivant les raisons séminales des choses; troisièmement, de l'esprit universel qui maintient les choses dans l'état où elles sont... » (*Aphorismes* III à V.)

« L'esprit vital universel, descendant du ciel pur, clair et sans tache est le père de l'esprit vital particulier existant dans chaque chose; c'est lui qui le procrée et multiplie dans le corps; c'est de lui que les corps tiennent le pouvoir de se propager.

« Cet esprit découle perpétuellement du ciel et y remonte, et dans ce flux perpétuel, il reste sans tache; c'est pour cela qu'il peut, par un artifice habile, et en modes admirables, être uni à une chose quelconque et en augmenter la vertu... » (*Aphorismes* XVIII et XXIX.)

Ailleurs Maxwell revient sur cette idée en ces termes: « Cette matière si subtile s'échappe successivement et continuellement de tout mixte sous forme d'un effluve ou de rayons projetés, et une autre substance semblable, mais nouvelle, arrive frapper ces mêmes mixtes; de là résultent nécessairement, par ce flux et ce reflux, des régénérations et des destructions. »

« Les emplâtres et les onguents, dit Agrippa, qui font ensemble les vertus des choses naturelles et des choses célestes sur notre esprit, peuvent multiplier, changer, transformer notre esprit autrement, et attirer sa transposition, par la forme de celles dont ils sont composés, de manière qu'il ne puisse pas seulement agir sur son propre corps, mais sur celui qui est proche de lui, et lui donner cette qualité par les rayons visuels, par les sortilèges et par les attouchements. *Or, notre esprit étant une vapeur de sang subtile, pure, brillante, aérée et onctueuse*, c'est pour cela qu'il est bon de composer ces emplâtres et ces onguents de semblables vapeurs qui aient plus de rapport en substance avec notre esprit, l'attirent plus par leur ressemblance et le transforment. » (*La philosophie occulte*, liv. I, ch. XLI.)

(1) Maxwell, dans son deuxième livre, développe ainsi qu'il suit ses conclusions V, VI et VII:

« Aucun médecin ne niera, je suppose, que les excrétions des animaux retiennent une portion de l'esprit vital. En effet, les choses qui séjournent longtemps dans le corps s'imprègnent de cet esprit et s'y unissent à tel point qu'ils interceptent les rayons émis par les parties les plus nobles du corps; bien plus, ces excrétions, ayant subi une sorte de coction, deviennent plus semblables aux corps

une portion de l'esprit vital; aussi ne peut-on leur refuser une vie. Et cette vie est de même espèce que la vie de l'animal, c'est-à-dire qu'elle provient de la même âme.

VI. — Entre le corps et les excrétions du corps, il y

---

dans lesquels elles ont été digérées, et c'est pour cela qu'elles attirent les rayons avec les esprits plus évidemment que quoi que ce soit participant moins à une telle digestion ou ressemblance, et l'esprit s'y insinue bien plus volontiers.

« Du reste, nous voyons une expérience commune qui prouve cela même.

« Est-ce qu'un trop grand flux d'un excrément quelconque n'entraîne pas de pénibles symptômes, la faiblesse et enfin la mort, non pas tant parce qu'il retranche la nourriture que parce qu'il épuise l'esprit? Et encore comment l'écoulement de l'eau des hydropiques par une blessure entraînerait-il la faiblesse et la mort si ce n'est parce que l'eau s'échappant chargée de ses esprits entraîne avec elle une trop grande quantité d'esprits et en un temps trop court pour que le corps puisse le supporter. De même pour les abcès intérieurs où la grande quantité de pus remplit la cavité du thorax; si le pus, par l'incurie des chirurgiens, s'écoule à la fois tout entier, on voit survenir la mort ou tout au moins une dangereuse débilité précisément pour la même cause.

« Le corps en effet ne peut subsister longtemps, s'il n'est rempli de toute part, de cet esprit dans des proportions requises. Cet esprit est nourri par le ciel, grâce à l'intermédiaire de l'air et par l'esprit vital de l'aliment, aussi longtemps que le corps persiste dans la symétrie qui lui convient.

« Donc, toutes les choses qui sortent, de quelque façon que ce soit, du corps des hommes ou des bêtes, soit naturellement, soit par la force de la maladie, sont imprégnées de l'esprit vital et ont une vie commune avec le corps, comme il sera dit plus tard.

« De là résulte qu'étant plus semblables aux corps dont elles sortent, qu'à des choses qui n'ont jamais été dans un corps, elles impriment rapidement à un corps semblable les qualités qu'elles ont empruntées au corps. C'est pourquoi il faut prendre grand soin que les excréments, ou le pus, ou le sang corrompu, ou toutes choses semblables qui se produisent pendant les maladies contagieuses restent sans être brûlées; elles pourraient en effet servir à produire de grands maux si elles tombaient par hasard entre les mains d'initiés malhonnêtes. Mais, si la crémation des corps, à la mode antique, n'est pas permise, les magistrats doivent au moins veiller à ce que les sépultures se fassent très profondément dans des lieux éloignés

a un certain lien (*concatenatio quædam*) d'esprits ou de rayons, même quand les excrétions sont fort éloignées du corps (1). Il en est de même pour les parties séparées du corps et pour le sang.

VII. — Cette vitalité ne dure que tant que les excrétions ou les parties séparées ou le sang ne sont pas changés en autre chose.

---

du pâturage des troupeaux et aussi humides que possible, car les maux les plus graves sont la conséquence de sépultures superficielles et faites avec négligence. Pour moi, j'attribue surtout à cette cause les ravages extraordinaires causés par les pestes à Londres dans ces dernières années; je crains en effet que ceux à qui le soin des sépultures était confié n'aient accompli trop négligemment l'inhumation au commencement. Je pourrais louer ici les rites funèbres des anciens et apporter des raisons probantes pour cette louange, mais il s'est établi d'autres usages que ma raison ne ferait pas changer. Cependant, il convient que les magistrats ne montrent point de négligence dans une affaire de cette importance.

« Il n'est pas douteux que les excrétions sont reliées par des rayons réciproques au corps, et principalement aux parties dont ils sont sortis le plus immédiatement. De là des conclusions nombreuses et variées que nous exposerons dans le cours de l'ouvrage; ici j'ai pensé qu'il suffirait de dire en peu de mots que c'était de cette liaison que dépendait toute la médecine magnétique... Nous avons dit que cette liaison n'était pas rompue par une séparation même très lointaine... car, comme cette liaison de l'âme, elle s'étend selon la puissance de l'âme... Ces rayons s'étendent très loin et agissent sur nous de bien des manières, sans que nous le sachions; nous sommes affectés de différentes façons par leur lésion, ignorant la cause de nos maladies. C'est pourquoi, dans toutes les maladies, il faut rectifier, réconforter et multiplier cet esprit; c'est ainsi que toutes les maladies seront facilement guéries; c'est ce que nous livrons surtout aux réflexions des médecins. Personne ne niera que ce que nous avons déjà dit des excrétions et des parties séparées du corps ne convienne aussi au sang... dans lequel la sainte écriture place le siège de l'âme, — car c'est lui qui possède la plus grande quantité d'esprit vital et qui nuit le plus facilement par un trop grand écoulement. »

(1) « Qu'est-ce que ce lien (*hæc concatenatio*)? C'est une émission perpétuelle de rayons qui sortent d'un corps pour entrer dans l'autre, et réciproquement; je dois dire ici en peu de mots que c'est de ce lien que dépend toute la médecine magnétique. » (Chap. VII).

VIII. — Il suffit qu'une partie du corps soit affectée, c'est-à-dire que son esprit soit lésé, pour que les autres deviennent malades (1).

IX. — Si l'esprit vital est fortifié dans quelque partie, il est fortifié par la même action dans tout le corps (2).

X. — Là où l'esprit est plus à nu, là il est plus rapidement affecté (3).

---

(1) « Les maladies n'apartiennent point essentiellement au corps; mais il n'en est aucune qui ne dépende de l'affaiblissement ou de l'expulsion de l'esprit vital. Il n'est point aussi d'indisposition qui puisse subsister longtemps lorsque cet esprit est dans toute sa vigueur; c'est lui qui dissipe tous les maux; c'est lui qui constitue la nature dont les médecins ne sont ou du moins ne doivent être que les aides. De là on doit conclure à la possibilité d'une médecine universelle. » (*Développement de la Conclusion VIII.*)

(2) Dans le développement de la Conclusion IX (p. 42), Maxwell dit que si l'esprit vital de l'homme se fortifie en un point, il se fortifie tout entier parce qu'il est d'une nature *ignée et céleste*. « Cette réconfortation, ajoute-t-il, se répand aussitôt sur toute l'étendue de l'esprit, car il est impossible qu'une chose si agile, si spirituelle, si lumineuse, si éthérée, éprouve quelque chose en une de ses parties qu'elle ne l'éprouve aussitôt partout. » Et plus loin (p. 45), à propos de la Conclusion X: « Bien que l'esprit vital considéré en lui-même n'ait pas de parties hétérogènes et soit tout entier et partout, comme la lumière, très semblable à lui-même, cependant, quand il est uni à un corps, il varie suivant les parties du corps à cause de certaines adjonctions... C'est pourquoi les rayons qui proviennent d'une tête malade contiennent un esprit modifié comme celui de la tête par cette disposition. Aussi faut-il prendre l'esprit nu affecté par les dispositions de la tête, quand la racine de la maladie est dans la tête et lui appliquer des remèdes. »

(3) « Rien de ce qui est matériel n'a en lui d'énergie, à moins qu'il ne serve en quelque sorte d'instrument ou de forme à cet esprit; ce qui est complètement matériel est complètement passif.

« Si tu veux produire de grands effets, enlève le plus possible de la matière aux choses, ou ajoute de l'esprit à la matière, ou excite l'esprit assoupi. A moins que tu ne fasses quelqu'une de ces choses ou que tu ne saches unir *l'imagination* de l'âme du monde à une imagination qui s'efforce déjà de se transformer, tu ne feras jamais rien de grand.

« Il est impossible d'enlever cet esprit tout entier à quoi que ce

XI. — Dans les excrétions, dans le sang, etc., l'esprit n'est point aussi immergé que dans le corps; c'est pour cela qu'il y est plus rapidement affecté.

---

soit, car c'est le lien qui retient les choses pour qu'elles ne retombent pas dans la matière première ou dans le néant.

« Cet esprit se trouve quelque part, ou plutôt partout, presque libre de corps, et celui qui sait l'unir avec le corps convenable possède un trésor qui doit être préféré à toutes les richesses du monde.

« Cet esprit se sépare, autant qu'il est possible, du corps au moyen de la fermentation ou encore par l'attraction par un frère libre (un autre esprit libre) ».

(*Aphorismes* VI à X.)

« Un esprit est évoqué par un esprit frère quand il est trop exposé à son action (*eidem nimium expositus*).

« Dans certaines choses, il ne peut être évoqué par un frère à cause de son étroite union avec le corps, mais il attire ce frère et se fortifie ainsi étonnamment.

« La fermentation est l'action de la chaleur sur l'humide par laquelle l'humeur s'échauffe et est soumise à l'esprit; ou bien encore l'effet de l'esprit circulant dans le corps parce qu'il ne peut rester immobile à cause de la propriété effluvante (*fluxibilatem*) de la matière (les vibrations des molécules du corps?)

« Celui qui, en se servant de l'esprit universel, peut exciter l'esprit particulier d'une chose quelconque jusqu'à la fermentation naturelle et ensuite calmer les tumultes naturels en répétant l'opération, celui-là peut faire croître les choses en puissance jusqu'au miracle. C'est le plus grand secret des philosophes.

« Qui ne sait, avec l'aide de la fermentation, faire jaillir de toutes choses l'esprit aussi pur que cela peut se faire par l'art? Mais presque tous le font sans fruit de multiplication, parce qu'ils ne savent pas unir le frère au père.

« Tout ce qui est fermenté agit plus fortement parce que, dans les choses fermentées, les esprits se trouvent plus libres.

« Les choses restent dans cet état de nature tant qu'elles possèdent assez d'esprit pour accomplir ces opérations qui leur sont assignées.

« On voit clairement par là quelle est la cause naturelle de la fin des choses. Toutes tendent à leur maturation comme à leur perfection; et à peine sont-elles mûres que déjà l'esprit commence à extérioriser (*exserere*) ses forces et qu'en agissant il se dissipe et s'évanouit, ce qui finit par causer la mort.

« Celui qui pourrait s'emparer de cet esprit qui s'évanouit et l'appliquer soit au corps dont il sort, soit à un corps de même espèce, ferait des choses admirables.

XII. — Le mélange des esprits produit la sympathie, et de cette sympathie naît l'amour (1).

« C'est de cette source que sont sortis tous les philtres naturels. En effet, un esprit imbu des qualités d'un autre corps produit facilement dans les corps de même espèce une ressemblance réelle qui est une violente crise d'amour.

« Les choses les plus aptes à saisir au passage cet esprit particulier sont celles qui ont la plus grande ressemblance avec les parties de l'union la plus naturelle, ou qui, appliquées à un corps vigoureux, deviennent plus florissantes par un tel contact. Cela doit s'entendre du corps des animaux et surtout du corps humain où les philtres sont surtout appliqués.

« Là où l'esprit d'un corps marié aux qualités de ce corps se communique à un autre corps, il se crée une certaine sympathie à cause du flux et du reflux mutuel des esprits vers leur propre corps. »

(*Aphorismes* XLIX à LX.)

(1) Voir la note P (Le philtre de Marie de Clèves).

NOTES

NOTE A

LES THÉORIES DE L'ÉCOLE
LA MÉTHODE ET LES HYPOTHÈSES NOUVELLES

Bornons ce respect que nous avons pour les anciens. Comme la raison le fait naître, elle doit aussi le mesurer; et considérons que, s'ils fussent demeurés dans cette retenue de n'oser rien ajouter aux connaissances qu'ils avaient reçues, ou que ceux de leur temps eussent fait la même difficulté de recevoir les nouveautés qu'ils leur offraient, ils se seraient privés eux-mêmes, et la postérité, du fruit de leurs inventions.

Comme ils ne se sont servis de celles qui leur avaient été laissées que comme de moyens pour en avoir des nouvelles, et que cette heureuse hardiesse leur avait ouvert le chemin aux grandes choses, nous devons prendre celles qu'ils ont acquises de la même sorte, et, à leur exemple, en faire les moyens, et non pas la fin de notre étude, et ainsi, tâcher de les surpasser en les imitant.

Car, qu'y a-t-il de plus injuste que de traiter les anciens avec plus de retenue qu'ils n'ont fait pour ceux qui les ont précédés, et d'avoir pour eux ce respect inviolable qu'ils n'ont mérité de nous que parce qu'ils n'en ont pas eu un pareil pour ceux qui ont eu sur eux le même avantage?

Les secrets de la nature sont cachés; quoiqu'elle agisse

toujours, on ne découvre pas toujours ses effets ; le temps les révèle d'âge en âge et, quoique toujours égale en elle-même, elle n'est pas toujours également connue.

Les expériences qui nous en donnent l'intelligence multiplient continuellement, et, comme elles sont les seuls principes de la physique, les conséquences multiplient à proportion (1).

C'est de cette façon que l'on peut aujourd'hui prendre d'autres sentiments et de nouvelles opinions sans mépriser les anciens et sans ingratitude, puisque les premières connaissances qu'ils nous ont données ont servi de degré aux nôtres, et que, dans ces avantages, nous leur sommes redevables de l'ascendant que nous avons sur eux ; parce que, s'étant élevés jusqu'à un certain degré où ils nous ont portés, le moindre effort nous fait monter plus haut, et, avec moins de peine et moins de gloire, nous nous trouvons au-dessus d'eux. C'est de là que nous pouvons découvrir des choses qu'il leur était impossible d'apercevoir. Notre vue a plus d'étendue, et quoiqu'ils connussent aussi bien que nous ce qu'ils pouvaient remarquer de la nature, ils n'en connaissaient pas tant néanmoins, et nous voyons plus qu'eux.

Cependant, il est étrange de quelle sorte on révère leurs sentiments. On fait un crime de les contredire et un attentat d'y ajouter, comme s'ils n'avaient pas laissé de vérités à connaître.

PASCAL.

La philosophie a ses essais et ses contradictions. Tantôt nous voulons que tous les hommes se ressemblent malgré la différence des temps et des climats ; tantôt nous nous croyons seuls capables de certains efforts : *la vraie lumière n'a lui que depuis que nous vivons*. On confond les temps anciens différemment éloignés du berceau du monde ; et si on leur fait grâce de la stupidité, on n'y voit qu'ignorance et ténèbres.

---

(1) Pascal a exprimé ailleurs la même idée en employant une belle image : « La connaissance humaine est pareille à une sphère qui grossirait sans cesse ; à mesure qu'augmente son volume, grandit le nombre de ses points de contact avec l'inconnu. »

Mais l'ignorance est en nous qui les connaissons mal : les ténèbres sont celles de la distance qui brunit les objets en les rapetissant. L'estime de nous-mêmes nous trompe : nous nous croyons au haut de l'échelle, nous n'y sommes pas ; nous croyons également que personne n'y est monté avant nous, parce que le temps qui fait disparaître les humains efface aussi leurs traces pasagères.

BAILLY.

Je ne saurais approuver le mystère dont s'enveloppent les savants sérieux qui vont assister aujourd'hui à des expériences de somnambulisme. Le doute est une preuve de modestie qui a rarement nui au progrès des sciences. On n'en pourrait dire autant de l'incrédulité. *Celui qui, en dehors des mathématiques pures, prononce le mot* IMPOSSIBLE, *manque de prudence.* La réserve est surtout un devoir quand il s'agit de l'organisation animale.

ARAGO.

On a souvent dit que, pour faire des découvertes, il fallait des ignorants. Cette opinion, fausse en elle-même, cache cependant une vérité. Elle signifie qu'il vaut mieux ne rien savoir que d'avoir dans l'esprit des idées fixes, appuyées sur des théories dont on choisit toujours la confirmation, en négligeant tout ce qui ne s'y rapporte pas. Cette disposition d'esprit est des plus mauvaises, et elle est éminemment opposée à l'invention. En effet, *une découverte est, en général, un rapport imprévu, et qui ne se trouve pas compris dans la théorie, car sans cela il serait prévu.* Un homme ignorant, ne connaissant pas la théorie, serait, en effet, sous ce rapport, dans de meilleures conditions d'esprit ; la théorie ne le gênerait pas et ne l'empêcherait pas de voir des faits nouveaux que n'aperçoit pas celui qui est préoccupé d'une théorie exclusive. Mais hâtons-nous de dire qu'il ne s'agit point ici d'élever l'ignorance en principe. Plus on est instruit, plus on possède de connaissances antérieures, mieux on aura l'esprit disposé pour faire des découvertes grandes et fécondes. Seulement, il faut garder la liberté d'esprit et croire que, *dans la nature, l'absurde, suivant nos théories, n'est pas toujours impossible...*

Je pense qu'il n'y a pour l'esprit qu'une manière de raisonner, comme il n'y a pour le corps qu'une seule manière de marcher. Seulement, quand un homme s'avance, sur un terrain solide et plan, dans un chemin direct qu'il connaît et voit dans toute son étendue, il marche vers son but d'un pas sûr et rapide. Quand, au contraire, un homme suit un chemin tortueux et un chemin accidenté et inconnu, il craint les précipices et n'avance qu'avec précaution et pas à pas. Avant de procéder à un second pas, il doit s'assurer que le pied placé le premier repose sur un point résistant, puis s'avancer ainsi en vérifiant à chaque instant par l'expérience la solidité du sol et en modifiant toujours la direction de sa marche suivant ce qu'il rencontre. Tel est l'expérimentateur, qui ne doit jamais, dans ses recherches, aller au delà du fait, sans quoi il risquerait de s'égarer...

La situation du naturaliste est bien différente de celle du mathématicien ; la proposition générale à laquelle il est arrivé ou le principe sur lequel il s'appuie reste relatif et provisoire parce qu'il représente des relations complexes qu'il n'a jamais la certitude de pouvoir connaître toutes. Dès lors, son principe est incertain puisqu'il est inconscient et non adéquat à l'esprit ; dès lors, les déductions, quoique très logiques, restent toujours douteuses, et il faut nécessairement alors invoquer l'expérience pour contrôler la conclusion de ce raisonnement déductif.

Cette différence entre les mathématiciens et les naturalistes est capitale au point de vue de la certitude de leurs principes et des conclusions à en tirer ; mais le mécanisme du raisonnement déductif est exactement le même pour les deux. Tous deux partent également d'une proposition ; seulement, le mathématicien dit : *Ce point de départ étant donné,* tel cas particulier en résulte nécessairement. Le naturaliste dit: *Si ce point de départ était juste,* tel cas particulier en résulterait comme conséquence.

Claude Bernard.

Les faits que nous disons surnaturels répondent à deux conditions différentes: d'abord nous n'en connaissons pas la cause, puis nous ne les voyons pas survenir communément. Tant que les hommes n'ont pas su expliquer les éclipses, ils y ont vu des faits surnaturels, puisque les éclipses représentaient une anomalie à l'ordre astronomique quotidien, et qu'aucune intelligence humaine n'en pénétrait la cause. Le surnaturel est devenu phénomène naturel, dès que notre ignorance de la cause a été dissipée.

Le fait de la chute d'une pierre n'est vraisemblable et ne nous semble naturel que parce qu'il se présente fréquemmnt. De par la connaissance intime des choses, il serait absolument surnaturel.

Charles Richet.

Des tentatives ont déjà été faites par sir W. Thomson et Maxwell pour réduire au mouvement l'ensemble des phénomènes magnétiques électriques et lumineux : étrange et compliquée est la constitution que ces physiciens sont obligés d'attribuer même aux diélectriques les plus simples, même à l'éther... Gardons-nous, cependant, de rire de la bizarre machine composée par Maxwell et par sir W. Thomson; peut-être sera-t-elle la vérité incontestable de demain, — en attendant qu'elle devienne l'erreur incontestée d'après-demain.

C'est qu'en effet, l'hypothèse dominante de la théorie admise et admirée par une génération était réputée pour une erreur manifeste par les hommes de la génération précédente; les hommes de la génération suivante la traiteront comme un témoignage de l'ignorance de leurs ancêtres. L'histoire de l'optique en est un continuel exemple; les penseurs du xviie siècle répudient avec dédain le système de l'émission; les savants du xviiie siècle sont pleins de confiance en ce système et de mépris pour le système des ondulations; les physiciens du xixe siècle reprennent ce dernier et s'étonnent qu'on ait pu considérer le premier comme une théorie sérieuse.

Lorsqu'une théorie nouvelle s'élève, on la voit, en peu d'années, multiplier ses découvertes et rendre compte des phénomènes jusque-là délaissés et incompris; puis, enhardie par ses premiers succès, elle s'imagine bientôt que les hypothèses sur lesquelles elle repose sont des certitudes, que sa représentation du monde extérieur est l'expression adéquate de la nature des choses ; mais, au premier échec, elle s'écroule de fond en comble, et les physiciens se hâtent d'en balayer les débris afin de faire place à une théorie qui ne s'élèvera, à son tour, que pour s'effondrer.

DUHEM.

Il semble que, jusqu'à la consommation des siècles, les mêmes préjugés doivent faire commettre les mêmes bévues. Hommes isolés ou corps constitués, l'expérience des autres est d'un médiocre profit. Nous nous faisons chacun un petit monde taillé sur le patron de notre cerveau et nous entendons que rien ne vienne déplacer les limites qu'il nous a plu de tracer aux puissances de la nature. Les plus grands savants ont de ces faiblesses ; les philosophes n'en sont pas exempts. Qu'on se rappelle ces professeurs de Pise qui, au nom de je ne sais quel principe de métaphysique basé sur le nombre sacré : *sept,* refusaient de croire aux découvertes, nouvelles alors, de Galilée. « Mais regardez au moins dans mon télescope avant de nier », leur dit-il. Au lieu de cela, ils lui tournèrent le dos et n'en persistèrent que mieux dans leurs négations.

Au siècle dernier, lorsqu'il fut de nouveau et très sérieusement question de la chutes d'aérolithes, Lavoisier crut fermer la bouche à jamais à ceux qui en admettaient la possibilité par cette réponse qu'il estimait péremptoire : « Il n'y a pas de pierres dans le ciel ; il ne peut donc pas en tomber sur la terre. »

La Nature, heureusement habituée dès longtemps à toutes les criailleries, aux spéculations trop souvent creuses des métaphysiciens, comme aux calculs étroits de certains hommes de science, continue invariablement sa route sans se mettre en peine des niaiseries débitées par ses détracteurs.

METZGER.

Chaque siècle est prématuré pour les découvertes qu'il ne voit pas naître, parce qu'il ne s'aperçoit pas de sa propre incapacité et des moyens qui lui manquent pour faire lesdites découvertes.

La répétition d'une même manifestation, en s'imprimant sur les cerveaux, prépare les esprits et les rend de moins en moins incapables de découvrir les lois auxquelles cette manifestation est soumise.

Quinze ou vingt ans suffisent pour faire admirer par tout le monde une découverte traitée de folie au moment où elle fut faite; maintenant encore, les sociétés académiques rient de l'hypnotisme et de l'homéopathie; qui sait si mes amis et moi, qui rions du spiritisme, nous ne sommes pas dans l'erreur précisément comme le sont les hypnotisés; grâce à l'illusion qui nous entoure, nous sommes peut-être incapables de reconnaître que nous nous trompons; et, comme beaucoup d'aliénés, nous plaçant à l'opposé du vrai, nous rions de ceux qui ne sont pas avec nous.

LOMBROSO.

Sans doute, certains savants ont étudié ces questions (*le magnétisme animal*) pour leur propre satisfaction; d'autres ne demandent qu'à se rendre à l'évidence et, tenant l'esprit ouvert, suspendent leur jugement; mais ce ne sont que des exceptions. La grande majorité, je crois être en droit de le dire, est hostile à ces recherches et délibérément opposée à leur discussion. Et cela, non pas après un examen prolongé, ce qui justifierait l'opposition, mais souvent sans examen du tout. Quelques supercheries dans des séances publiques, les artifices d'un charlatan, cela suffit pour décliner tout examen ultérieur.

Que des individus tiennent cette ligne de conduite, cela est, en somme, assez naturel, occupés et intéressés qu'ils peuvent être par d'autres recherches. Personne n'est tenu d'examiner toutes choses; mais il est d'usage, dans la plupart des branches de l'activité humaine, que ceux qui sont restés en dehors des recherches faites dans une spécialité s'en rapportent à ceux qui s'en sont occupés.

Lors de l'apparition de la théorie de Copernic, Galilée, quoique pleinement convaincu de la justesse de cette théorie, s'abstint de l'enseigner pendant quelques années, voulant, avant de soulever la tempête de controverses que ne pouvait manquer de provoquer l'abandon du système Ptolémée, attendre que sa situation universitaire fût mieux assise. La même prudence se retrouve aujourd'hui. Je connais des hommes qui hésitent à témoigner quelque intérêt (je ne veux pas dire à ajouter foi, ce serait prématuré) pour des phénomènes dont il s'agit, d'avoir conquis une situation incontestée par leurs travaux dans d'autres voies.

En matière scientifique, la prudence est nécessaire et le vrai progrès est lent; mais, je ne crains pas de le dire, cette hésitation que j'ai rencontrée chez beaucoup, en face de faits non orthodoxes, n'est pas d'accord avec les hautes traditions scientifiques.

Nous sommes, je suppose, un peu effrayés de ce que pensent les autres; nous tenons en grand respect les opinions de nos aînés et de nos maîtres, et, comme le sujet leur est désagréable, nous restons silencieux. Cette attitude expectante s'allie du reste fort bien avec la défiance que nous ressentons à l'égard de nos propres forces. Nous sentons bien que, au delà de nos connaissances actuelles, s'étend une vaste région en contact avec plusieurs branches déjà connues de la science, et qu'un esprit cultivé est à même d'aborder, mais nous savons aussi que, faute d'explorations scientifiques, des imposteurs se sont emparés de ce domaine depuis des siècles, et que, aujourd'hui, à moins d'une attention excessive, nous risquons, à nous y aventurer, de tomber dans quelque fondrière...

La barrière qui sépare les deux mondes (*spirituel et matériel*) peut tomber graduellement, comme beaucoup d'autres barrières, et nous arriverons à une perception beaucoup plus élevée de l'unité de la nature. Les choses possibles dans l'univers sont aussi infinies que son étendue. Ce que nous savons n'est rien comparé à ce qui nous reste à savoir. *Si nous nous contentons du demi-terrain conquis actuellement, nous trahissons les intérêts les plus élevés de la science.*

LODGE.

Je le soutiens, sans crainte de contradiction, chaque fois que les hommes de science, de quelque époque que ce soit, ont nié, d'après des bases *a priori*, les faits signalés par des inves-

brasser les déductions strictement logiques de leurs conséquences.

SIR JOHN HERSCHELL.

Une bonne expérience est plus précieuse que l'ingéniosité d'un cerveau, fût-ce celui de Newton. Les faits sont plus utiles, même quand on les conteste, que les théories reçues, même quand on les soutient.

SIR HUMPHRY DAVY.

Pour ce qui est de la question du Miracle, je puis seulement dire que le mot « impossible » n'est pas, à mon sens, applicable en matière de philosophie; que les possibilités de la Nature sont infinies. C'est là un aphorisme avec lequel j'ai coutume de harceler mes amis.

HUXLEY.

Le présomptueux scepticisme, qui rejette les faits sans les examiner s'ils sont réels, est, à quelques égards, plus blâmable qu'une crédulité irraisonnée.

HUMBOLDT.

Tenter des expériences sans suite et sans méthode, c'est marcher à tâtons; mais quand on les fait avec un certain ordre et en vue d'un certain but, c'est comme si l'on était guidé avec la main.

BACON.

Il faut supposer de l'ordre même entre les choses qui ne se suivent point naturellement les unes les autres.

DESCARTES.

Les hypothèses sont les poteaux indicateurs qui guident les travailleurs.

CROOKES.

Les idées préconçues soumises au contrôle sévère de l'expérimentation sont la flamme vivifiante des sciences d'obser-

ridiculisèrent le stéthoscope quand il fut découvert. Les opérations, exécutées sans douleur durant le coma mesmérique, furent déclarées impossibles et, partant, impostures. Mais l'un des cas les plus frappants, parce qu'il est un des plus récents de cette opposition (ou plutôt de ce refus de croire à des faits en contradiction avec la foi courante du jour, parmi les hommes qui peuvent généralement être accusés d'aller trop loin dans l'autre sens) est celui de la doctrine de l'Antiquité de l'homme... En cette occasion, les observateurs humbles et souvent inconnus avaient raison, et les hommes de science qui rejetaient leurs observations avaient tort. Les observateurs modernes de certains phénomènes, habituellement qualifiés de surnaturels ou d'incroyables, sont-ils moins dignes d'attention que ceux plus haut cités?

Sir Alfred Russel Wallace.

A chaque phase de son progrès, la science a coupé court aux questions par des solutions superficielles.

Spencer.

Avant que l'expérimentation elle-même puisse être employée avec fruit, il y a un stade préliminaire à franchir, lequel dépend purement de nous-même : c'est de dépouiller et laver sa pensée absolument de tout préjugé et de prendre la détermination de rester debout ou de succomber devant le résultat d'un appel direct aux faits en première instance, et d'em-

---

« Le pauvre Lamarck qui, à la fin de chacune de ces paroles brusques et offensantes de l'Empereur, essayait inutilement de dire : « C'est un ouvrage d'histoire naturelle que je vous présente », eut la faiblesse de fondre en larmes. »

Une scène à peu près semblable me fut faite par un général inspecteur m'engageant à donner ma démission parce qu'il « ne pouvait tolérer qu'on s'occupât de sciences occultes dans une école militaire ». Je me bornai à lui répondre que, comme son nom l'indique, l'Ecole Polytechnique n'était pas seulement une école militaire et que toutes les sciences avaient été occultes avant d'être découvertes ; mais, dès ce moment, je dus abandonner les expériences que j'avais instituées dans l'un des laboratoires de physique de l'établissement dans le but de définir la force psychique par les réactions réciproques qui peuvent s'exercer entre elles et les autres forces connues.

tigations de hasard, *ils ont toujours été convaincus de tort.*

Il n'est pas nécessaire de faire plus que de rappeler les noms universellement connus de Galilée, de Hervey, de Jenner. Les grandes découvertes qu'ils firent étaient, comme nous le savons, violemment contestées par tous leurs contemporains scientifiques, à qui elles semblaient absurdes et incroyables. Mais nous avons, beaucoup plus près de notre temps même, des exemples non moins frappants. Lorsque Benjamin Franklin présenta devant la Société royale le sujet des paratonnerres, il fut regardé comme un rêveur, et son mémoire ne fut pas admis dans les *Transactions philosophiques*. Lorsque Young apporta ses merveilleuses preuves de la théorie des ondulations lumineuses, il fut également hué comme inepte par les écrivains scientifiques vulgarisateurs de l'époque. La *Revue d'Edimbourg* somma le public de mettre Thomas Gray dans une camisole de force, parce qu'il soutenait la praticabilité des chemins de fer. Sir Humphry Davy pouffait à l'idée que Londres fût éclairé au gaz. Lorsque Stéphenson proposa d'employer les locomotives sur la voie ferrée de Liverpool à Manchester, des hommes instruits se mirent à prouver qu'il était impossible que ces machines pussent donner même 12 milles à l'heure. Une autre grande autorité scientifique déclara non moins impossible, pour les steamers de l'Océan, de jamais traverser l'Atlantique. L'Académie des sciences de France bafoua le grand Arago lorsqu'il voulut seulement discuter le sujet du télégraphe électrique (1). Des médecins

---

(1) Arago rapporte, dans l'*Histoire de ma jeunesse*, l'anecdote suivante:

« L'Empereur... passa à un autre membre de l'Institut. Celui-ci n'était pas un nouveau venu : c'était un naturaliste connu par de belles et importantes découvertes, c'était M. Lamarck. Le vieillard présente un livre à Napoléon.

« — Qu'est-ce que cela? dit celui-ci. C'est votre absurde *Météorologie;* c'est un ouvrage dans lequel vous faites concurrence à Mathieu Lænsberg, cet annuaire qui déshonore vos vieux jours; faites donc de l'histoire naturelle, et je recevrai vos productions avec plaisir. Ce volume, je ne le prends que par considération pour vos cheveux blancs... Tenez! » Et il passe le livre à un aide de camp.

vation ; les idées fixes en sont le danger. Rappelez-vous la belle phrase de Bossuet : « Le plus grand dérèglement de l'esprit, c'est de croire les choses parce qu'on veut qu'elles soient. »

PASTEUR.

La science expérimentale est essentiellement positiviste en ce sens que, dans ses conceptions, jamais elle ne fait intervenir la considération de l'essence des choses, de l'origine du monde et de ses destinées. Elle n'en a nul besoin. Elle sait qu'elle n'aurait rien à apprendre d'aucune spéculation métaphysique. Pourtant, elle ne se prive pas de l'hypothèse. Nul au contraire plus que l'expérimentateur n'en fait usage ; mais c'est seulement à titre de guide et d'aiguillon pour la recherche et sous la réserve d'un sévère contrôle.

CLAUDE BERNARD.

Il est bon d'aller de l'avant, par l'acte quand on le peut, mais toujours par la pensée. C'est l'espérance qui pousse l'homme et lui donne l'énergie des grandes actions ; l'impulsion une fois donnée, si on ne réalise pas toujours ce qu'on a prévu, on réalise quelque autre chose, et souvent plus extraordinaire encore. Qui aurait osé annoncer, il y a cent ans, la photographie et le téléphone ?

BERTHELOT.

NOTE B

EXTRAIT DU RAPPORT DE M. DE JUSSIEU SUR LE MAGNÉTISME ANIMAL.

Plusieurs malades, devant lesquels je promenais le doigt à un pouce de distance de leur corps, croyaient sentir un vent léger, tantôt chaud, tantôt froid, qui formait une traînée. Ce mouvement, continué le long des bras et de la jambe appuyés et au repos, les engourdissait quelquefois et y excitait ensuite des picotements plus ou moins vifs, surtout quand les membres étaient paralysés. La doctrine du magnétisme admet, dans les corps animés, des pôles directs qui ne doivent pas avoir d'action l'un sur l'autre, et des pôles opposés dont l'action réciproque est plus constante. Je n'ai pas toujours reconnu cette correspondance. On assigne encore au nouveau fluide un courant de haut en bas probablement pour lui faire subir l'action des nerfs regardés comme ses principaux conducteurs. Les expériences de meubles et de vases magnétisés, de sensations opérées par la réflexion des glaces, ne m'ont jamais paru assez satisfaisantes pour y attacher quelque valeur. Mais, placé à côté du baquet (*le baquet de Mesmer*), vis-à-vis une femme dont l'aveuglement, occasionné par deux taies fort épaisses, avait été, un mois auparavant, constaté par les commissaires, je la vis entrer d'un pas fort tranquille, et, pendant un quart d'heure, paraissant plus occupée du fer du baquet dirigé vers ses yeux, que de la conversation des autres malades. Dans le moment où le bruit des voix était suffisant pour mettre son ouïe en défaut, je dirigeai, à la distance de six pieds, une baguette sur son estomac, que je savais très sensible. Au bout de trois minutes, elle parut inquiète et agitée ; elle se retourna sur sa chaise et assura que quelqu'un placé derrière elle ou à côté d'elle la magnétisait, bien que j'eusse pris auparavant la précaution d'éloigner tous ceux qui auraient pu rendre l'expérience douteuse. Quinze minutes après, saisissant les mêmes circonstances, je renouvelai l'épreuve qui offrit exactement le même résultat. Toutes les précautions prises en pareil lieu n'avaient point été négligées. J'étais assuré que la malade n'avait retiré d'autres avantages de son traitement, que d'entrevoir confusément certains objets à trois ou quatre pouces de distance... Les moindres mouvements magnétiques faisaient sur une autre malade une impression si vive, que lorsqu'on promenait plusieurs fois le doigt à un demi-pied de son dos, *sans qu'elle pût le prévoir*, elle était prise sur-le-champ de mouvements convulsifs et de soubresauts répétés qui lui annonçaient l'action exercée, et duraient autant que cette action... Si on agitait à l'insu des malades le doigt sur leur tête ou le long de leur dos, sans les toucher, et même à quelque distance, ils sautaient souvent avec vivacité, en tournant la tête pour voir la personne placée derrière eux... Ces faits sont peu nombreux et peu variés, parce que je n'ai pu citer que ceux qui étaient bien vérifiés et sur lesquels je n'avais aucun doute. *Ils suffiront pour faire admettre la possibilité ou existence d'un fluide ou agent qui se porte de l'homme sur son semblable et exerce quelquefois sur ce dernier une action sensible.*

NOTE C

EXTRAIT DU RAPPORT ANNUEL SUR LES PROGRÈS DE LA CHIMIE PRÉSENTÉ LE 31 MARS 1846 A L'ACADÉMIE DES SCIENCES DE STOCKHOLM, PAR BERZÉLIUS, SECRÉTAIRE PERPÉTUEL.

Chimie animale.

Système nerveux. — Avant de rendre compte des travaux de chimie animale proprement dite qui ont été publiés, je désire dire quelques mots sur une recherche de M. Reichenbach, qui au fond n'est pas du ressort de la chimie, mais dans laquelle il signale un certain état du système nerveux comme un réactif qui dépasse en sensibilité tous ceux qu'on a proposés pour une foule de phénomènes physiques et chimiques. Son mémoire a été publié dans quelques cahiers supplémentaires des *Annales de chimie et de pharmacie* pour 1845, de MM. Liebig et Woehler.

On sait qu'il existe un état de maladie particulier du système nerveux qui occasionne un somnambulisme naturel ou qu'on peut produire artificiellement. Le dernier cas est appelé ordinairement, mais très improprement, Magnétisme animal. Les opinions ont été très divisées et le sont encore sur la réalité de cet état. D'un côté, l'on est disposé à croire tout avec une entière conviction, même les choses physiquement absurdes et impossibles, et, d'un autre côté, l'on ne croit rien et l'on rejette tout ce qui a été dit à cet égard, que ce soit préjugé ou supercherie : au milieu de cela, les plus raisonnables observent et se taisent. On ne peut nier cependant qu'il existe au fond quelque chose, et qui vaut bien la peine qu'on cherche à acquérir quelques faits positifs et à faire des recherches qui puissent conduire à des résultats bien avérés; car jusqu'à présent toutes celles qui ont été faites l'ont été par des hommes qui avaient une croyance illimitée sur cette question, et qui ne cherchaient point de preuves ou se contentaient de preuves insuffisantes. Les naturalistes plus raisonnables estimaient qu'il valait mieux s'abstenir, et ont toujours évité de s'en occuper. En attendant, il est certain que l'expérience nous offre, souvent dans toutes les branches de la science des phénomènes qui sont incompréhensibles, et dont on se tire le plus facilement en déclarant qu'ils sont des erreurs ou des fables. Cependant, telle n'est point la véritable manière dont on doit procéder; il est tout aussi nécessaire de prouver que ce que l'on envisage comme erroné l'est réellement que de démontrer que le vrai est le vrai, et le véritable savant ne recule ni devant l'un ni devant l'autre.

Qui est-ce qui ne se rappelle pas l'histoire de la chute des pierres météoriques qui s'est passée de notre temps, et, combien le nombre était grand de ceux qui déclaraient que les relations antérieures et récentes de chutes de pierres du ciel n'étaient que des fables ou des erreurs d'observation? Lorsque Howard lut à la Société royale de Londres un compte rendu des premières recherches approfondies qui avaient été faites sur ce sujet, le célèbre naturaliste genevois Pictet était présent. Passant par Paris pour retourner à Genève, ce dernier communiqua à l'Académie des sciences de Paris ce qu'il avait entendu à Londres; mais comme il s'exprima en termes qui dénotaient une entière conviction de sa part, il fut subitement interrompu par de Laplace, qui s'écria: « Nous en savons assez de fables pareilles! » et Pictet dut s'arrêter.

Quelques années plus tard, une députation de l'Académie constata dans le département de l'Aisne une chute de plus de deux mille pierres météoriques qui étaient tombées à la fois.

M. Reichenbach admet que le système nerveux des personnes qui sont sujettes au somnambulisme est dans un état maladif doué d'une sensibilité plus grande qu'à l'état normal, et qu'elles peuvent être impressionnées par des influences qui n'affectent nullement les personnes bien portantes, au point que ces dernières peuvent complètement ignorer l'existence de ces influences. Il en est de cela comme des animaux qui peuvent suivre un son ou une odeur qui échappent complètement aux organes de l'homme. Il désigne ces personnes par le nom de *sensitives* et a essayé d'étudier les impressions qu'elles éprouvent dans certaines circonstances qui influent extérieurement sur elles, sans s'occuper, du reste, des phénomènes physiologiques qui accompagnent cet état, et que l'on comprend par le terme général de magnétisme animal (1).

Il a examiné en premier lieu l'effet des dynamides sur des personnes sensitives ; il a noté et comparé les impressions d'individus différents, et l'accord qu'elles présentaient l'a conduit à la conclusion que les personnes sensitives sont toutes affectées de la même manière par des influences qui étaient inappréciables pour lui-même et pour d'autres personnes en bonne santé. Il croit pouvoir arriver de cette manière à une connaissance plus intime des phénomènes des dynamides que par nos sens à l'état normal. Il s'est assuré ainsi, par l'accord parfait des assertions de plusieurs personnes sensitives, que la polarité magnétique exerce sur elles une influence, qu'elles éprouvent une sensation différente pour le pôle nord que

---

(1) Des observations de même ordre avaient déjà été faites auparavant. Voici, en effet, ce qu'on lit dans *L'Ami de la nature*, par SOUSSELIER DE LA TOUR (Lauzanne, 1874, in-12).

« Présentez à tout corps que vous croyez contenir de la matière (électrique) le dedans de la main ; s'il en existe, vous y sentirez un petit vent frais ; c'est la partie qui est la plus sensible à ce petit vent provenant de la matière électrique.

« J'ai pris d'une main une tabatière d'or unie ; je l'ai présentée au soleil et j'ai reçu les rayons réfléchis dans le dedans de l'autre main qui était à l'ombre ; j'y ai senti un petit vent frais, pareil à celui dont j'ai parlé et que l'on ressent lorsqu'on présente à cette partie un corps quelconque qui contient de la matière électrique au degré, même le plus faible.

« J'ai fait la même expérience avec un miroir, et j'ai senti le même vent, mais moins frais.

« Je conclus de ces expériences que les rayons de la lumière du soleil sont les rayons atmosphériques d'une nature inconnue, qu'ils augmentent notre matière électrique et lui donnent plus d'énergie. »

pour le pôle sud, et qu'elles s'aperçoivent immédiatement lorsqu'on change le pôle qui était tourné de leur côté, bien que l'aimant soit dans une autre chambre qu'elles (1). Dans l'obscurité, elles voient une lumière faible qui émane des pôles et qu'il a dessinée d'après leur description. Il a trouvé que des personnes sensitives dont le sommeil était agité lorsque leur lit se trouvait dans la direction du nord au sud, dormaient tranquillement lorsqu'on plaçait leur lit de l'est à l'ouest; ce qui prouve que la polarité magnétique de la terre exerce une influence différente, suivant l'extrémité qu'on leur présente, et, pour spécifier la nature de la sensation qu'ils produisent, elles la comparent à une sensation de chaleur ou à une sensation de froid; les corps électro-positifs et électro-négatifs influent aussi sur elles d'une manière différente, de telle façon qu'elles ont pu les distinguer les uns des autres, bien qu'ils aient été entourés de la même enveloppe.

Mon but n'est point de donner ici un extrait des résultats de M. Reichenbach, qui sont étrangers à ce rapport, mais seulement d'attirer l'attention des savants sur les recherches de M. Reichenbach, dont plusieurs ont eu le même sort que la communication de Pictet, dont il a été question plus haut. Ce sujet mérite d'être exploité par un grand nombre de savants, je dirai même par tous ceux qui se trouvent dans les circonstances nécessaires pour cela, et les résultats doivent en être jugés sévèrement et rigoureusement. Celui qui fait des recherches sur cette question se trouve dans la même position qu'un juge qui a à juger un délit dont il n'a pas été témoin oculaire, et qui doit peser et faire un choix de tous les détails des dépositions des témoins. Le savant doit posséder ici la même finesse pour questionner, faire également abstraction de toute opinion préconçue et examiner toutes les assertions avec la même rigueur qu'un juge, pour ne pas ajouter foi à la légère, et se laisser induire en erreur par des déposi-

---

(1) La Revue italienne *l'Electricita* cite, dans son numéro du 17 juin 1897, le cas de deux personnes, le professeur Murani et un garçon de laboratoire qui influençaient l'aiguille d'un galvanomètre par leur seule présence, *même sans vêtements;* la poitrine agissait comme un pôle N et le dos comme un pôle S.

tions rusées ou mensongères. Cette recherche devient, en raison de ces différentes conditions, une des plus difficiles qu'un savant puisse entreprendre, et l'on doit réellement admirer le courage du savant qui, ayant découvert quelque chose à explorer à cet égard, et qui jouit d'une considération justement méritée dans la science, ose affronter les préjugés, les esprits bornés, les présomptions et même la dérision, et poursuivent hardiment le but qu'il s'est proposé. Un sujet de recherches ne doit pas être abandonné parce qu'il est difficile à explorer ou parce qu'il est à tort négligé ou méprisé par ses contemporains.

NOTE D

LA VIE DES ATOMES ET LES RÊVERIES SCIENTIFIQUES

D'après Claude Bernard, « notre corps est composé de millions, de milliards de petits êtres ou *individus vivants*, d'espèces différentes : ces éléments de même espèce se réunissent pour constituer nos tissus, et nos tissus se mélangent pour constituer nos organes, et tous réagissent les uns sur les autres pour concourir avec harmonie à un même but physiologique... Ils s'unissent et restent distincts comme des hommes qui se donneraient la main. (*Revue des Deux-Mondes*. 1864, 1ᵉʳ septembre, *Le Curare*.)

En 1865, sir John Herschell écrivait dans la *Fortnightly Review* :

« Tout ce qui a été attribué aux atomes, leurs amours et leurs haines, leurs attractions et leurs répulsions, suivant les lois primitives de leur être, ne devient intelligible que si nous admettons en eux la présence d'un mental. »

Cette hypothèse n'est point nouvelle ; elle faisait partie des traditions que se transmettaient les initiés.

Dans sa *Monadologie*, Leibnitz s'exprime ainsi :

« § 1. — Le monade est une substance *simple* servant à faire des composés : *simple,* c'est-à-dire sans parties.

« § 2. — Les monades sont les véritables atomes de la Nature, les éléments des choses.

« § 8. — Les monades ont des *qualités*, sans quoi elles ne seraient pas des entités.

« § 9. — Si nous convenons de donner le nom d'*âme* à tout ce qui a des perceptions et des désirs, toutes les substances simples ou monades peuvent être appelées âmes dans le sens que je viens d'indiquer. »

D'après Paracelse : « Tous les éléments ont une âme et sont vivants. Ils ne sont pas inférieurs à l'homme, mais ils en diffèrent en ce qu'ils n'ont point d'âme immortelle. Ce sont les *Puissances de la Nature*, c'est-à-dire ce sont eux qui font ce qu'on attribue généralement à la Nature. Nous pouvons les appeler des êtres, mais ils ne sont pas de la race d'Adam. »

« Il n'y a pas une chose au monde, pas un brin d'herbe, sur qui un esprit ne règne, dit la Kabale des Juifs. Leur vie n'a pas pour centre un principe éternel : à leur mort tout est fini pour eux. »

Les microbes, que beaucoup de gens s'imaginent avoir été découverts de nos jours, étaient connus, ou du moins pressentis, depuis longtemps. Voici comment en parle un rêveur du xvii⁰ siècle, Cyrano de Bergerac (1).

« Représentez-vous donc l'Univers comme un grand animal ; que les étoiles, qui sont des Mondes, sont dans ce grand animal comme d'autres grands animaux qui servent réciproquement de Mondes à d'autres peuples tels que nous, nos chevaux, etc. ; et que nous, à notre tour, sommes aussi des mondes à l'égard de certains animaux encore plus petits, sans comparaison, que nous ; que ceux-ci sont la terre d'autres plus imperceptibles ; qu'ainsi, de même que nous paraissons chacun en particulier un grand monde à ce petit peuple, peut-être que notre chair, notre sang, nos esprits, ne sont qu'une tissure de petits animaux qui s'entretiennent, nous prêtent mouvement par le leur et se laissent aveuglément conduire

---

(1) *Œuvres*, édit. de 1707, t. II, p. 89. — La première édition de ces œuvres date de 1650.

à notre volonté qui leur sert de cocher, nous conduisent nousmêmes et produisent tout ensemble cette action que nous appelons la vie... La démangeaison ne prouve-t-elle pas mon dire ? Le ciron qui la produit, est-ce autre chose qu'un de ces petits animaux qui s'est dépris de la société civile pour s'établir tyran de son pays... Quant à cette ampoule et cette croûte dont vous ignorez la cause, il faut qu'elles arrivent, ou par la corruption de leurs ennemis que ces petits géants ont massacrés, ou par la peste produite par la nécessité des aliments dont les séditieux se sont gorgés et ont laissé pourrir dans la campagne des monceaux de cadavres; ou que ce tyran, après avoir autour de soi chassé ses compagnons qui de leurs corps bouchaient les pores du nôtre, ait donné passage à la pituite, laquelle étant extravasée hors de la sphère de la circulation de notre sang s'est corrompue... Et pour prouver encore cette circonalité universelle, vous n'avez qu'à considérer, quand vous êtes blessé, comme le sang accourt à la playe. Vos Docteurs disent qu'il est guidé par la prévoyante nature qui veut secourir les parties débilitées : ce qui feroit conclure qu'*outre l'âme et l'esprit il y auroit encore en nous une troisième substance intellectuelle qui auroit ses fonctions et ses organes à part;* c'est pourquoy je trouve bien plus probable de dire que ces petits animaux, se sentant attaqués, envoyent chez leurs voisins demander du secours, et qu'étant arrivés de tous côtés et le pays se trouvant incapable de tant de gens, ils meurent de faim ou étouffés dans la presse. Cette mortalité arrive quand l'aposthume est mûre; car pour témoigner qu'alors ces animaux sont étouffés, c'est que la chair pourrie devient insensible; que si bien souvent la saignée qu'on ordonne pour divertir la fluxion profite, c'est à cause que s'en étant perdu beaucoup par l'ouverture que ces petits animaux tâchaient de boucher, ils refusent d'assister leurs alliées, n'ayant que médiocrement la puissance de se défendre chacun chez soy. »

Cyrano parle du reste, quelques pages plus loin (p. 106), « de boules transparentes qui servaient à l'éclairage et où l'on avait fixé de la lumière sans chaleur ». C'est encore le problème que cherchent à résoudre nos électriciens.

Tout le monde connaît, au moins de réputation, son *His-toile comique des États et Empire de la Lune,* mais ce qu'on sait moins, c'est qu'il y décrit une véritable montgolfière et un véritable parachute à propos d'un des personnages qu'il met en scène !

« Il remplit de fumée deux grands vases qu'il luta hermétiquement, et se les attacha sous les aisselles ; aussitôt la fumée qui tendait à s'élever et qui ne pouvait pénétrer le métal poussa les vases en haut et de la sorte enlevèrent avec eux ce grand homme... Quand il fut monté jusqu'à la Lune... il délia promptement les vaisseaux qu'il avait ceints comme des ailes autour de ses épaules et le fit avec tant de bonheur qu'à peine était-il en l'air, quatre toises au-dessus de la Lune, qu'il prit congé de ses nageoires. L'élévation cependant était assez grande pour le beaucoup blesser, sans le grand tour de sa robe où le vent s'engouffra et le soutint doucement jusqu'à ce qu'il eût mis pied à terre (*l. c.*, pp. 14 et 16).

Le phonographe lui-même était alors en usage dans notre satellite. Cyrano raconte en effet (*l. c.*, p. 109) que le Génie qui lui sert de guide lui donne pour se distraire quelques livres du pays ; ces livres sont renfermés dans des boîtes :

« A l'ouverture de la boëte, je trouvai dedans un je ne sais quoi de métal, presque semblable à nos horloges, plein de je ne sçais quels petits ressorts et de machines imperceptibles : c'est un Livre à la vérité, mais un Livre miraculeux qui n'a ni feuillets ni caractères : enfin c'est un Livre, où pour apprendre, les yeux sont inutiles ; on n'a besoin que d'oreilles. Quand quelqu'un donc souhaite lire, il bande avec une grande quantité de toutes sortes de petits nerfs cette machine, puis il tourne l'éguille sur le chapitre qu'il désire écouter, et au même temps, il en sort comme de la bouche d'un homme ou d'un instrument de musique tous les sons distincts et différents qui servent entre les Grands Lunaires à l'expression du langage. »

Notre conteur avait peut-être pris cette idée dans le numéro d'avril 1632 du *Courrier véritable,* petit journal mensuel où l'on s'amusait souvent à enregistrer des nouvelles fantaisistes (1) :

« Le capitaine Vosterloch est de retour de son voyage des terres australes, qu'il avait entrepris pour le commandement des Etats de Hollande, il y a deux ans et demy. Il nous rapporte, entre autres choses, qu'ayant passé par un détroit au-dessous de celui de Magellan, il a pris terre en un pays où la nature a fourni aux hommes de certaines éponges *qui retiennent le son et la voix articulée*, comme les nôtres font les liqueurs. De sorte que, quand ils se veulent mander quelque chose ou conférer de loin, *ils parlent seulement de près à quelqu'unes de ces éponges*, puis les envoyent à leurs amis, qui, les ayant reçues, les prenant tout doucement, *en font sortir tout ce qu'il y avait dedans de paroles*, et sçavent par cet admirable moyen tout ce que leurs amis désirent. »

Peut-être Cyrano avait-il été inspiré par le passage suivant de Rabelais (livre IV, chap. LVI).

Comment, entre les paroles gelés, Pantagruel trouva des mots de gueule.

« Le pilot fit réponse : « Seigneur, de rien ne vous effrayez. Icy est le confin de la mer glaciale, sus laquelle fut, au commencement de l'hyver dernier passé, grosse et félonne bataille, entre les Arimaspiens et les Nephelibates. Lors gelèrent en l'air les paroles et cris des hommes et femmes, les chaplis des masses, les hurtis des harnois, des bardes, les hannissements des chevaulx, et tout aultre effroy de combat. A ceste heure, la rigueur de l'hyver passée, advenante la sérénité et temperie du bon temps, elles fondent et sont onyes. — Par Dieu, dist Panurge, je l'en croy. Mais en pourrions-nous voir quelqu'une. Me souvient avoir leu que l'orée de la montagne en laquelle Moses receut la loi des Juifz, le peuple voyait la voix sensiblement. — Tenez, tenez, dit Pantagruel, voyez en

---

(1) Ce numéro forme un petit in-4° de quatre pages, et porte cette mention : *Au bureau des postes établi pour les nouvelles hétérogènes.*

cy qui encore ne sont dégelées ». Lors nous jeta sur le tillac pleines mains de paroles gélées, et sembloient dragées perlées de diverses couleurs. Nous y vismes des motz de gueule, des motz de sinople, nes mots d'azur, des motz de sable, des motz dorés. Lesquelz, estre quelque peu eschauffés entre nos mains fondoient comme neiges, et les oyons réalement, mais ne les entendions, car c'estoit langaige barbare. Exceptez un assez grosset, lequel ayant frère Jean eschauffé entre ses mains, fit un son tel que font les châtaignes jettées en la braze sans estre entommées lors que s'esclatent, et nous fit tous de peur tressaillir. « C'estoit, dit frère Jean, un coup de faulcon en son temps ». Panurge requist Pantagruel luy en donner encores. Pantagruel luy respondit que donner paroles, estoit acte d'amoureux. « Vendez-m'en donc », disoit Panurge. « C'est acte de advocatz, respondit Pantagruel, vendre paroles. Je vous vendrois plus tost silence et plus chèrement, ainsi que quelquefois la vendit Demosthenes moyennant son argentangine ».

« Ce nonobstant il en jetta sur le tillac trois ou quatre poignées. Et y vis des paroles bien picquantes, des paroles sanglantes, lesquelles le pilot nous disoit quelquefois retourner on lieu duquel estoient proférées, mais c'estoit la guorge couppée; des paroles horrifiques, et aultres assez mal plaisantes à voir. Lesquelles ensemblement fondues ouysmes, hin, hin, hin, hin, his, ticque, torche, lorgne, brededin, brededac, frr, frr, frr, bou, bou, bou, bou, bou, bou, bou, bou, trac, trac, trr, trrr, trrr, trrrr, trrrrr, on, on, on, on, on, ouououououou: goth, magoth, et ne sçay quels aultres motz barbares, et disoient que c'estoient vocables du hourt et hannissement des chevaulx à l'heure qu'on chocque; puis en ouysmes d'aultres grosses et rendoient son en dégelant, les unes comme des tabours et fifres, les aultres comme de clerons et trompettes. Croyez que nous y eusmes du passetemps beaucoup. eJ voulois quelques motz de gueule mettre en réserve dedans de l'huile comme l'on garde la neige et la glace, et entre du feurre bien net. Mais Pantagruel ne le voulut: disant estre folie faire reserve de ce que jamais on a faulte et que toujours on a en main, comme sont motz de gueule entre tous bons et joyeux Pantagruellistes. Là, Panurge fascha quelque peu frère Jean, et le fit entrer en resverie, car il le vous print au mot sus l'instant qu'il ne s'en doubtoit mie, et frère Jean menaça de l'en faire repentir en pareille mode que se repentit G. Jousseaulme vendant à son mot le drap au noble Patelin, et advenant qu'il fust marié le prendre aux cornes comme un veau, puisqu'il l'avoit prins au mot comme un homme. Panurge luy fit la babou, en signe de dérision. Puis s'escria, en disant : « Pleust à Dieu qu'icy, sans plus avant procéder, j'eusse le mot de la dive bouteille ! »

Un autre rêveur, Tiphaigne de la Roche, publia en 1760, sous le titre de *Giphantie,* anagramme de son nom, un curieux petit ouvrage où il prévoit la *photographie en couleurs* et la fait décrire par le chef des Génies élémentaires dans le palais duquel il se trouve transporté (1) :

« Tu sais que les rayons de lumière réfléchis des différents corps font tableau et peignent ces corps sur toutes les surfaces polies, sur la rétine de l'œil par exemple, sur l'eau, sur les glaces. Les esprits élémentaires ont cherché à fixer ces images passagères ; ils ont composé une matière très subtile, très visqueuse et très prompte à se dessécher et à se durcir, au moyen de laquelle un tableau est fait en un clin d'œil. Ils en enduisent une pièce de toile et la présentent aux objets qu'ils veulent peindre. Le premier effet de la toile est celui du miroir : on y voit tous les corps voisins et éloignés dont la lumière peut apporter l'image.

« Mais ce qu'une glace ne saurait faire, la toile au moyen de son conduit visqueux retient les simulacres. Le miroir

---

(1) *Giphantie,* à Babylone, M. D. cc L X, in-12 ; 1ʳᵉ partie, chap. XVII : *La Tempête,* pp. 131-133.

Quelques années auparavant (1690), Fénelon écrivait, dans le *Voyage supposé :* « Il n'y avait aucun peintre dans le pays, mais quand on voulait avoir le portrait d'un ami, d'un beau paysage ou un tableau qui représentât quelqu'autre objet, on mettait de l'eau dans un grand bassin d'or ou d'argent, puis on apportait cette eau à l'objet qu'on voulait peindre. Bientôt l'eau se congelant devenait comme une glace de miroir où l'image des objets demeurait ineffaçable. On le portait où on voulait. C'était un tableau aussi fidèle que la plus jolie glace de miroir. »

vous rend fidèlement les objets mais n'en garde aucun; nos toiles ne les rendent pas moins fidèlement, mais les gardent tous. Cette impression des images est l'affaire du premier instant où la toile les reçoit. On l'ôte sur-le-champ, on la place dans un endroit obscur; une heure après, l'enduit est desséché et vous avez un tableau d'autant plus précieux qu'aucun art ne peut en imiter la vérité et que le temps ne peut en aucune manière l'endommager. Nous prenons dans la source la plus pure, dans le corps de la lumière, les couleurs que les peintres tirent de différents matériaux que le temps ne manque jamais d'altérer. La précision du dessin, la variété de l'expression, les touches plus ou moins fortes, la gradation des nuances, les règles de la perspective, nous abandonnerons tout cela à la nature qui, avec cette marche sûre qui jamais ne se dément, trace sur nos toiles des images qui en imposent aux yeux et font douter à la raison si ce qu'on appelle réalités ne sont pas d'autres espèces de fantômes qui en imposent aux yeux, à l'ouïe, au toucher, à tous les sens à la fois.

« L'esprit élémentaire entra ensuite dans quelques détails physiques: 1° sur la nature du corps gluant qui intercepte et garde les rayons; 2° sur les difficultés de le préparer et de l'employer; 3° sur le feu de la lumière et de ce corps desséché; trois problèmes que je propose aux physiciens de nos jours et que j'abandonne à leur sagacité. »

Pour terminer cette revue des inventions contemporaines, qui avaient déjà reçu une sorte d'existence virtuelle dans l'imagination des hommes de ce fécond XVIIe siècle, notre véritable père dans le domaine des sciences, je rappellerai encore que le *télégraphe électrique* est indiqué par Strada dans une vingtaine de vers de ses *Prolusiones academicæ*, publiées à Rome en 1617.

Pour lui, c'est un jeu d'esprit, un simple vœu:
par tous les savants de l'époque et notamment par un jésuite

O! utinam hæc ratio scribendi prodeat usu
Cautior et citior properaret epistola!

La manière dont il imaginait l'instrument fut reproduite

par tous les savants de l'époque et notamment par un jésuite lorrain, le Père Leurechon, dans ses *Hilaria Mathematica*, publiés en 1624. J'emprunte le passage, où il en est question, à la traduction française publiée, deux ans plus tard, à Pont-à-Mousson, avec le titre de *Récréations mathématiques*, sous le pseudonyme de Van Etten.

« Quelques-uns ont voulu dire que, par le moyen d'un aymant ou autre pierre semblable, les personnes absentes se pourroint entreparler. Par exemple, Claude estant à Paris et Jean à Rome, si l'un et l'autre avoient une aiguille frottée à quelque pierre dont la vertu fust telle qu'à mesure qu'une aiguille se mouveroit à Paris, l'autre se remuast tout de même à Rome, il se pourroit faire que Claude et Jean eussent chacun un mesme alphabet, et qu'ils eussent convenu de se parler de loin tous les jours à six heures du soir, l'aiguille ayant fait trois tours et demi, pour signal que c'est Claude et non autre qui veut parler à Jean. Alors Claude luy voulant dire que le roy est à Paris, il feroit mouvoir et arrêter son aiguille sur L, puis E, puis R, O, Y, et ainsi des autres. Or, en même temps, l'aiguille de Jean s'accordant avec celle de Claude, iroit se remuant et arrestant sur les mêmes lettres, et, partant, il pourroit facilement escrire ou entendre ce que l'autre veut luy signifier. »

« L'invention est belle, ajoute le P. Leurechon, qui pensait à cet égard comme Strada, mais je n'estime pas qu'il se trouve au monde un aymant qui ayt telle vertu. »

On est vraiment tenté de prendre à la lettre ce paradoxe d'un philosophe mathématicien (1) :

« Tout ce qui est concevable est possible, et réciproquement, tout ce qui est possible est concevable. Or, en vertu de la loi du jeu, tous les possibles ont été réalisés et se réaliseront. Donc tout ce qui est concevable a été réalisé et se réalisera. »

Les recherches de nos astronomes ne donnent-elles pas

---

(1) REVEL, *Esquisse d'un système de la nature fondé sur la loi du hasard*, p. 50, éd. 1892.

raison à ce modeste penseur qui, en 1823, écrivait dans un ouvrage anonyme (1) :

« Pour moi, je ne rougis pas d'avouer publiquement qu'il ne me paraît nullement impossible, ni au-dessus des forces de la nature, qu'il s'établisse un jour une communication de notre terre avec d'autres globes du firmament, comme il s'en est établi entre l'ancien et le nouveau monde. Je crois même qu'une communication de ce genre doit nécessairement déjà exister dans les plages incommensurables du firmament, où roulent tant de mondes et habitent tant d'êtres différents! Je ne saurais me persuader que la nature ait absolument isolé tous les globes dans l'immensité. Je ne verrais plus cette unité de plan, cet ensemble que la raison et la philosophie réclament et que l'attraction newtonienne est bien loin de réaliser. Il est vrai que les espérances chrétiennes d'une communication entre les intelligences pures après cette vie, montre jusqu'à un certain point cette unité de plan du créateur. Mais, outre cela, je le répète, il ne me paraît nullement au-dessus des forces de la nature qu'il s'établisse des relations d'un globe à l'autre, même dans l'état actuel des choses. Les têtes faibles riront de conjectures aussi hardies; mais je me consolerai avec quelques penseurs de ma connaissance qui n'ont rien de commun avec les esprits rétrécis ni surtout avec les machinistes du siècle. »

En tout cas, nous pouvons certainement dire comme Beaumarchais dans le *Mariage de Figaro:*

« Vieilles folies deviennent sagesse, et les anciens mensonges se transforment en belles petites vérités. »

NOTE E

LA PERSISTANCE DE LA VITALITÉ DANS LES MEMBRES SÉPARÉS DU CORPS

La vitalité put quelquefois subsister dans certaines parties

---

(1) *Traité philosophique sur la nature de l'âme et de ses facultés;* Paris, in-16 (par OEGGER).

du corps des animaux longtemps après que ces corps ne sont plus *animés*. (Cf. GIBIER, *Analyse de choses*, pp. 228-230.)

Ambroise Paré (*Liv.* XVIII) parle d'un cadavre qu'il avait embaumé et qu'il a gardé vingt ans sans corruption, et à qui les ongles revenaient fort longs, quoiqu'il les coupât très souvent.

Dans le commerce de la pelleterie, on appelle *repoussants* des peaux dont le cuir a été apprêté et dans lesquelles la vie n'en subsiste pas moins longtemps après la mort du sujet, se manifestant par des poils qui poussent *au dedans* de la peau, de telle sorte qu'il n'est pas très rare de voir des peaux, spécialement de marmottes, d'opossums et de castors, couvertes de poils des deux côtés du cuir.

Mais on cite d'autres faits bien plus extraordinaires, arrivés de nos jours, qui confirment les histoires rapportées par les écrivains du XVIIe siècle au sujet de la persistance possible d'un lien entre le corps et une excrétion ou partie de ce corps.

Le premier a été recueilli par un chirurgien américain dans les Montagnes Rocheuses en 1881.

« Je visitais, raconte ce chirurgien, une scierie mécanique avec des amis. L'un d'eux glissa, et son avant-bras fut saisi par une scie circulaire qui le mutila. L'amputation fut nécessaire. On était à grande distance d'une ville. L'amputation faite, le bras coupé fut placé dans une boîte remplie de sciure de bois, et on l'enterra. Peu de temps après, mon ami, en pleine voie de guérison, se plaignait de souffrir de son bras absent, ajoutant qu'il se sentait la main pleine de sciure et qu'un clou lui blessait le doigt. Les plaintes persistant au point de lui enlever son sommeil, ceux qui l'entouraient craignaient pour sa raison, quand la pensée me vint de retourner à l'endroit où s'était passé l'accident et, si étrange que cela puisse paraître, tandis que je lavais le membre déterré pour le débarrasser de la sciure, je constatai qu'un clou du couvercle de la boîte s'était engagé dans le doigt. Ce n'est pas tout, le blessé, qui se trouvait à plusieurs milles de là, disait à ses amis: « On verse de l'eau sur ma main, on enlève le clou, cela va beaucoup mieux. »

M. Lermina, à qui j'emprunte l'anecdote, continue ainsi (*Magie pratique*, p. 203) :

« Une aventure à peu près semblable arriva à un nommé Samuel Morgan, employé aux machines à coudre Singer. Amputé à la suite d'un accident, il se plaignait de souffrances à l'épaule et de crampes dans ses doigts absents. On reconnut alors que le membre amputé avait été tassé si violemment dans la petite caisse où on l'avait enfermé pour l'enterrer, que la main était repliée sur elle-même, de façon à causer dans le membre — s'il eût été vivant — la douleur dont se plaignait le blessé.

« Il suffit d'ailleurs de consulter les internes de nos hôpitaux pour constater nombre de faits analogues. Les Américains, plus hardis, ont essayé d'utiliser ces constatations, pour la meilleure guérison du patient. Ils n'hésitent pas à déclarer que la douleur physique a une répercussion durable dans la forme spirituelle du membre amputé. La gangrène qui se déclare après les amputations est, selon eux, la résultante de la décomposition du membre coupé. En brûlant ce membre, le danger disparaît. Seulement, comme le patient souffre pendant la crémation du membre détaché comme s'il adhérait à son corps, il importe de l'anesthésier pendant l'opération. »

Je ferai aux réflexions de M. Lermina le même reproche qu'à presque tous ceux qui ont écrit sur ces questions, ils laissent supposer que les exceptions qu'ils présentent sont la règle, de telle sorte que l'expérience journalière, ne justifiant pas leurs raisonnements, on regarde comme faux les faits pourtant réels sur lesquels ils s'appuient.

Dans une de ses lettres M. Hasdeu, membre de l'Académie des sciences de Bucarest et ancien directeur général des archives du royaume de Roumanie, m'a écrit ce qui suit :

« Je dois vous communiquer un fait très important et bien contrôlé : je pouvais vous le communiquer depuis trois ans, mais j'attendais toujours pour constater le succès complet.

« Ma femme souffrait terriblement de la goutte depuis 1890. Jusqu'en 1894 les médecins se contentaient de répéter

« la goutte » en ajoutant sentencieusement « l'âge », mais pas de remèdes.

« C'est précisément alors que vous m'avez envoyé votre livre sur l'*Extériorisation de la sensibilité*. Or j'ai trouvé le cas cité par Fludd : « Prendre des ongles des pieds et du poil des jambes des goutteux et les mettre au trou qu'on perce dans le tronc d'un chêne, qu'on perce jusqu'à la moelle ; et ayant bouché ce trou avec une cheville faite du même bois, couvrir le dessus avec du fumier de vache. »

« J'ai conduit ma femme dans une maison de campagne de Campina, où il y a des chênes, et j'ai exactement suivi la recette de Fludd... Une semaine après, ma femme ne sentait plus de douleurs.

« Au bout de trois mois, elle était complètement guérie, et même ses doigts déformés avaient commencé à reprendre la forme normale. Cela a duré jusqu'au printemps de 1889, où elle a ressenti de nouveau quelque accès de goutte. Nous avons alors troué un nouveau chêne, nous avons opéré de même et dès le lendemain ma femme se portait admirablement bien. »

Enfin voici le fait dont a été témoin dans sa jeunesse M. Van der Naillen, alors que, tout entier à la pratique de son art, il était ignorant des traditions de l'occultisme.

Il traçait un chemin de fer en Californie et un de ses ouvriers, en abattant un arbre, se fit à la jambe, avec sa hache, une profonde entaille qu'on s'empressa de bander fortement pour arrêter l'hémorragie. Un des assistants conseilla de prendre le premier linge imbibé de sang et de le porter immédiatement à un médecin des environs, qu'on nommait le médecin par sympathie et qui opérait à distance des cures merveilleuses. On fit comme il l'avait dit. Le médecin, après avoir reçu le linge sanglant, prit une grosse tarière, fit un trou dans un chêne vigoureux, plaça au fond ce linge, puis le reboucha au moyen d'un cheville enfoncée à grands coups de maillet. On constata, non sans étonnement, que la cicatrisation de la plaie marcha, à partir de ce moment-là, avec une rapidité tout à fait anormale.

L'abbé Hanapieu a essayé, dans sa *Tératoscopie du fluide vital* publiée à Paris en 1822, de donner une explication de la sensation perçue par l'amputé dans un membre absent.

« Il faut d'abord, dit-il (p. 84), reconnaître avec le docteur Richerand que le fluide vital, ou si l'on aime mieux, le principe de la vie, anime, c'est-à-dire vivifie, chaque molécule vivante de notre corps, chaque organe, chaque système d'organes. D'après cette vérité incontestable, on peut dire que nous avons deux corps : un composé de matière brute, et un autre composé de fluide vital qui vivifie, qui organise celui de matière brute. Ce corps, composé de fluide vital, se comporte, dit le docteur Richerand, à la manière d'un fluide ; il se consume, se répare, se distribue également et se renouvelle sans cesse dans le corps de la matière brute qui en fait une déperdition continuelle. Il ne faut pas oublier que c'est le fluide vital seul qui reporte au cerveau toutes les sensations.

« Dans le cas supposé d'une jambe amputée, le fluide reçoit toujours la même modification, la même impulsion, la même direction qu'avant l'amputation ; il doit par conséquent se rendre avec la même modification, la même impulsion et la même direction dans les lieux qu'il occupait avant l'amputation et par conséquent dans le lieu qu'occupait la jambe amputée. Si donc la personne qui a subi cette opération ressent une douleur dans le pied, c'est le fluide vital, qui se trouve dans le lieu où la douleur se fait ressentir, qui la reporte au cerveau. Il ne s'est point trompé, parce que la douleur existe réellement dans le fluide vital qui subsiste toujours après l'amputation de la jambe de la matière brute.

« Cependant le pied de fluide vital qui ressent une douleur, lorsque l'atmosphère est surchargée d'électricité, ne peut éprouver les mêmes sensations qu'avant l'amputation :

1° Parce que dans la place qu'il occupe, il ne s'y trouve plus dans la même proportion et par conséquent avec la même sensibilité ; il n'est plus revêtu de l'épiderme qui empêchait sa trop grande déperdition dans la jambe amputée ; aussi faut-il une commotion extraordinaire de l'atmosphère électrique pour lui faire éprouver une sensation douloureuse qui n'est jamais aussi forte qu'elle eût été si la jambe n'avait point été amputée.

2° La personne dont la jambe a été amputée ne peut éprouver les mêmes sensations qu'avant l'amputation, parce que, ou cette personne fixe son attention sur la privation de sa jambe, ou elle porte son attention sur quelque autre objet : dans le premier cas, la réflexion qu'elle est privée de sa jambe ne lui permet pas d'y éprouver la même sensation qu'avant l'amputation, dans le second cas, la sensation qu'elle pourrait réellement éprouver serait annulée par une sensation plus vive qui fixerait exclusivement son attention.

3° Si j'avais plus d'expérience, je pourrais peut-être citer beaucoup d'exemples de personnes dont les membres ont été amputés et qui, oubliant totalement l'amputation, font usage de leur jambe de fluide vital comme si la jambe amputée existait encore, sans faire réflexion qu'elles en étaient privées. Je connais une jeune personne dont on avait amputé la cuisse ; plusieurs fois elle s'est tenue et a fait quelques pas sur ses deux jambes, c'est-à-dire sur la jambe non amputée et sur la jambe de fluide vital ; c'était ordinairement en sortant de son lit ; sa mère, témoin, était obligée de s'écrier : *Ah! malheureuse, tu n'as pas ta jambe de bois!* Un médecin de mes amis m'a assuré avoir vu un officier, dont la cuisse avait été amputée, marcher jusqu'au milieu de sa chambre sans s'apercevoir qu'il n'avait pas sa jambe de bois, et ne s'arrêter que lorsqu'il en faisait la réflexion ; alors la jambe de fluide vital n'avait plus la force de supporter le poids de son corps.

« On sera sans doute étonné de voir une jambe de fluide vital, cette substance invisible, impalpable, impondérable, supporter le poids du corps ; mais on devrait être bien plus étonné de voir une jambe de chair, de matière brute, supporter le même fardeau. On répondra sans doute que la jambe de chair est vivifiée et que c'est la vie qui lui donne la force nécessaire pour supporter tout le corps. Mais je répondrai, à mon tour, que c'est le fluide vital qui donne la vie et la force à cette jambe de chair et que le fluide vital ne perd pas sa force pour être séparé de la jambe de chair, surtout lorsqu'il est dirigé par la volonté de l'âme ou par quelque autre agent qui supplée, en quelque sorte, à la volonté.

« Je ne puis mieux faire sentir ma pensée qu'en comparant l'action du fluide vital, dans le cas d'une jambe amputée, à un jet d'eau.

« Lorsqu'on veut se procurer de l'eau à volonté, au premier étage d'une maison, on établit d'abord un réservoir à la hauteur du premier étage, d'où part un tuyau de descente et un tuyau d'ascension qui porte l'eau au même niveau que celle du réservoir dans l'appartement où l'on veut s'en procurer. Si on fait l'amputation, ou plutôt si on supprime le tuyau d'ascension, l'eau du réservoir ne s'élève guère moins haut qu'elle ne s'élevait par ce tuyau d'ascension qu'on a supprimé; il ne donnait aucune force à l'eau qu'il contenait; il ne servait qu'à la diriger d'une manière convenable et à en disposer à volonté. De même l'amputation du membre qui contenait le fluide vital n'empêche point celui-ci de céder à l'impulsion qu'il recevait du réservoir d'où il partait: la jambe ne servait qu'à la diriger d'une manière convenable et à en disposer suivant l'intention de la volonté. Dans la première supposition, la suppression du tuyau d'ascension produit un jet d'eau, dans la seconde supposition, l'amputation du membre produit un jet de fluide vital. Dans l'une et l'autre supposition, les deux fluides éprouvent la même impulsion et suivent la même direction qu'avant l'amputation. »

NOTE F

LES EFFLUVES DES ORGANES DES SENS, D'APRÈS LES ANCIENS, ET LES POINTS HYPNOGÈNES

I

Selon Thalès et ses disciples, la vision est produite par une infinité de rayons qui, projetés par l'œil, vont, comme autant de bras invisibles, tâter et saisir les objets perçus.

Pythagore et ses élèves admettaient, au contraire, que les objets lumineux émettent en ligne droite, et dans tous les sens, une infinité d'images; ces images, qui s'appelaient *idoles*, *simulacres, effigies, effluves,* sont comme des pellicules enlevées de l'extrême surface du corps et produisent le phénomène de la vision quand elles frappent les yeux.

Platon combine les deux hypothèses et suppose que la vision est due aux vibrations produites par la rencontre des effluves éthérés émis par des corps lumineux avec des effluves de même nature qui sortent de l'œil.

Dans ses *Propos de table* (liv. V, quest. 7), Plutarque rapporte ainsi l'explication donnée par Démocrite au *mauvais œil* ou à la *fascination*.

« Ce philosophe dit qu'il sort des images des yeux de ceux qui sont envieux sorciers, et ce, non sans quelque sentiment et quelque inclinaison, ains estant pleines de l'envie et meschanceté de ceux qui les jettent hors de soi, avec laquelle venant à s'emplastrer, s'attacher et s'arrester avec ceux qui sont ainsi enviés, perturbent et offensent leurs corps et l'âme et l'entendement.

. . . .

« Mais d'estre offensé pour estre seulement regardé, il se fait comme nous avons desjà dit: mais pource que la cause en est difficile à trouver, on le décroit (*ne le croit pas*): et toutefois, dis-je, il semble que tu en es sur les voyes, et en as trouvé la trace, aiant touché la défluxion qui se fait des corps. Car et la senteur, et la voix, et la parole, et l'haleine sont des fluxions et découlements qui sortent des corps des animaux, et parties qui esmeuvent les sentiments naturels, lesquels en les recevant en sont altérez et effectez. Et est encore plus vraysemblable, que telles défluxions se fassent hors des corps des animaux par la chaleur et le mouvement, quand ils sont échauffez et esmeus, et que les esprits vitaux en prennent un haulsement de poulx et un battement plus viste, duquel le corps estant agité et secoué, jette hors de soy continuellement quelques défluxions : et y a apparence que cela se fait autant par les yeux que par autre conduict qui soit. Car la veuë estant un sentiment fort léger et mobile, respand une merveilleuse puissance enflammée quand c'est l'esprit qui la dirige, de manière que l'homme par le moien d'icelle veuë, fait et souffre plusieurs notables effects, et reçoit des choses qu'il voit, des plaisirs et desplaisirs qui ne sont pas petits. Car l'amour, qui est l'une des plus grandes et plus véhémentes passions de l'âme, prend sa source et origine de la veuë, tellement que celuy qui est espris d'amour, se fond et s'escoule tout en regardant la beauté des personnes qu'il aime comme s'il entroit dedans elles. Au moyen de quoi l'on pourroit avec raison esbahir, comment il y en a qui confessent que l'homme peut bien souffrir et recevoir dommage par la veuë, et trouvent estrange qu'il face du mal et porte nuysance par la mesme veuë. Car le regard des personnes qui sont en fleur de beauté, et ce qui sort de leurs yeux, soit en lumière ou fluxion d'esprits, fond les amoureux et les consume avec je ne sçay quelle volupté meslée de douleur, qu'ils appellent eulx aigredouce. Car ils ne sont pas tant férus et ulcérez ny pour ouir ni pour toucher, que pour regarder et estre regardez, tant il se fait profonde pénétration et inflammation grande par la veuë, de sorte qu'il me semble que ceux-là n'ont jamais senty ny esprouvé que c'est de l'amour, qui s'esmerveillent de la Naphte de Babylone, laquelle s'allume en la monstrant seulement au feu de loing; car les yeux des belles créatures allument un feu dedans les âmes et entrailles des amoureux, encore qu'ils n'y regardent que de bien loing. »

L'évêque Héliodore, vivant au IVe siècle de notre ère en Thessalie, a composé un roman intitulé *les Ethiopiques,* où il donne des détails sur la vie des Egyptiens.

On y voit une jeune fille malade après avoir été frappée du mauvais œil. Un ami explique « qu'il se dégage de chacun de nous des atomes impalpables qui se propagent par l'air, de sorte que dans une nombreuse réunion d'hommes, il y en a qui flottent de tous côtés portant en eux-mêmes le pouvoir de réaliser les désirs de ceux dont ils sont émis. »

Dans la procédure suivie jadis contre les lépreux, au nombre des prohibitions qui leur étaient imposées en vue d'éviter la contagion, se trouve celle-ci:

« Tu ne te mireras ni regarderas dans les puits, sources ou lacs, susceptibles de recevoir ou de refléter ton image. »

On remarquera que ce sont les eaux stagnantes, les plus propres à se sensibiliser, qui sont ici spécifiées.

II

Au moyen âge, on avait constaté sur le corps de beaucoup de sorcières des points qui étaient insensibles à la piqûre. La présence de ces points servait même à établir leur qualité de sorcières et on les attribuait à un attouchement du diable.

De nos jours, on remarqua que les hystériques présentaient souvent la même particularité et que la pression de ces points déterminait soit le sommeil hypnotique, soit une sensation érotique : de là leur classification en points *hypnogènes* et en points *hystérogènes*. Le Dr Pitres (de Bordeaux), qui s'est occupé tout spécialement de cette question et qui observait des malades soignés dans les hôpitaux, trouva qu'il n'y avait pas seulement des points mais des régions entières de la périphérie corporelle jouissant de ces propriétés.

De mon côté, j'ai étudié le phénomène, mais presque exclusivement sur des personnes bien portantes, et je suis arrivé, pour ces personnes, aux conclusions suivantes :

1° Les plaques plus ou moins étendues observées par le Dr Pitres se réduisent presque à des points, situés notamment aux plis du poignet, du coude, du jarret, à l'aine, sous la plante des pieds, partout, en un mot, où les artères se rapprochent le plus de la surface de la peau. Il y en a d'autres placées au milieu du front, à la nuque, au creux de la clavicule, sur l'une des vertèbres de l'épine dorsale ; je n'ai pu trouver une loi de répartition.

2° Suivant les individus, ces points sont tantôt hypnogènes, tantôt hystérogènes ; mais ces derniers sont l'exception.

3° De ces points, s'échappe constamment, *à l'état de veille,* un jet fluidique qui présente tous les caractères de la sensibilité extériorisée sur le reste du corps par les manœuvres magnétiques spécifiées plus haut, c'est-à-dire qu'il présente des maxima et des minima de sensibilité.

4° Il suffit de s'opposer à l'émission de ce jet fluidique en le pressant avec un objet *animé,* comme l'extrémité d'un doigt, pour déterminer une modification dans la circulation fluidique du sujet et amener le sommeil magnétique.

5° Ces points sont conjugués, c'est-à-dire que tous ceux qui se trouvent sur la moitié droite du corps se retrouvent aux places correspondantes sur la moitié gauche et inversement. Quand les points sont sur le milieu du corps par devant, ils se retrouvent également sur le milieu du corps, mais par derrière, et sont conjugués suivant des lignes obliques et parallèles. Si l'on endort un sujet en pressant l'un de ces points hypnogènes, on le réveille en pressant le point conjugué, que l'on commence par la droite ou la gauche, par le devant ou le derrière.

6° Les jets fluidiques qui s'échappent des points hypnogènes sont attirés ou repoussés par un aimant, suivant les lois de la polarité, c'est-à-dire, par exemple, que le pôle nord d'un aimant repousse le fluide qui s'échappe d'un point hypnogène du côté gauche du corps du sujet et attire celui du côté droit, et inversement.

7° Les actions mécaniques exercées sur les *mumies* se répercutent de préférence sur ces points; c'est même grâce à cette propriété que j'ai pu reconnaître certains points hypnogènes sur les sujets. On peut donc comparer ces jets fluidiques à des tentacules, grâce auxquelles le corps astral des sujets perçoit des sensations qui demeureraient insaisissables pour les sens ordinaires.

NOTE G

LA RADIATION CÉRÉBRALE

Discours prononcé le 1ᵉʳ mars 1892, devant la Section d'électricité de l'Institut Franklin, par M. Edwin Houston.

J'ai pensé qu'il ne serait pas sans intérêt pour le public d'examiner ici les recherches presque extravagantes auxquelles je me suis livré pendant ces dernières années, mais que je n'ai pas voulu jusqu'ici publier. En suivant l'idée qui m'avait été suggérée par un ami, je me suis efforcé d'établir une certaine corrélation entre les phénomènes de la pensée et les phénomènes physiques plus matériels. Bien que les renseignements que je puis fournir pour appuyer une hypothèse du mécanisme des opérations cérébrales soient, je l'avoue, incomplets et peut-être improbables, je me suis cependant déterminé à les exposer en public, dans la pensée qu'ils intéresseraient peut-être le monde scientifique.

Je n'ignore pas, bien entendu, que les opérations psychiques du cerveau ont défié jusqu'ici toute explication. On est généralement convaincu que le siège de l'activité psychique est le cerveau. Toutefois, la manière dont cet organe agit pour produire, pour conserver et reproduire la pensée, est inconnue et le restera probablement toujours.

En partant de cette seule considération, que l'opération cérébrale ou pensée, quel qu'en puisse être le mécanisme exact, est accompagnée de vibrations moléculaires ou atomiques de la matière grise ou de toute autre matière de cette partie du cerveau qu'on nomme la cervelle, je me permets de proposer l'hypothèse suivante, pour rendre compte de la *télépathie* (action à distance), du mesmérisme, de la transmission de la pensée, de l'hypnotisme et autres phénomènes connexes.

Après avoir demandé de m'accorder comme « postulatum » l'existence de l'éther universel qui est généralement acceptée aujourd'hui par tous les savants, et en songeant que cet éther traverse la matière, même la plus dense, aussi facilement que l'eau passe dans un tamis, il s'ensuit que les atomes ou molécules du cerveau, qui sont la cause de l'opération cérébrale, baignent complètement dans l'éther. Or, puisque l'éther est un milieu de haute élasticité et très mobile, la pensée ou opération cérébrale, si elle est accompagnée de vibrations, doit nécessairement donner naissance, au sein de l'éther, à des mouvements ondulatoires ayant pour centre les atomes ou molécules du cerveau. En d'autres termes, l'acte de la pensée ou opération cérébrale exige une dépense d'énergie parce qu'il suppose nécessairement la mise en mouvement de ces particules atomiques ou moléculaires du cerveau dont nous avons admis l'existence.

La nature exacte des mouvements qui, par hypothèse, accompagnent un état actif du cerveau, doit nécessairement demeurer inconnue, tant que nous ignorons la nature exacte du mécanisme qui est mis en mouvement. Mais si un cerveau en activité développe de la pensée, parce que quelque chose est mis en mouvement, il s'ensuit naturellement qu'un cerveau absolument affranchi de produire de la pensée doit être en repos en ce qui regarde ce genre de mouvement. Un affranchissement absolu de penser, dans un cerveau sain, est très probablement un état qui existe rarement. Au contraire, le repos relatif doit être très commun.

Il semble résulter de la facilité avec laquelle cette curieuse fonction du cerveau, appelée mémoire, le met en état de rappeler facilement les particularités passées, que les cellules de matière grise ou autre du cerveau, qui concourent à la production de la pensée, peuvent être amenées à entrer dans certains groupements ou dans certains rapports les unes avec les autres. Grâce à la répétition continuelle de certains ordres de pensées, comme dans l'étude ou dans des observations répétées, les mouvements particuliers nécessaires pour reproduire cette pensée reçoivent probablement un pli ou une tendance à former des groupements plus ou moins permanents. Ainsi donc, lorsque le cerveau est mis en mouvement, ces mouvements se produisent et certains souvenirs se réveillent.

Comment ces mouvements peuvent-ils se produire? La réponse certaine paraît être qu'ils se manifestent sous la double influence du dedans et du dehors. Il peut bien se faire que l'afflux du sang dans un cerveau en activité, qui (le fait est bien notoire) accompagne toute opération cérébrale active, n'est pas seulement destiné à nourrir et à reconstituer cet organe, mais aussi à lui fournir la force purement mécanique qui n'a qu'à agir sur cet instrument si merveilleusement accordé pour éveiller les pensées dont il a déjà reçu l'empreinte, ou pour faire juger les combinaisons nouvelles qui ne lui avaient jamais été présentées auparavant.

Je soumettrai plus tard une explication sur la manière dont ces impressions sont peut-être excitées du dehors.

Quelle que soit l'origine de ces vibrations ou de quelque manière qu'elles soient excitées, il faut une dépense de force pour les produire et, comme le reconnaîtra volontiers la personne qui pense, cette dépense de force entraîne souvent un effort nerveux considérable.

L'énergie cérébrale ou énergie dépensée, comme nous venons de le dire, pour produire la pensée, est dissipée lorsque l'on communique des mouvements ondulatoires à l'éther ambiant, et ces mouvements se répandent dans toutes les directions, partant du cerveau, par exemple, par les yeux.

Sans doute, il n'y a pas de preuves absolues de l'existence des vibrations moléculaires ou atomiques des particules du cerveau dont j'ai admis l'existence. Cependant, ce mouvement n'est pas improbable et même certains faits, connus des médecins, sont loin d'être en désaccord avec cette hypothèse. Le cerveau, pour fonctionner normalement, doit recevoir une certaine pression due à celle du sang. Lorsque cette pression augmente au delà d'une certaine limite, comme, par exemple, dans le cas de fracture du crâne, où une partie de l'os est rentrée, par la fracture, de manière à produire une compression sur la matière cérébrale, toute pensée ou travail cesse sur-le-champ. Mais, lorsque cette pression est supprimée par la trépanation, non seulement le travail cérébral recommence, mais, chose assez curieuse, reprend généralement au point où le patient l'avait laissé au moment de l'accident.

Supposons donc que les radiations ou ondes cérébrales soient émises de tout cerveau doué de sentiment ou en activité et que ces ondes passent dans l'espace qui entoure le cerveau, à peu près comme les ondes qui sont communiquées à l'air autour d'un diapason.

Les radiations cérébrales ne sont pas aussi matériellement saisissables que celles du son. Leurs longueurs d'onde sont certainement beaucoup moindres. Elles sont communiquées à l'éther universel.

Si ces ondes, que j'appellerai ondes cérébrales, se trouvent dans l'éther qui remplit tout l'espace, il sera intéressant de rechercher quels phénomènes on peut compter les voir produire.

En admettant que ces vibrations se produisent au sein de l'éther même, il est inutile de mettre en doute aussi bien que de discuter leur nature générale. Il est à présumer qu'elles rentrent dans la classe des vibrations transversales, qui se rencontrent dans l'éther à l'occasion des phénomènes de chaleur, de lumière, de magnétisme et d'électricité.

Un cerveau en activité peut, en conséquence, être regardé comme disposant l'éther qui l'entoure suivant les ondes cérébrales qui rayonnent au dehors de lui en tout sens. A ce point de vue, il ressemble d'assez près à un conducteur dans lequel passe une décharge oscillatoire, en produisant ces ondes qui, comme l'a si magnifiquement démontré Hertz, ressemblent aux vibrations qui produisent la lumière.

Ainsi donc, en admettant que les radiations cérébrales tiennent de la nature des radiations thermales, lumineuses, électriques ou magnétiques, l'explication suivante de la télépathie ou transmission de la pensée n'est pas du tout improbable, pour ne rien dire de plus.

Je crois pouvoir expliquer la possibilité de la transmission de vibrations cérébrales spécifiques d'une cerveau actif à un cerveau passif ou récepteur par la simple action de ce qui est scientifiquement connu sous le nom de *vibrations sympathiques*.

Examinons, par exemple, le cas d'un diapason vibrant qui émet ses ondes sonores à travers l'espace et est éloigné d'un second diapason, tout d'abord au repos, mais accordé de manière à vibrer exactement à l'unisson du premier. Comme on le sait, le diapason actif ou récepteur entre peu à peu en vibration. L'énergie du diapason transmetteur se communique à travers l'espace par l'intermédiaire des pulsations ou ondes produites dans l'atmosphère ambiante, et le phénomène peut se produire malgré une distance relativement considérable des appareils.

Prenez encore le cas de vibrations sympathiques excitées par des ondes lumineuses. L'énergie solaire est rayonnée ou transmise à travers l'espace existant entre le ciel et la terre par des ondes ou oscillations de l'éther lumineux. Ces ondes, en tombant sur une feuille à la structure délicate, subissent une espèce de sélection, car certaines longueurs d'onde sont absorbées, et d'autres rejetées. Les ondes absorbées excitent ou produisent des vibrations sympathiques dans les molécules de l'acide carbonique contenu dans la feuille et ont pour effet de provoquer des mouvements vibratoires du carbone et de l'oxygène, mouvements dont l'amplitude ou l'énergie croît jusqu'au moment où leur affinité chimique ou attraction atomique est dépassée et où se produit la dissociation. L'oxygène est alors expulsé de la feuille dans l'atmosphère et le carbone est retenu dans les organes de la plante.

Voici encore le cas le plus intéressant de ce que Hertz appelle la résonnance électrique. Il est généralement reconnu aujourd'hui par les électriciens qu'un conducteur, siège d'une décharge électrique oscillatoire, lance dans l'espace qui l'entoure des ondes ou oscillations électriques animées de la même vitesse que la lumière, de même nature qu'elle. Si ces ondes électriques rencontrent un circuit accordé, par rapport à leur période d'oscillation, de manière à être capable de vibrer synchroniquement avec elles, elles y donnent naissance à des oscillations électriques ayant exactement la même nature que celles du circuit excitateur.

En raison de ces faits, il ne me paraît pas improbable qu'un cerveau, absorbé par une pensée intense, puisse agir comme un centre de radiations cérébrales, ni que les radiations projetées en tous sens de ce cerveau puissent en influencer d'autres sur lesquels elles tombnt, pourvu, bien entendu, que ces derniers soient accordés de manière à vibrer à l'unisson. Dans les cas de ce genre, l'absorption d'énergie par le cerveau récepteur peut être soit une absorption sélective par suite de laquelle la marche ordinaire des pensées est simplement modifiée, soit une absorption complète et, dans ce cas, le cerveau excitateur détermine, dans le cerveau récepteur, la reproduction exacte de ses propres pensées.

Une telle hypothèse est loin d'être improbable. Au contraire, elle paraît appuyée par une variété de faits curieux auxquels il n'a manqué qu'une hypothèse générale pour établir entre eux une corrélation.

Si cette hypothèse est vraie, il en résulte que ces vibrations ou radiations cérébrales doivent franchir l'espace exactement avec la même vitesse que la lumière, à la seule condition que les vibrations cérébrales soient du même ordre. Il est bien entendu que cette égalité des vitesses de propagation n'est vraie que pour l'éther libre. Dans l'éther qui remplit les espaces intermoléculaires de matière brute, ou, suivant sa dénomination technique, l'éther combiné, la vitesse de propagation des ondes varie suivant le caractère particulier de la matière avec laquelle il est associé. Un ralentissement ou une diminution de vitesse des ondes cérébrales se produirait incontestablement pendant leur passage dans les substances qui composent le crâne et la tête.

Si la pensée se déplace dans l'éther suivant un mouvement ondulatoire semblable à celui de la lumière, elle est en état de circuler dans toutes les directions que peuvent suivre dans l'éther les rayons lumineux.

Une expérience bien connue en hypnotisme semblerait assez favorable à l'hypothèse de la radiation cérébrale: c'est celle où, après que le patient a été établi dans un état de demi-inconscience ou d'inconscience complète, son cerveau est amené à un état d'activité plus ou moins prononcé par les suggestions de la personne qui hypnotise (1).

Il serait intéressant, à propos de suggestions de ce genre, de constater si un hypnotiseur, placé dans une position telle que la lumière tombant sur ses yeux aille frapper ensuite les yeux du patient, peut observer si, oui ou non, les actes de suggestion seront plus aisément perçus par le cerveau de l'hypnotisé avec ou sans l'intervention des rayons lumineux.

Si les spéculations qui précèdent sont jugées étranges, et j'ai déjà reconnu qu'elles le sont, que ne pourra-t-on pas dire de ce qui va suivre ?

Si les radiations cérébrales tiennent de la nature des ondes de l'éther, on peut, en conséquence, présumer qu'il existe pour elles des phénomènes correspondants à ceux de la radiation thermale, lumineuse, électrique ou magnétique. Et même il semblera possible que les phénomènes de réflexion, de

---

(1) Cette phrase est obscure; il semble que l'auteur fait allusion aux théories du Dr Ochorowicz sur la suggestion mentale, qui n'aurait lieu que quand le sujet récepteur est en état d'*aïdéie,* c'est-à-dire sans idées propres.

réfraction et peut-être même de dispersion de ces ondes s'y produisent (1). A ce point de vue, il est intéressant d'imaginer la décomposition d'une onde complète de la pensée en ses ondes élémentaires d'une manière correspondante à la décomposition d'un faisceau de lumière dans un prisme.

Si les radiations ou ondes de la pensée tiennent de la nature de la lumière, on peut entrevoir, dans les horizons éloignés de la science, la possibilité d'obtenir, par exemple au moyen d'une lentille, leur image photographique sur une plaque convenablement sensibilisée, à peu près suivant la méthode de la reproduction photographique ordinaire. Cet enregistrement de la pensée, convenablement employé, serait peut-être en état d'éveiller, à une époque postérieure, dans le cerveau, d'une

---

(1) Dans le *Cosmos* du 27 août 1892, M. L. Reverchon signale le fait de l'*extériorisation de la mémoire*; après avoir rappelé mes observations sur l'extériorisation de la sensibilité, il ajoute:

« C'est vraiment extraordinaire; pourtant, nous assistons tous les jours à des choses qui le sont presque autant et qui, cependant, ne nous étonnent point, habitués que nous sommes à n'y point prêter attention. En voici une que nombre de personnes pourront vérifier, et qui doit être très commune.

« J'ai souvent l'occasion de passer d'un étage à un autre pour y trouver un renseignement me faisant défaut, et il m'est arrivé maintes fois d'oublier, à destination, le motif de mon déplacement. Or, généralement, je n'ai qu'à faire, en sens inverse, *une partie du chemin* que je viens de parcourir, pour me remémorer ce que je cherchais.

« Etant donné que : 1° les objets auprès desquels je passe me sont absolument et au même degré familiers; 2° qu'il ne m'est point nécessaire de revenir jusqu'à mon point de départ où des traces précises me remettraient sur la voie; 3° et que je suis obligé de faire tantôt plus, tantôt moins de chemin pour arriver au même résultat, je crois pouvoir logiquement conclure qu'il *y a véritablement extériorisation de la mémoire en tel ou tel point de l'espace*, et que le passage au point d'extériorisation, quel qu'il soit, peut amener *la réintégration de la mémoire extériorisée*.

« La distraction produit ainsi l'extériorisation comme la produirait le sommeil hypnotique, et on peut sans difficulté concevoir qu'une volonté énergique, multipliant la puissance du phénomène, soit capable d'en opérer le transfert dans un autre lieu. »

personne qui se soumettrait à son influence, des pensées identiques à celles qui auraient été photographiées (1).

Je ne me dissimule pas combien il est peu probable qu'un enregistrement de ce genre puisse être obtenu dans un avenir prochain, ni les difficultés excessives qui semblent s'opposer à ce qu'il soit même jamais atteint.

Tant que nous ne connaîtrons rien de plus précis sur la nature de ces vibrations cérébrales admises par hypothèse et sur leurs longueurs, nous serons forcément et sérieusement embarrassés quant à la meilleure méthode à employer pour les fixer d'une manière permanente. Je soumets simplement cette idée comme un exemple de ce que la science tient en réserve pour ceux qui viendront après nous. Je me permets de faire remarquer, à ce propos, qu'il y aurait probablement été regardé comme tout impossible, il y a cent ans, de transmettre par le téléphone ou de reproduire par le phonographe le langage articulé.

Cet enregistrement de la pensée, s'il pouvait être obtenu, ne serait pas une image de la pensée elle-même, ni des groupements particuliers des particules dont les mouvements

---

(1) Doit-on voir une première réalisation de cette hypothèse dans le fait suivant, qui a été publié il y a quelques années par le Dr Pinel et que je n'ai pas eu l'occasion de vérifier par moi-même?

« Un phénomène hypnotique indéniable, car nous l'avons pratiqué nous-même, c'est la photographie à l'aide de l'ophtalmoscope électrique muni d'une plaque sensible, de l'image suggestionnée à un sujet hypnotisé. L'effet est naturellement instantané, ainsi que le phénomène photographique au gélatino-bromure.

« A l'instant même où se donne la suggestion, le sujet entrevoit l'image parfaitement dessinée de l'objet qu'on lui désigne: cheval, serpent, oiseau, etc. Or, les cellules cérébrales, frappées par le mot prononcé, renvoient l'image ou le dessin de l'objet ou de l'animal sur la rétine. Cette image se réfléchit sur la partie postérieure du cristallin, dans la chambre de l'œil, et, par action virtuelle, s'agrandit en s'extériorisant comme dans une loupe vulgaire. Ce phénomène se produit dans toutes les hallucinations régressives chez certains malades; ce sont des aberrations de la vue, comme il existe aussi des aberrations de l'ouïe, de l'odorat et aussi de tous les sens. »

alternatifs accompagnent ou produisent la pensée, pas plus que le tracé de l'enregistreur phonographique ne forme l'image des mots prononcés. Il représenterait purement et simplement les mouvements ondulatoires de l'éther mis en mouvement par les opérations cérébrales.

L'œil qui regarderait une image de ce genre n'en recevrait aucune impression ; la matière cérébrale seule pourrait être influencée et se mettre à l'unisson de l'excitation reçue.

Je me suis souvent amusé à deviner ce que pourrait être une machine capable d'enregistrer les pensées d'un cerveau en activité sur une pellicule sensibilisée, mise au foyer d'une forte lentille devant une personne absorbée dans une réflexion profonde.

Si l'on faisait ensuite tourner cette pellicule, comme le cylindre d'un phonographe, à la même vitesse que celle à laquelle elle a été impressionnée, et dans des conditions de lumière identiques à celle de la pose, les vibrations ainsi reproduites exciteraient, sur un cerveau passif, des pensées identiques à celles du sujet choisi pour l'expérience.

Je n'ai pas besoin de dire qu'une machine de ce genre n'a jamais été construite et qu'elle est encore dans le domaine de l'irréalisé, aussi bien, du reste, que les spéculations que j'ai eu l'honneur de vous présenter. Bien plus, il y a tant de probabilités contre son établissement que j'ai hésité à la mentionner.

Quelques expériences pourraient être faites, à titre d'essai, d'une manière analogue dans le domaine de la transmission de la pensée, en plaçant de grandes lentilles devant les yeux d'un hypnotiseur à une distance convenable pour faire converger les radiations cérébrales sur les yeux du sujet hypnotisé. Ces expériences pourraient être essayées soit avec, soit sans le concours des rayons lumineux.

Une des plus sérieuses objections à mon hypothèse des radiations cérébrales est la rareté même des phénomènes de télépathie et de transmission de la pensée. Je me permettrai de faire remarquer que cette rareté relative s'explique peut-être par là présence, dans le corps humain, d'une sorte d'écran qui protège le cerveau ou les centres nerveux contre les effets des radiations cérébrales. Il n'est pas impossible que les enveloppes des nerfs servent d'écrans qui empêchent le cerveau de recevoir des radiations cérébrales.

M. le professeur Tyndall, dans son ouvrage sur le son, rappelle ce fait bien connu, que, dans le cas de vibration sympathique de deux diapasons, l'énergie du diapason transmetteur se dépense plus vite que lorsqu'elle ne provoque pas la vibration du diapason récepteur.

Un phénomène analogue pourrait être observé dans le cas de la transmission de la pensée.

J'ai souvent éprouvé, en qualité de professeur, un sentiment d'épuisement considérable, lorsque je faisais passer des examens à mes élèves.

La cause de cette fatigue était peut-être une dissipation rapide de l'énergie due à l'absorption de mes radiations cérébrales par les cerveaux des candidats. Des médecins m'ont dit qu'ils éprouvaient une grande lassitude dans le traitement de certaines maladies où leur attention était plus particulièrement tenue en éveil.

S'il y a quelque chose de vrai dans l'hypothèse que je viens d'esquisser en peu de mots, il y aurait aussi ce que j'appellerai une sorte de radiation vitale qui se produit et se répand hors du corps d'une personne bien portante et qui peut provoquer par sympathie, dans le corps de personnes plus faibles ou malades, des vibrations d'un type normal ou plus sain.

S'il en est ainsi, l'antique croyance à l'efficacité de l'imposition des mains ou aux guérisons par le magnétisme se trouverait quelque peu confirmée en dehors de la cause qui explique la plupart de ces faits, je veux dire l'hystérie.

J'ai émis l'hypothèse précédente des radiations cérébrales avec beaucoup de doute et d'hésitation et simplement comme une invitation pour ceux qui travaillent dans le domaine de la télépathie ou de la transmission de la pensée. J'espère ainsi attirer leur attention sur quelques-uns des phénomènes dont l'explication échappe jusqu'ici à la science.

NOTE H

ACTION MÉCANIQUE DES RADIATIONS OCULAIRES

M. Jounet a repris récemment les expériences du magnétiseur Lafontaine sur son Zoomagnétomètre et il expose ainsi les résultats auxquels il est arrivé.

« J'ai refait, en 1893 et depuis, une partie de ces expériences, celles qui se rapportent à l'action du fluide des mains humaines sur une aiguille de cuivre suspendue en un bocal soigneusement fermé.

« L'aiguille de cuivre percée au milieu est suspendue, à l'intérieur du bocal de verre mince, par un fil de soie non filé; le fil est cousu par son extrémité supérieure au centre d'une couverture de peau qui ferme hermétiquement le bocal. Je place le bocal sur une cheminée de marbre solidement encastrée dans le mur. Je m'assieds en face du bocal, un peu au-dessous. La pièce est fermée, je suis seul, j'ai tout préparé moi-même. On est en pleine lumière. Dans ces conditions, l'aiguille étant bien reposée et parfaitement immobile, si j'approche la main, les doigts en pointe, je mets l'aiguille en mouvement, je détermine des attractions et des répulsions.

« J'ai tenté avec le Zoomagnétomètre quelques expériences dont Lafontaine ne parle pas; j'ai tenté de mettre l'aiguille dans tel ou tel sens, *ayant abaissé les mains et n'ayant que les yeux en face de l'aiguille;* j'ai réussi à la mettre en mouvement dans la direction voulue.

« Alors le bocal étant placé sur un rond de papier portant à la circonférence des lettres de l'alphabet cerclées de manière qu'une des pointes de l'aiguille fût en face de la première moitié de l'alphabet de A jusqu'à L et l'autre pointe de l'aiguille en face de la seconde moitié de M jusqu'à Z, j'ai voulu voir si je n'arriverais pas, par la pensée, à mettre l'aiguille en mouvement, à faire s'arrêter légèrement ses pointes en face de telle ou telle lettre et à former ainsi un mot voulu déterminé d'avance.

« J'y suis parvenu pour des mots courts et n'exigeant pas une trop grande amplitude du mouvement de l'aiguille; j'ai formé ainsi les mots roc, ère, nord, etc. Je conclus qu'il est possible par la seule action mentale et cérébrale, de mettre en mouvement une aiguille de cuivre suspendue dans un bocal de terre fermé et immobile et de faire tracer par des arrêts de cette même aiguille devant des lettres inscrites sur un rond de papier placé au-dessous du bocal, toujours par la seule action mentale et cérébrale, des mots déterminés d'avance dans l'esprit.

« Or un cerveau humain est plus souple qu'une aiguille inerte. La possibilité de la suggestion mentale se trouve donc analogiquement confirmée par ces expériences avec l'aiguille. »

Ces expériences donnent également la clef de ce phénomène, que M. Chevreul a vainement tenté d'expliquer par les mouvement inconscients et qu'il définissait ainsi :

« *Penser* qu'un pendule tenu à la main peut se mouvoir et qu'il se meuve sans qu'on ait la conscience que l'organe musculaire lui imprime aucun impulsion : voilà un premier fait.

« *Voir* ce pendule osciller, et que ces oscillations deviennent plus étendues par *l'influence de la vue* sur l'organe musculaire et toujours sans qu'on en ait conscience, voilà un second fait. »

On trouvera dans mon livre sur l'*Extériorisation de la motricité* des faits tendant à prouver que le regard peut, *comme la lumière*, exercer une action désorganisatrice puissante sur la force psychique.

NOTE I

SENSIBILISATION DE SUBSTANCES DIVERSES

(Extraits de mon journal d'expériences)

1° *L'eau*

14 décembre 1891. — Samedi 12 décembre avant midi, j'ai magnétisé fortement le bras et la main d'Albert et Bétatrix qui ont tous deux la propriété de s'extérioriser. Quand l'extériorisaion a été produite, j'ai présenté aux effluves de chacun d'eaux un verre d'eau différent pour les charger de leur sensibilité respective. J'ai ensuite versé quelques gouttes de chaque verre dans un troisième verre; les deux sujets ont ressenti simultanément une sorte de commotion électrique très violente. Enfin j'ai jeté le contenu des deux verres sur le sol de la cour et à peu près au même endroit, ce qui n'a produit aucun effet sur les sujets.

Aujourd'hui lundi, Albert me dit que, immédiatement après la séance, Béatrix et lui ont eu tous les deux des coliques qui ont duré tout l'après-midi du samedi. Les douleurs ont persisté jusqu'à ce matin sous forme de tiraillements dans l'estomac et dans les membres; aujourd'hui ils n'ont plus que de la lassitude et de la courbature.

3 janvier 1892. — Je sensibilise un verre plein d'eau en le plaçant entre les mains de Mme Vix poussée jusqu'à l'état de rapport et extériorisée. La sensibilité est transportée avec le verre jusqu'à plusieurs mètres, mais elle décroît avec la distance.

Des flacons de diverses substances plongées dans l'eau donnent des sensations désagréables mais vagues.

Une goutte d'eau sensibilisée avalée par moi lui donne une forte irritation au gosier.

Je la réveille et, après quelque temps de repos, reprenant mes expériences, j'engourdis sa main droite par action prolongée en isonome et je mets ses yeux en état d'hyperexcitabilité pour lui faire voir ses effluves. Elle voit alors que la main droite a conservé sa luminosité soit sur la peau soit au bout des doigts. En projetant quelques gouttes de l'eau sensibilisée sur sa main droite, la peau redevient lumineuse et sensible dans les parties mouillées ; j'ai dessiné ainsi sur sa main une croix, un cercle, etc.

15 *janvier* 1892. — J'essaie pour la première fois Mme Robert qui est très sensible, mais qu'on a dirigée surtout du côté de la lucidité. — Dès les premiers états, sa sensibilité s'extériorise, mais elle croît et décroît à l'extérieur suivant une loi assez confuse ; il y a un maximum de sensibilité à une dizaine de centimètres de la peau ; elle sent les paumes de ses mains comme si elles étaient en contact, quand elles sont à une vingtaine de centimètres l'une de l'autre, ce qui l'étonne beaucoup, car elle n'a jamais entendu parler d'expériences semblables.

Je sensibilise un verre d'eau et elle sent encore mes contacts sur ce verre quand il est éloigné d'elle d'une huitaine de mètres et dans une chambre voisine, tandis que ses couches sensibles ne s'étendent qu'à 3 ou 4 mètres autour d'elle. Elle a pu compter ainsi le nombre de fois que je trempais mon doigt dans le verre, bien qu'elle ne me vît pas. Quand je plongeais dans l'eau des flacons d'odeur, elle ne percevait que le contact des flacons.

14 *février* 1892. — Mme Vix est profondément endormie ; je sensibilise un verre d'eau. Elle souffre quand j'en bois une goutte ; elle grelotte. Je la ranime en lui faisant boire toute l'eau qui s'est chargée de ses effluves.

Même réveillée, elle éprouve des sensations quand je touche les quelques gouttes qui sont au fond du verre.

24 *février* 1892. — Mlle Andrée, endormie par M. Reybaud, qui me met en rapport avec elle, a chargé de ses effluves un verre d'eau ; j'en absorbe quelques gouttes ; elle manifeste une vive souffrance. Chaque fois qu'elle voit ensuite quelqu'un des assistants faire mine de boire cette eau, elle se précipite sur lui pour lui arracher le verre des mains.

5 *avril* 1892. — Mme Lambert est endormie par moi ; je lui fais sensibiliser une casserole pleine d'eau, puis je prie un

tiers de mettre cette casserole sur le feu : au bout de quelque temps, Mme Lambert éprouve la sensation de chaleur, bien qu'elle soit presque insensible au pincement que fait ce tiers sur ses couches sensibles.

24 juillet 1892. — J'endors profondément Mme Lambert; je lui fais placer le bras et la main dans une cuvette. Au bout de quelque temps, l'eau lui paraît chaude; elle sent vivement quand je touche l'eau, même après qu'elle en a retiré ses mains; elle éprouve une sensation vague quand je froisse le linge avec lequel elle s'est essuyé la main.

Quand je remue la cuvette et que l'eau balance, elle a des haut-le-cœur, comme si elle était sur un bateau.

Dans les premiers instants après qu'elle eût retiré sa main de l'eau, si je prenais une goutte de cette eau au bout de mon doigt, derrière elle, et touchais ensuite une partie de mon corps, elle ressentait mon attouchement dans la partie correspondante de son corps à elle; au bout d'un temps assez court cette localisation à disparu, il n'y avait plus que la sensation vague du toucher.

19 juillet 1892 (Hôpital de la Charité). — Après avoir chargé un aimant en fer à cheval des effluves d'un malade par la méthode du Dr Luys, je place les deux pôles de cet aimant dans deux verres différents. Ces verres acquièrent pour les sujets des goûts différents : agréables pour le pôle qu'ils voient bleu, désagréable pour le pôle qu'ils voient rouge. De plus, l'aimant a perdu ses propriétés de transfert, c'est-à-dire que, placé sur la tête d'un sujet, il ne produit plus chez ce sujet l'état psychique du malade dont il avait absorbé les effluves.

En 1895, j'ai eu l'occasion d'étudier pendant plusieurs jours et à diverses reprises la fille d'un de mes amis, Mlle I. de P., chez qui, à la suite d'une violente émotion subie à l'âge de quinze ans, des crises d'hystérie s'étaient déclarées.

Quand cette jeune fille était en crise, elle présentait la plupart des phénomènes observés à La Salpêtrière, puis elle tombait dans un état comateux suivi d'une excitation tout à fait anormale de la sensibilité.

Dans ces moments-là, elle sentait quand la femme de

chambre remuait ses eaux de toilette et avait souvent des malaises inexpliqués à la suite du versement de ces eaux dans les cabinets d'aisances. Je lui conseillai, lorsqu'elle se sentait dans un état de sensibilité anormale, de descendre elle-même ses eaux dans le parc du château qu'elle habitait et de les verser sur le gazon ; ce qu'elle prit l'habitude de faire et ce dont elle se trouva bien. Un jour, tout en chantant, elle vidait sa cuvette sur un buisson ; on l'entendit pousser un cri de douleur ; on accourut et on constata que, par mégarde, elle avait arrosé une touffe d'orties.

Cf. — Dans un article récent publié par le *Zukunft* de Berlin sous le titre: *Les Cures sympathiques*, le Dr Carl Du Prel écrit :

« Il est intéressant d'observer que beaucoup de somnambules parlent de leur rapport avec le magnétiseur, comme les Paracelsistes parlent de la mumie, et qu'elles attribuent à ces rapports des effets sur l'organisme. Un des somnambules du Dr Kerner lui dit (KERNER, *Histoire de deux somnambules*, 121, 132, 138) : « Je connais aussi un moyen par lequel ma chevelure que je viens de perdre repousserait : tu dois mettre trois mèches de tes cheveux dans un verre d'eau ; je laverai tous les matins ma tête avec cette eau et mes cheveux repousseront. » En employant ce remède, Kerner remarqua, à son grand étonnement, qu'une partie des cheveux de la somnambule prit une couleur extraordinaire, c'est-à-dire la couleur de ses cheveux à lui, et il lui fit part de cette observation Elle lui répondit qu'elle le savait lorsqu'elle lui avait demandé le remède. Elle se fit encore donner quatre mèches de cheveux de Kerner et les mit dans la même eau. Ses cheveux devinrent de plus en plus épais, et prirent tout à fait la couleur et la dureté des cheveux de Kerner.

« Une partie de l'eau qu'elle avait employée ayant été jetée par inadvertance sur le poêle, elle eut un mal de tête affreux qui ne cessa que quand toute l'eau fut vaporisée. Kerner rappelle à ce propos la tradition populaire qui veut qu'on ne jette jamais les cheveux, mais qu'on les brûle pour qu'on ne puisse s'en servir pour des influences magiques, et qu'en outre, si les oiseaux emploient ces cheveux pour la construction de leurs nids, les personnes auxquelles ils ont appartenu souffrent du mal de tête pendant que ces oiseaux couvent. »

Dans un ouvrage publié tout récemment (*Le Magnétisme curatif*), M. Bué rappelle les expériences qui montrent que l'eau peut absorber non seulement les effluves du magnétisé extériorisé, mais encore celles du magnétiseur.

« Pour m'en assurer, dit-il, j'ai souvent répété l'expérience suivante sur des somnambules ; je leur présentais tout d'abord un verre rempli d'eau pure et je leur demandais : « Que voyez-vous ? » Etonnés de ma question, ils me répondaient généralement sur un ton d'indifférence marquée : « Eh bien ! c'est un verre avec de l'eau dedans. » Me mettant à l'écart, je faisais quelques passes sur l'eau et le verre et je les leur reprérésentais à nouveau en renouvelant ma question. Il est rare alors que mon sujet ne témoignât pas spontanément de son étonnement en s'écriant : « Oh ! c'est joli ! comme ça brille ! on dirait de l'eau phosphorescente... »

« Si je faisais ensuite passer le verre aux personnes présentes en les priant de vouloir bien le magnétiser, chacune à leur tour, le sujet appelé à se prononcer sur l'état de l'eau percevait fort bien autant de couches de nuances différentes qu'il y avait eu d'opérateurs, comme si chacun de nous avait successivement emmagasiné dans cette eau des radiations de qualités diverses qui s'étaient superopsées sans se confondre. »

2° *Le sang*

Je n'ai fait aucune autre expérience sur le sang que celle qui est mentionnée à la page 134 du chapitre IV ; mais tous les anciens auteurs qui se sont occupés de la question le regardaient comme la substance la plus riche en esprit vital, ou en sensibilité pour employer le terme dont je me suis servi jusqu'ici.

« Voici pourquoi, dit Carl du Prel (*Les Cures sympathiques*), on cherchait à agir directement sur lui pour guérir des abcès, des plaies, des hémorragies. Après une saignée, par exemple, on avait l'habitude d'enterrer le sang après y avoir ajouté des herbes curatives. Ceci correspond à ce que dit une somnambule : « Quand on me saigne, alors je sens une grande quantité de force magnétique me quitter ; une personne qui serait très impressionnable pour les influences magnétiques s'endormirait facilement en aspirant la vapeur qui s'échappe du sang au sortir des veines. » (Du POTET, *Journal du magnétisme*, VIII, 172.)

« Reichenbach arrive à la même conclusion ; il dit à propos du sang saturé d'od : « A différentes reprises, je levais les bras en l'air devant Mlle Zinkel qui alors, au fur et à mesure que le sang descendait, voyait très bien mes bras pâlir et perdre leur lumière. Quand je les laissais retomber, elle les voyait redevenir lumineux dès que le sang affluait au bout des doigts. Je repris cette expérience avec Mlle Zinkel plusieurs années plus tard. D'abord je lui montrai mes mains et mes bras étendus horizontalement, puis je les élevai verticalement et aussitôt elle les vit devenir plus obscurs. Etendus horizontalement, ils redevinrent plus clairs, et, quand je les laissai tomber entièrement, elle les vit aussitôt tout à fait lumineux. La lumière odique variait donc d'après la proportion de sang que contenaient les veines. (*L'homme sensitif*, I, 766 ; II, 74.)

« Ceci explique comment le sang si riche en od peut être également si efficace comme mumie. Mais on peut employer d'autres substances mumiques pour les cures sympathiques.

« Wirdig (*Nova medicina spiritum*, II, R. 27) dit : « J'appelle *mumie* et je considère comme véhicule de transplantation toute substance imprégnée d'esprit vital. » Lui aussi cite en première ligne le sang, mais il mentionne encore toute secrétion ou excrétion du corps : urine, sueur, lait, cheveux, ongles, qui, séparés du corps, gardent pendant un certain temps une portion d'esprit vital.

« Il nomme également l'haleine et la salive, qu'on retrouve jouant un si grand rôle dans les guérisons du magnétisme animal, ainsi que dans les guérisons miraculeuses de l'Ancien et du Nouveau Testament. »

3° *Les animaux*

27 *juin* 1892. — Mme Lambert a maintenant un petit chat. Pendant qu'elle était endormie magnétiquement, j'ai mis ce petit chat sur elle et je l'ai caressé. J'ai produit ainsi chez elle un tel agacement de nerfs qu'elle se mordait les poings, et j'ai dû cesser.

Quand elle fut réveillée, je causais avec elle de choses quelconques; tout à coup, elle fit la grimace et dit qu'elle avait à la bouche un goût de viande qui lui répugnait parce qu'elle venait de dîner et de prendre le café. J'ai constaté qu'à ce moment précis, le chat qu'elle ne voyait pas était derrière elle, sous une table, à manger de la viande qu'on lui avait préparée.

Elle m'a raconté que ce chat, qui couchait sur son lit, allait quelquefois, la nuit, exercer ses griffes sur les rideaux de la fenêtre, qu'elle sentait alors des agacements dans ses propres ongles et qu'elle ne pouvait les faire cesser qu'en se levant et chassant le chat.

Mme Le Faure a une petite chienne qu'elle met presque constamment sur elle, même pendant mes expériences; lorsqu'elle est extériorisée et qu'elle a chargé la chienne de sa sensibilité, elle éprouve tout ce que je fais subir à la chienne; elle prétend même ressentir ses sentiments et suivre ses pensées, qui seraient analogues à celles d'une personne, mais beaucoup moins précises.

Si cela était vrai, on pourrait ainsi aborder l'étude de la psychologie des animaux.

4° *Les végétaux*

18 *mars* 1892. — Je mets un pot de jacinthes sur les genoux de Mme Lambert, quand elle est dans les états profonds. La fleur se charge de sa sensibilité; Mme Lambert, réveillée, sent les attouchements, le souffle, qui agissent sur la fleur éloignée d'elle de quelques pas, et elle les sent sur les genoux.

29 *mars* 1892. — Je sensibilise une fleur avec Mme Lambert extériorisée; la fleur présente une couche sensible, une

sorte d'auréole au delà de ses pétales. Les pincements faits sur l'auréole sont ressentis plus vivement par Mme Lambert que ceux qui sont faits sur la fleur.

28 juin 1892. — Mme Lambert a acheté une sensitive qui est très sensible; on la lui a apportée aujourd'hui même. Elle dit qu'à son approche la sensitive s'est fermée.

Quand elle approche ses mains de la plante, elles sont fortement attirées.

J'endors Mme Lambert; je place la sensitive à côté d'elle, entre ses mains, pour la sensibiliser.

Quand la plante est sensibilisée, Mme Lambert, encore endormie et placée seulement à 1 mètre, ressent les pincements quand je pince l'air à 2 ou 3 centimètres de la plante. Celle-ci paraît, du reste, être entourée, comme un être humain, de couches alternativement sensibles et insensibles jusqu'à plusieurs décimètres.

Quand je touche la plante et que je fais ainsi fermer ses feuilles, Mme Lambert ressent dans ses mains comme des cassures, puis les mains se contractent.

J'ai répété plusieurs fois l'expérience dans un laps de deux heures, cherchant à toucher la plante lorsque le sujet ne pouvait la voir; à chaque fois, j'ai déterminé les mêmes phénomènes; une action plus forte que les autres a même produit une perte de connaissance momentanée.

Quand Mme Lambert a été éveillée, j'ai fait diriger son doigt sur l'extrémité d'une branche; j'ai pincé l'air entre les deux, elle a ressenti le pincement, et les folioles de la branche m'ont paru se fermer un peu.

Quand je tenais à la main le pot renfermant la plante, il semblait à Mme Lambert que je la tenais par la taille; la sensation devenait plus forte quand je tenais la tige, et j'ai provoqué un léger évanouissement avec contracture quand j'ai empoigné les feuilles à pleine main.

Quand je magnétise la plante en remontant, selon le sens de la sève, elle se sent bien; elle est bouleversée quand je la magnétise en sens contraire.

30 juin 1892. — Continuation avec Mme Lambert des phénomènes d'attraction entre ses doigts et la sensitive et des communications de sensation entre elle et la plante sensibilisée.

J'ai magnétisé la sensitive, et il m'a bien semblé encore aujourd'hui que je faisais légèrement fermer ses folioles en les pinçant à distance.

2 *juillet* 1892. — Mme Lambert, réveillée, ne sent plus l'odeur d'une fleur qu'elle a chargée de ses effluves pendant son sommeil, sans doute parce qu'il y a un accord trop parfait. C'est un phénomène à vérifier de nouveau.

Cf. — On trouve dans le tome VIII de la *Bibliothèque du magnétisme animal* (p. 115) une lettre de M. Le Lieure de l'Aubépin, à Deleuze, dans laquelle ce magnétiseur rapporte le cas suivant arrivé à sa somnambule Manette.

« Manette s'était endormie en ma présence en touchant à une branche de myrthe précédemment magnétisée par moi, après quoi je suis sorti. Lorsque je suis revenu accompagné de mon frère qui m'aidait dans les soins que je lui ai prodigués, j'ai trouvé Manette endormie et dans une crise qui n'avait pas été prévue par elle.

« Après l'avoir tranquillisée, je lui demandai d'où était venue cette crise ; elle m'a répondu, à mon grand étonnement, que c'était mon frère qui en était l'auteur, *car il avait percé avec ses ongles une feuille de myrthe qui était avec elle en rapport magnétique*, et qu'au moment même où il le faisait, elle était tombée en proie à une crise de nerfs très douloureuse.

« J'ajoute que cette branche de myrthe était éloignée de 6 mètres de la malade. »

Une des somnambules du Dr Kerner, qui avait tenu pendant longtemps un cep à la main, disait, quand celui-ci fut mis sur une table, qu'il fallait le lui rapporter, *parce qu'elle n'était pas tout à fait sortie du cep* et que l'éloignement soudain d'un objet ou d'une personne avec laquelle elle s'était trouvée en rapport l'affectait toujours péniblement. Une autre fois, tenant entre les mains une branche de noyer, elle dit : « Si on brûlait cette branche imbibée de mon magnétisme, je souffrirais des douleurs atroces dans toutes les parties de mon corps et j'en mourrais certainement. Si on la mettait dans l'eau, je sentirais un frisson parcourir tous mes membres, *toute ma force serait absorbée par l'eau*, j'aurais la fièvre et je serais privée de mes sens. La seule chose qui pourrait me sauver alors serait qu'on me fît boire cette eau, et alors mes forces me seraient rendues. » (KERNER, *Histoire de deux somnambules*.)

Mlle I. de P..., dont j'ai parlé dans l'article de cette note, présentait au point de vue de la sensibilisation des objets extérieure une affinité particulière pour les végétaux.

Quand elle était dans ses périodes d'hyperesthésie sensorielle à la suite de crises hystériques, elle éprouvait des secousses pénibles quand on remuait près d'elle, dans la caisse à bois, les bûches provenant des arbres du parc. Elle ne pouvait même rester devant le feu où les bûches flambaient parce qu'elle éprouvait par tout le corps des sensations de brûlure ; elle était obligée d'aller se chauffer à la cuisine devant un fourneau à charbon.

Un jour, où elle était couchée à la suite d'une de ses crises, elle entendit les coups de hache portés sur un arbre qu'on abattit devant les fenêtres ; elle pria qu'on cessât parce qu'elle ressentait tous ces coups. Quand elle se leva, on s'aperçut qu'elle avait sur l'une des jambes un stigmate rouge circulaire à la hauteur où elle supposait qu'on avait attaqué le tronc.

5° *Les aimants*

Les expériences que j'ai commencées à ce sujet ne sont point encore assez nombreuses pour permettre d'en tirer des lois ; il semble que chaque pôle *sensibilisé* est le centre de couches concentriques *sensibles* différant des effluves odiques perçus en bleu ou en rouge par le sujet.

On a vu dans le chapitre V les phénomènes de transfert opérés à l'aide de l'aimant.

6° *Les métaux*

On sait que l'argent et surtout l'or produisent généralement une sensation très vive de brûlure quand on l'applique sur l'une des couches de la sensibilité extériorisée des sujets. Ce qu'on n'avait pas encore signalé, c'est que, chez quelques-uns d'entre eux, le fer absorbe les effluves de la même manière que l'eau chez les autres.

J'ai constaté ce phénomène d'une façon extrêmement nette chez un jeune étudiant de 20 ans, M. Laurent, et chez une jeune femme de 25 ans, Lina, modèle bien connu à Paris.

7° Les cristaux

18 mars 1892. — Je fais préparer une dissolution sursaturée d'hyposulfite de soude afin de voir si la cristallisation de la dissolution sensibilisée n'arrêtera pas l'évaporisation de la sensibilité.

J'endors Mme Lambert; je sensibilise la dissolution avec sa main droite; M. F... fait cristalliser la dissolution en y jetant un cristal sans que Mme Lambert le voie. Elle pousse immédiatement un cri de douleur et finit par s'évanouir en disant qu'elle souffre dans tout le bras droit.

Nota. — Cette expérience a été répétée avec le même succès sur d'autres sujets; la cristallisation a toujours provoqué la crispation de la main qui avait servi à sensibiliser la dissolution.

25 mars 1892. — J'avais placé le ballon à long col qui contenait l'hyposulfite de soude dans une armoire. Je touche la surface des cristaux avec une baguette devant Mme Lambert, qui ressent encore l'attouchement.

27 mars 1892. — Je laisse Mme Lambert dans le salon où je viens de faire sur elle diverses expériences; elle cause avec des personnes qui lui demandaient des explications, et je passe sans rien dire dans la pièce voisine où j'avais porté depuis la veille, à l'insu du sujet, le ballon contenant l'hyposulfite cristallisé. Voulant savoir s'il est toujours sensible, j'enfonce violemment un poignard dans la couche supérieure. Au même instant, un cri terrible retentit dans le salon, et Mme Lambert, les yeux remplis de larmes, tombe inanimée sous les yeux des spectateurs effrayés.

5 avril 1892. — La cristallisation d'hyposulfite est à peine sensible à l'état de veille; mais elle est encore très sensible pendant le sommeil profond.

J'y ajoute de l'eau; Mme Lambert ressent une impression de

froid, et cette sensation persiste assez longtemps, peut-être par suite de redissolution des cristaux.

Quand j'agite cette dissolution, Mme Lambert éprouve des maux de cœur.

19 *avril* 1892. — J'avais préparé une dissolution de sucre pour savoir si elle retiendrait mieux la sensibilité extériorisée que l'eau pure. — En faisant l'essai avec Albert L..., je ne constatai rien de bien saillant; je lui fis alors boire l'eau qu'il avait chargée, afin de ne pas le laisser affaibli. Quand il eut absorbé les quelques cristaux de sucre qui étaient restés non dissous au fond du verre, il dit qu'il ressentait de fortes coliques. Les coliques persistant malgré des impositions de mains, des suggestions, je le rendormis et le mis en état de voir l'intérieur de son corps. Il dit qu'il voyait les cristaux tout brillants parce qu'ils avaient condensé le fluide sur leurs faces et qu'alors ils étaient trop actifs et le brûlaient. Je finis par le guérir en lui faisant avaler beaucoup d'eau pour dissoudre le sucre, mais il gémit pendant une heure et demie.

Cette expérience unique ne doit être acceptée qu'avec réserve, d'autant plus qu'il faut se défier du témoignage de certains sujets qui ne perdent pas une occasion d'apitoyer leur magnétiseur sur leur compte.

8° *Les étoffes*

2 *mars* 1892. — Mme Lambert a été endormie très profondément sur un fauteuil de velours; pendant son sommeil, je l'ai priée de s'asseoir sur un autre fauteuil, puis j'ai enfoncé, sans rien dire et sans qu'elle me vît, une épingle dans le siège du fauteuil qu'elle venait de quitter: elle a poussé un cri et refusé de s'asseoir sur le second fauteuil, disant qu'on avait mis des épingles sur les sièges. J'ai alors caressé le velours du premier fauteuil: elle a rougi en souriant. Je me suis enfin assis sur le même fauteuil: elle a paru oppressée et m'a prié de me lever parce que j'étais trop lourd. Au bout de deux ou trois minutes, le fauteuil n'était plus sensibilisé.

NOTE. — Depuis que cette observation a été faite, Mme Lambert a été fort malade et fort malheureuse; sous l'influence des privations physiques et des douleurs morales patiemment supportées, les facultés se sont modifiées et elle a acquis une partie de celles des mystiques. La sensibilité, notamment, se dissout aujourd'hui (en 1898) beaucoup plus facilement dans la *soie* que dans l'eau, propriété que j'ai constatée chez une autre voyante (Mireille).

Pour la plupart des sujets, les gants, les bas, les chemises restent pendant quelque temps imprégnés de leur sensibilité. Aussi est-il prudent pour ces personnes, quand elles ont quitté ces vêtements, de les mettre dans un endroit sec et aéré au lieu de les laisser dans une local malsain, comme ceux où l'on met généralement le linge sale. On peut enlever de suite cette sensibilité soit en soufflant sur les vêtements, soit en les faisant tremper dans l'eau; mais c'est alors l'eau qui devient sensible.

6° *Substances grasses*

11 juillet 1893. — Mme Lambert sensibilise très rapidement avec la main une boîte remplie de cold-cream. Chaque fois que je touche le cold-cream, elle éprouve une sensation nauséeuse et un mal de cœur, comme si elle mangeait de la graisse.

NOTE K

L'EXTÉRIORISATION ET L'EMMAGASINEMENT DE LA SENSIBILITÉ CONSTATÉS PAR D'AUTRES EXPÉRIMENTATEURS

I

Dans *les Etats profonds de l'hypnose* (pp. 36-49) j'ai déjà rapporté un certain nombre de témoignages anciens relatifs à cet ordre de faits; en voici d'autres encore :

« Dans certaines hystéries compliquées de somnambulisme, dans les extases lucides, quelles qu'en soient les causes, on observe un développement tout particulier de la sensibilité qui rend les sujets impressionnables à des sensations dont l'objet est en dehors de la sphère d'impression normale. Ainsi tels extatiques perçoivent des bruits à des distances considérables, *ils ressentent les douleurs des personnes présentes*, ils sont impressionnés agréablement ou péniblement, curativement ou physiologiquement, par telles ou telles personnes, par le contact ou *l'approche des mains* et même par la volonté de ces personnes.

« Il suffirait, pour appuyer ce que j'avance, de compulser les annales religieuses, médicales et magnétiques pour trouver un nombre considérable de faits venant constater l'impressionnabilité lde certains individus plongés dans les divers degrés de l'état extatique, à l'influence d'autres personnes plus ou moins en rapport avec eux. Il serait facile de constater que cette influence, si considérable parfois en bien des cas, est tout à fait indépendante de l'imagination, et qu'elle est due à une loi dynamique. » (Dr CHARPIGNON, *Médecine animique*, p. 133.)

En 1847, le Dr Burq constata qu'une somnambule, nommée Clémentine, en traitement à l'hôpital Beaujon, ne pouvait toucher un objet en cuivre sans éprouver la sensation de brûlure ; le cuivre n'avait même pas besoin pour agir d'être en contact avec la peau, il produisait son effet à 30 centimètres de distance et même à travers les couvertures. (Dr MORICOURT. *Manuel de métallothérapie*, p. 11.)

M. Sausse, dans la *Chaîne magnétique* du 15 mai 1889, dit avoir connu un magnétiseur qui, après avoir mis son sujet en somnambulisme, parcourait les bancs de la salle, demandant qu'on lui fît, sur une des parties visibles du corps, une marque quelconque : la marque se trouvait aussitôt reproduite sur le sujet. « L'expérience la plus concluante que je lui ai vu faire est la suivante : le sujet était sur la scène avec ce teint d'albâtre des anémiques ; sa joue et son cou étaient très pâles ; le magnétiseur ayant été fortement pincé au cou, immédiatement une rougeur très vive se produisit sur le cou du sujet immédiatement au même endroit ; or, il y avait une distance de près de 15 mètres qui le séparait du magnétiseur, et les personnes interposées entre eux interceptaient toute communication visible ; je me trouvais à près de 8 mètres du sujet et j'ai parfaitement distingué la rougeur que j'ai vue se produire et disparaître lentement. »

MM. de Krauz, de Siemiradzki et le Dr Higier ont observé le *toucher à distance*, chez Eusépia Paladino, dans les expériences faites à Varsovie en 1894 (*Revue d'hypnotisme*, 1894, p. 173).

Les docteurs Sicard de Plauzolle et Dircken, anciens internes de la Charité, ont affirmé, dans des brochures ou dans des articles de revue, la réalité du phénomène de l'extériorisation de la sensibilité sur lesquels, disent-ils, on ne peut plus avoir aucun doute. Je reproduis ci-après d'autres témoignages qui présentent des détails intéressants pouvant servir à préciser la théorie du phénomène.

II

Communication de M. Astère Denis, directeur de l'Institut hypnotique de Verviers

Le samedi 13 mai 1893, à 2 heures et demie de l'après-midi, M. de Rochas procède devant moi, à Paris, à des expériences d'extériorisation de la sensibilité et d'envoûtement avec une jeune femme qu'il appelle Mme Lux.

Il est convenu que, revenu chez moi, à Verviers, je verrai si je puis, tout en évitant la suggestion, reproduire les mêmes phénomènes sur une femme, sujet très sensible, dont je connai depuis longtemps la parfaite sincérité et que j'appellerai Aloud.

Le 31 mai, après avoir endormi Aloud comme d'habitude, je la conduis dans un sommeil plus prononcé à l'aide de passes lentes, allant du dessus de la tête au creux de l'estomac. De temps en temps, le sujet pousse des soupirs qui m'annoncent que des états de plus en plus profonds se succèdent.

J'avais déjà remarqué ces soupirs non sans étonnement, et très souvent je lui avais demandé à ce propos s'il ne souffrait pas ; il m'avait toujours répondu qu'il se portait bien.

M. de Rochas m'en a donné l'explication : le soupir est, chez la plupart des sensitifs, l'indication d'un changement d'état de l'hypnose.

Après le premier soupir, je questionnai le sujet.

— Qui êtes-vous ? — Je suis Aloud. Vous ne me connaissez donc pas pour me demander qui je suis ?

Après le deuxième soupir, de nouveau :

— Qui êtes-vous ? — Je suis moi.

— Qui moi ? — Je ne sais pas.

— Connaissez-vous Aloud ? — Astère le connaît bien.

— Elle existe donc ? — Elle a existé.

— Elle n'existe plus ? — Non.

Après le troisième soupir :

— Qui êtes-vous ? — Je suis moi.

— Qui moi ? — Je ne sais pas.

— Qui connaissez-vous ? — Je vous connais.

— Avez-vous connu Aloud ? — Non.

— Avez-vous vu tel ou tel ? — Non.

— Connaissez-vous d'autres personnes ? — Non.

Après le quatrième soupir :

— Qui êtes-vous ? — Je suis Astère (1).

Je circule alors dans la chambre. Le sujet qui est assis s'agite ; je lui demande ce qu'il a : « Je voudrais marcher », répond-il.

Supposant qu'il a voulu m'imiter, je fais des mouvements avec la bouche ; le sujet s'agite de nouveau ; questionné, il dit : « Je voudrais mouvoir la bouche. »

Je me fais pincer le doigt par le seul ami présent, que j'avais prévenu à l'avance afin d'éviter la possibilité de suggestionner le sujet en communiquant mes intentions devant lui. Il s'agite encore et se plaint qu'on le pince.

---

(1) On retrouve ici cet envahissement de la personnalité du sujet par celle du magnétiseur, que j'ai signalé dans *Les états profonds de l'hypnose*, pp. 20 et suiv.

Je lève le bras droit à plusieurs reprises et de plus en plus violemment : Aloud paraît de plus en plus tourmentée ; après un effort qui semble très violent, elle parvient à agiter elle-même son bras.

En, dehors de sa vue normale, c'est-à-dire derrière elle, je pince dans le vide en m'éloignant de plus en plus de son bras gauche que j'ai eu soin de ne pas toucher. A 10 centimètres, et à des distances diverses, jusqu'à 3 ou 4 mètres, elle ressent l'effet du pincement. Quand j'approche une flamme ou que je donne des coups d'épingle dans les endroits dont je viens de reconnaître la sensibilité, le sujet prétend être brûlé et piqué. Pour peu que j'opère avec persistance, elle se lève en poussant des cris : « On me pique ! On me brûle ! » Les sensations de douleur sont même perçues d'une chambre à l'autre, la porte de communication étant fermée.

Sous le titre *Hyperesthésie de la sensibilité chez un sujet hypnotisé,* la Revue de l'hypnotisme a publié, dans son numéro de décembre 1893, un article dans lequel le Dr M... discute et combat les phénomènes d'extériorisation et d'envoûtement de M. de Rochas.

J'ai vu à l'œuvre M. de R... et son contradicteur. Les procédés de l'un diffèrent totalement de ceux de l'autre.

Le Dr M... se contente de mettre son hyperesthésique dans un premier état d'hypnose plus ou moins profond suivant les dispositions du sujet ; on sait que cet état est favorable à la suggestion ; de plus, l'opérateur prévient le sujet de ce qu'il veut obtenir de lui. M. le colonel de R..., au contraire, par une magnétisation spéciale et prolongée, pousse le sommeil à un degré extrême auquel ne songent pas à arriver ceux qui font de la thérapeutique hypnotique. Et voilà pourquoi tant de médecins ne sont pas parvenus, malgré leurs essais réitérés, à produire des piqûres à distance.

M. de R... se garde bien, lui, de suggestionner ; s'il le fait, c'est inconsciemment ; et ses précautions sont tellement minutieuses que je ne vois pas comment cette suggestion pourrait se produire.

Quand le phénomène d'extériorisation est imité par suggestion, il ne se produit que si le sujet entend un bruit avertisseur: cela ne démontre pas plus la fausseté du phénomène que l'action de simuler habilement le sommeil hypnotique ne démontre la non-réalité de ce sommeil.

Tous les sujets ne sont pas aptes à produire l'extériorisation de la sensibilité. D'abord, parce que (c'est là une vérité banale) chez tous on ne peut provoquer le même degré de sommeil; trop souvent la simple fermeture des paupières est tout ce qu'on obtient. Ensuite, si même le profond sommeil est acquis, les dispositions varient suivant les individus; le système cérébral, quoique fait sur le même moule pour l'humanité entière, ne donne pas chez tous des facultés identiques: il y a des sensés et des fous, des sensitifs et des obtus, si je puis m'exprimer ainsi. C'est pourquoi l'on ne doit pas trop compter que tout sujet soumis à la méthode de M. de Rochas réalisera le phénomène attendu, fût-il un sujet modèle à certains points de vue.

J'ai cependant réussi à produire sur Aloud non seulement l'extériorisation de la sensibilité, ainsi qu'on vient de le voir, mais encore ce qu'on a appelé, en se reportant à certaines traditions, l'envoûtement.

Voici comment j'ai procédé:

Pour éviter tout bruit révélateur et toute idée préconçue du sujet, j'ai chargé, à son insu, de ses effluves un objet peu propre à éveiller son attention, une simple pomme cuite qui avait l'air de se trouver là par hasard.

Toujours Aloud a ressenti et spécifié ce que, en dehors de sa vue normale, je faisais à la pomme: piqûre, pincement, pression, brûlure et magnétisation.

Si c'est par l'hyperesthésie que le phénomène s'est produit, il faut reconnaître que cette sensibilité est arrivée à un degré inconnu et bien étonnant, d'autant plus que l'envoûtement a continué à produire ses effets, même après le réveil. Le sujet, étant dégagé, s'indignait parce que je traitais d'imaginaire ce qu'il disait ressentir au moment où, à son insu et sans bruit, je manœuvrais sur la pomme.

Ces diverses expériences ont été renouvelées plusieurs fois avec succès, même lorsque je faisais pincer et donner des coups de canif dans le vide par un médecin que j'avais mis en rapport avec le sujet.

Je dois ajouter aussi qu'il m'est arrivé de ne rien obtenir dans certaines circonstances où le sujet ou moi étions mal disposés.

Ce sujet, que j'ai poussé spécialement du côté de la télépathie, m'a donné des preuves très singulières de vue à distance, qu'il n'y a pas lieu d'exposer ici ; mais cette faculté peut servir de base à une objection.

N'a-t-il pas lu dans la pensée et n'a-t-il pas simplement ressenti ce que je croyais qu'il devait ressentir ? Je ne suis pas porté à le croire, parce que cette *lucidité* est un phénomène beaucoup plus rare et plus difficile à expliquer que l'autre ; l'effet était toujours *immédiatement* ressenti quand je pinçais, piquais, chauffais ou magnétisais la pomme, bien que je ne fusse pas du tout convaincu *a priori* de la réussite, tandis que je ne réussissais que rarement quand je voulais donner un ordre mental, et que, si j'y arrivais, c'était au prix d'efforts prolongés.

Quelle que soit l'explication qu'on arrive plus tard à donner à l'extériorisation et à l'emmagasinement de la sensibilité, je considère pour ma part le fait comme déjà parfaitement établi.

III

Communication de M. Horace Pelletier

Le 15 janvier 1894, M. Pelletier m'écrivit une lettre dont j'extrais ce qui suit :

« Un de mes amis, M. Costet, a endormi devant moi, par le moyen de passes, Théophile A..., un de mes sujets ; il l'a rendu insensible, il l'a pincé cruellement, il lui fait respirer de l'ammoniaque ; Théophile ne sentait rien. Voyant que le sujet était insensible, il l'a pincé à l'avant-bras, non l'avant-bras charnel, mais dans son rayonnement à 10 centimètres environ du corps. Théophile n'a manifesté aucune impression ; il était en léthargie, comme mort.

« M. Costet a alors réveillé le sujet; à mesure que celui-ci reprenait conscience de lui-même, il sentait des douleurs à l'avant-bras, vis-à-vis de l'endroit où l'atmosphère avait été pincée, mais il n'y avait sur le bras, au point où la douleur se faisait sentir, aucune trace de pincement.

« M. Costet a endormi ensuite au moyen de passes un autre sujet, une jeune femme, Mme Gaston B...; elle a passé par les mêmes phases que son prédécesseur. On a pincé sa chair, on lui a fait respirer de l'ammoniaque : elle a été parfaitement insensible. Puis on a pincé son atmosphère : elle a parfaitement senti les pincements, elle laissait échapper des cris de douleur. On a pris ensuite une épingle et on a piqué légèrement, très légèrement, on a à peine effleuré l'atmosphère de son bras à 8 ou 10 centimètres; Mme Gaston n'a pas senti la piqûre comme elle avait senti les pincements.

« Un autre jour, M. Costet a encore endormi Mme Gaston à l'aide de passes et l'a poussée jusqu'à un état profond de léthargie où la vie semblait l'avoir complètement abandonnée; puis il a approché et laissé à une distance de 13 centimètres de son bras un verre plein d'eau reposant sur une table.

« On a pincé alors la patiente à outrance, elle n'a rien senti, elle n'a fait ombre de mouvement. On l'a piquée avec une aiguille en différents endroits du corps, le cou, les joues, le gras des jambes, la main : elle a conservé la même insensibilité. Enfin, les assistants se sont mis à pincer avec leurs doigts, à tour de rôle, la surface de l'eau contenue dans le verre : Mme B... a senti tous les pincements; c'était pour elle une véritable torture. Avec la même aiguille dont on avait déjà fait usage, on a piqué l'eau et elle a senti la piqûre comme si on avait piqué son bras. On a relevé la manche de la jeune femme, on a mis sa chair à nu et on a trouvé la peau entamée légèrement avec une petite rougeur faiblement sanguinolente. »

NOTA. — Depuis cette lettre, M. Pelletier a envoyé à la *Paix universelle* (numéro du 30 septembre 1894) un article où il raconte qu'il a obtenu les mêmes effets non plus à l'aide de passes, mais à l'aide de la simple fascination par le procédé oriental.

« Je place, dit-il, au milieu d'un guéridon, une carafe en cristal pleine d'eau ; derrière la panse de ladite carafe est posé un bougeoir pourvu d'un bout de bougie allumée dont la flamme se voit de l'autre côté à travers la panse.

« Un sujet hypnotisable se trouve assis près du guéridon de ce même côté opposé à celui du bougeoir et fixe les yeux sur la flamme de la bougie ; au bout de cinq à six minutes le sujet s'endort et reste plongé dans un profond sommeil magnétique. Je recommençais il y a quelques jours l'expérience avec le même succès que d'habitude, lorsque l'idée me vint d'essayer si par le moyen du mandeb je pourrais produire le phénomène de l'extériorisation de la sensibilité. J'ai fait approcher une autre table près du sujet, à une distance de 13 centimètres environ de son bras droit, et j'ai placé, du côté de ce même bras, tout au bord de la table, un verre plein d'eau. Le sujet étant endormi, je le laissai dans son profond sommeil et j'attendis un certain nombre de minutes, six à huit à peu près, puis je pinçai rudement le sujet dans différentes parties de son corps, remplissant l'office d'un véritable bourreau. Le sujet ne bougea pas, il ne sentait rien, c'était un cadavre. D'autres personnes exercèrent chacune à leur tour leur férocité sur lui, il ne donna aucun signe de douleur : l'insensibilité était complète, absolue. Je me mis alors à pincer fortement l'eau contenue dans le verre : le bras droit, voisin du verre, fit un mouvement très accentué, tandis que l'autre bras, le bras gauche, restait complètement immobile. Je recommençai à torturer l'eau avec mes pincements comme j'avais torturé le corps charnel du sujet, et le même bras droit eut un mouvement bien plus accentué encore, exprimant une vive douleur. Le bras gauche continuait à garder son immobilité. Il est probable que, si le verre eût été placé à gauche au lieu d'être placé à droite, le bras gauche aurait senti de la douleur comme le bras droit. Les personnes qui assistaient à l'expérience se mirent aussi à pincer l'eau et le même phénomène se produisit exactement. La personne que j'ai endormie par le moyen du mandeb est une jeune fille de treize ans, Olympe Masson, fille d'un de mes meilleurs sujets.

« Ce qui ressort de ma tentative, c'est qu'elle vient confirmer les phénomènes obtenus par M. le comte de R...; elle prouve qu'ils, ne reposent pas sur l'illusion et qu'ils ne sont pas, comme quelques-uns se l'imaginent, l'effet de la suggestion. La fillette plongée dans le sommeil ignorait ce que je voulais obtenir d'elle, et de mon côté je ne lui ai point suggéré qu'elle éprouverait telle ou telle douleur en pinçant l'eau; elle ne se doutait pas que j'avais fait mettre à côté d'elle, dans le voisinage de son bras droit, un verre d'eau. »

M. Pelletier, revenant sur ces phénomènes dans un autre article (*La Paix universelle*, 1er décembre 1894) dit qu'il les a obtenus avec le courant d'une pile. « Après leur réveil, ajoute-t-il, les sujets sur lesquels j'opère ressentent dans le bras charnel les conséquences des pincements et des piqûres que j'ai infligées à l'eau du verre, et la douleur persiste pendant plusieurs heures. »

IV

Notes du Dr Encausse, chef du laboratoire d'hypnotisme du Dr Luys à l'hôpital de la Charité, à Paris.

Le 18 novembre 1893.

Après avoir extériorisé la sensibilité chez une malade, Mme L..., par les procédés habituels, nous faisons rapprocher les mains du sujet de façon à ce que deux zones de sensibilité se touchent et qu'il puisse sentir le contact de ses mains alors que les couches sensibles sont seules en contact.

Dans cet état, nous approchons une bougie allumée du sujet en passant rapidement au niveau des mains (simplement pour nous assurer de l'insensibilité), et en la laissant séjourner au niveau du point de jonction des deux couches de sensibilité extériorisée.

Le sujet accuse alors une vive sensation de brûlure, et après la séance nous constatons sur chacune des mains un petit durillon épidermique, insensible du reste, mais qui persiste deux jours.

Marguerite J..., qui était en traitement dans les salles pour une affection nerveuse, descendit un matin au laboratoire, la tête enveloppée de ouate. Elle nous déclara que, depuis la veille, sa joue droite avait considérablement enflé. A l'examen, nous constatâmes les premiers symptômes d'un abcès dentaire. Je voulus tenter une expérience à ce propos. Je plaçai Marguerite en état d'hypnose profonde (état de rapport), et j'extériorisai la sensibilité. Après avoir constaté que cette extériorisation était produite, je pris un bistouri et, faisant ouvrir la bouche du sujet, je donnai un coup de bistouri dans le vide au milieu de la bouche, la lame tournée à droite. Je réveillai ensuite le sujet et le renvoyai dans le service.

Cinq minutes après environ, elle revenait tenant sur sa bouche une compresse pleine de sang et elle nous raconta que l'abcès (qui n'était pas encore mûr cependant) s'était ouvert spontanément tandis qu'elle montait l'escalier pour rentrer dans la salle.

Nota. — On pourra consulter encore sur les expériences faites à la Charité un article de M. Just Sicard de Plauzolle intitulé *les Expériences du Dr Luys et de M. de Rochas sur l'extériorisation de la sensibilité* (Annales de psychiatrie et d'hypnologie, février 1863).

V

Extrait des procès-verbaux de la Société magnétique de France
(Séance du 26 novembre 1892)

M. Durville parle de l'envoûtement des anciens et de la preuve de sa réalité, du moins sur certains sujets. Cette preuve, dit-il, est donnée par le magnétisme.

Tous les magnétiseurs savent que presque tous les sujets endormis sont complètement insensibles et presque tous ont également remarqué que souvent, en approchant le sujet, celui-ci éprouvait certaines impressions. Mais la connaissance des magnétiseurs n'est pas allée au delà. Il était donné au colonel de Rochas d'observer que la sensibilité du sujet, qui a disparu de la surface du corps, rayonne autour de lui, à une certaine distance, de telle façon qu'en piquant ou en pinçant la peau, le sujet n'éprouve rien et qu'en piquant ou en pinçant à distance, il éprouve une sensation analogue à celle de piqûre réelle. De là le nom d'extériorisation de la sensibilité donné à ce phénomène.

Ce n'est pas tout, la sensibilité extériorisée du sujet peut être fixée sur un corps quelconque : de l'eau, un-fruit, un animal, etc.; et, en piquant ce corps, le sujet sent une piqûre en un point quelconque. Si on modèle une figure de cire et qu'avec certaines précautions on extériorise dessus la sensibilité du sujet, celui-ci ressent les moindres attouchements pratiqués sur la statuette; et si on la pique, une impression de piqûre est ressentie au point correspondant et presque toujours un stigmate reste marqué sur la peau. M. de Rochas obtient ces phénomènes en mettant le sujet dans une phase spéciale de l'état somnambulique, par des procédés assez compliqués.

« Me basant sur ma théorie de la polarité, dit M. Durville, j'ai pensé que ces procédés étaient inutiles; et, par un artifice des plus simples, j'ai obtenu sur des sujets entièrement éveillés ces phénomènes étranges qui montrent mieux encore la possibilité de l'envoûtement. »

Cette extériorisation ainsi obtenue peut également être fixée sur divers corps, et la sensibilité rayonne autour d'eux comme autour du sujet. De plus, l'ombre du sujet projetée sur un mur par une lampe devient sensible, de telle façon qu'en piquant celle-ci sur le mur, à une distance de plusieurs mètres, le sujet éprouve l'impression de la piqûre au point correspondant. Chez le sujet, l'extériorisation peut être localisée sur un membre, être transférée d'un bras à l'autre, d'un bras à une jambe et réciproquement. On peut même la transférer d'un sujet à l'autre. — C'est ce qu'il démontre dans une suite d'expériences avec quatre sujets, dont plusieurs, peu sensitifs, n'ont jamais été endormis complètement.

M. Démarest fait une série d'expériences avec le sujet le moins sensitif, également à l'état de veille. Il fixe la sensibilité du sujet dans un verre d'eau et (à l'insu du sujet) y plonge un flacon d'eau de laurier-cerise, puis un flacon de teinture de valériane.

On sait que l'eau de laurier-cerise détermine l'extase chez les sujets entraînés et que la valériane leur fait imiter les actions du chat. Le premier phénomène n'a été marqué que par les prodromes habituels de l'extase. L'effet de la valériane fut plus rapide et plus complet.

VI

Expériences de M. Démarest

Un article paru en avril 1894 dans la *Revue scientifique des idées spiritualistes* et intitulé LE MAGISME, expose le phénomène de l'extériorisation de la sensibilité et de sa captation dans un verre d'eau.

« Ce sont, ajoute l'auteur, phénomènes courants dans les laboratoires ou les cabinets des magnétistes qui cherchent à arracher au sphinx de la psychologie tous ses secrets.

« Un phénomène non moins constant, c'est celui qui se manifeste grâce à une poupée de cire : on prend de la cire vierge ou de la cire à modeler, et on modèle une poupée femme ou homme — la distinction se fait par les formes : seins et hanches.

« On la remet entre les mains du sujet. Si on a pris un peu des cheveux du patient, ou de sa salive, l'effet n'en est que plus complet. On laisse entre les mains du sujet cette poupée jusqu'au moment où sa sensibilité s'est transportée dans la figurine.

« Puis on prend la poupée et l'on s'éloigne. Tout ce que l'on fait sur la figurine, le sujet le ressent. Les piqûres se marquent sur sa peau. Vous l'empêchez de respirer par la pression sur la poitrine de la statuette ou la strangulation.

« Mais voici des faits plus palpables encore :

« Le sujet a conscience de son dédoublement. Son grand désir, c'est de reprendre la figurine. Parfois donc, on assiste à une lutte entre l'opérateur et le sujet.

« Pendant l'une de ces expériences, que nous faisions avec M. Georges Démarest, on avait confié à une tierce personne la poupée de cire; le sujet la veut reprendre et dans la lutte la figurine se décapite.

« Tableau! Le sujet tombe par terre presque mort... en tout cas sans mouvement. Il fallut un très long temps pour le faire revenir à l'existence.

« Mais ce n'est pas tout. Pendant plus de huit jours, le sujet garda autour du cou une ligne rouge, comparable à celle que les membres de la noblesse de 1795 et 1796 se faisaient pour assister au bal des guillotinés. C'était comme si on lui avait coupé le cou, puis remis ensuite la tête.

« Voyons d'autres faits:

« Un jour, la patiente laisse sa figurine et s'en va. L'opérateur place la petite statuette dans le tiroir d'un vieux meuble d'une salle froide où, pendant l'hiver, la température descendait à 0.

« Bientôt, en réponse à une lettre de convocation, un mot nous vient, nous annonçant que le sujet était au lit, en proie à une pleurésie ou à une bronchite. Nous y fûmes, et la malade nous demanda ce qu'était devenue sa statuette. Après l'avoir magnétisée, réconfortée, avoir fait disparaître la fièvre, nous rentrâmes chez nous, et notre premier soin fut de réclamer la statuette. On la découvrit dans la glacière. On la rapporta au chaud. Trois jours après, le sujet se levait.

« Un fait non moins extraordinaire, c'est la découverte de l'atmosphère de sensibilité.

« Tout objet jouissant de vie, végétal ou animal, sensibilisé par le transfert, a, tout comme le sujet propre, une couche qui l'enveloppe et où se trouve la sensibilité du sujet qui a transféré tout ou partie de sa sensibilité à l'objet.

« La sensibilité d'un sujet très délicat se retrouve dans son ombre. Parfois le sujet étant anesthésié, la sensibilité se retrouve à deux ou trois mètres sur les murs. »

VII

Extrait de La Force vitale, *par le Dr Baraduc, pp. 112 et suiv.*
(*Paris*, 1893)

...Le sujet étant mis à l'état de rapport, je voulus transporter du sujet 1° à un sujet 2°, également mis à l'état de rapport, la vitalité psychique du centre frontal 1° au centre frontal 2°; du centre épigastrique 1° au centre épigastrique 2°; du centre génital 1° au centre génital 2° — en dehors de tout phénomène de suggestion provenant de moi-même, *les sujets étant séparés dans des pièces différentes.*

Le moyen de transport consistait en trois flacons remplis d'eau, avec lesquels j'ai opéré dans les conditions et les circonstances suivantes :

Léontine (Mme Lambert) mise à l'état de rapport, je place sur son épigastre et entre ses mains un flacon contenant de l'eau simple : deux passes condensantes sur cette eau.

Mon domestique, sujet extériorisable, reçoit le flacon et, sur mon ordre, avale le liquide. Léontine tombe comme une masse à la renverse, et je mets quelque temps à la faire revenir en posant ma main gauche sur le creux épigastrique et la rappelant à elle. Elle reprend une partie de ses sens et témoigne une horreur invincible pour le sujet qui a bu *sa vie* en vidant le flacon.

Jean est éloigné, et, sans le sortir de cette phase, j'examine l'état qu'il présente.

L'eau a une odeur épouvantable de bouc, lui serre la gorge au pharynx ; elle détermine surtout chez lui un éréthisme stomacal tel qu'il se précipite sur une côtelette crue avec le besoin instinctif de manger de la viande saignante : graisse, chair, tout y passe ; et, s'il ne mange pas les os, c'est qu'ils sont trop durs pour ses dents. Interrogé par le Dr Gama et les assistants, il répond qu'il a faim de viande saignante et qu'il la trouve excellente. Son goût habituel n'est pas tel, et, le lendemain, il refuse une côtelette non cuite.

L'extériorisation de l'anima gastrique de Léontine, condensée dans le liquide bu par Jean, a donc produit chez lui un besoin organique, un éréthisme animique, transmis une suractivité fonctionnelle de l'organe, qui l'a poussé à manger de la chair crue avec délices.

Le goût et la constriction de la gorge lui sont restés le lendemain jusque dans l'après-midi, heure à laquelle une suggestion faite par M. de R... a enlevé cette sensation, que je lui laissais pour en voir la durée.

Dans la seconde séance, priant M. de R... d'intervenir auprès de son sujet, je lui demandai de mettre Léontine en disposition psychique gaie pour voir si, au contact du liquide sur le front, Jean accuserait un état analogue.

Un flacon d'eau est placé sur la tête de Léontine; on lui parle de personnes sympathiques, de conditions et de situations dans lesquelles elle était très heureuse; elle est rouge, coloré, prête peu d'attention aux paroles, reste distraite. Au bout de quelques instants, je présente, dans la pièce à côté, le flacon au contact du front de Jean en lui demandant ce qu'il éprouve: « Mal à la tête, lourdeur. » Je lui réponds: « Ce n'est pas une sensation que je désire connaître, mais bien une idée; éprouves-tu quelque chose à cet égard? » Il me répond: « Oui, l'idée de la dame qui est dans le salon. » Je lui demande de me définir la nature de cette idée: « C'est une idée bonne, gaie: elle pense à un monsieur de trente-cinq à quarante ans, de taille moyenne et brun. — Que fait-il? — Artiste. — Où est-il? — Je ne sais pas. »

M. de R... parlait à Léontine pendant ce temps; mais Léontine aimait un jeune homme, artiste, qui l'avait abandonnée, et le cerveau de Jean, ignorant du fait, a reflété l'image et reproduit la pensée la plus ancrée dans la cervelle de Léontine, qui est partie rejoindre son artiste rêvé (1).

La troisième expérience a trait au foyer génital. Pendant quelques instants, un flacon est mis sur le bas-ventre de Léontine, et, au bout d'un instant, je prends le flacon et le

---

(1) Cette explication du Dr Baraduc est hasardée; en fait, l'expérience n'a pas nettement réussi.

porte au front de Jean, qui n'éprouve rien ; mis sous la nuque, il détermine un malaise qui se traduit par des mouvements de gêne, une sorte d'énervement, tandis que, dans l'autre pièce, Léontine, toujours à l'état de rapport, est énervée, excitée et maintenue par M. de R... Porté sur le creux épigastrique de Jean, il produit une commotion ; descendu à la région pubienne, le flacon est renversé. Immédiatement, Léontine, dans l'autre pièce, tombe, les jambes refermées, dans un spasme général caractéristique, d'où M. de R... la tire en la plongeant, par une pression sur le milieu du front, dans une extase religieuse où elle voit des formes blanches qui la ravissent.

VIII

Note fournie par M. Bodroux, docteur ès sciences, à Poitiers.

J'ai eu trois sujets remarquables chez lesquels je provoquais parfaitement l'extériorisation de la sensibilité.

La première était une femme de 30 ans, Mme A... ; le second, un élève de mathématiques spéciales, M. B... ; le troisième, une jeune fille, Mlle C...

Chez Mme A..., j'ai obtenu facilement trois fois cette expérience : je n'ai fait qu'une expérience avec les cheveux des deux autres sujets.

Tous trois, en état de rapport, voyaient les effluves sortant du corps du magnétiseur, bleus à gauche, rouges à droite ; seulement pendant que Mme A... et Mlle C... les décrivaient sous forme de flamme, M. B... les décrivait comme des rubans.

Chez Mme A... la distance de la première couche sensible de l'épiderme était de 50 centimètres environ ; les couches suivantes étaient distantes de 1 mètre et nous avons pu constater l'existence de dix de ces couches ; celles-ci traversaient facilement les murailles.

Chez M. B... et Mlle C... la distance de la première couche

n'était que d'une trentaine de centimètres et celle des autres de 0 m. 60 (1). Je n'ai déterminé chez ces deux sujets que la position de quatre de ces couches.

IX

Une expérience de M. Philippe

Il existait récemment à Lyon un guérisseur célèbre nommé Philippe; une dame, qui a eu souvent recours à lui, il y a une quinzaine d'années, m'écrit, au sujet d'un fait qui eut lieu à cette époque :

« Quelquefois, il s'amusait à faire toutes sortes d'expériences. Un jour, je me plaignais d'une gêne que j'avais sur le cœur; il me dit devant tout le monde (il y avait plus de 200 personnes) : « Voulez-vous sentir votre cœur sous la main à « une certaine distance. » C'était un peu ridicule, mais j'essayai.

« Il me fit étendre la main au-dessus d'une table et me dit : « Ne bougez plus, vous allez sentir les battements. » Très surprise de sentir, en effet, fortement les battements annoncés, je m'écriai : « Mais c'est vrai, je les sens très bien. » A ce moment, une de mes petites filles qui avait cinq ans, intriguée, passe vivement la main sous ma main suspendue dans le vide au-dessus de la table; je jetai des cris horribles; il me semblait que des griffes de fer me broyaient le cœur; mais, très lestement aussi, ce monsieur avait arrêté le bras de ma fille; il était tout pâle et dit à l'assemblée que si cela s'était prolongé une seconde de plus je pouvais en mourir.

---

(1) On remarquera que la loi d'espacement des diverses couches se produit encore ici conformément à la théorie que j'ai proposée; mais la distance entre les couches est notablement différente de celles que j'ai observées *ordinairement* (j'ai trouvé des distances à peu près semblables chez Mme Vix au moment où elle relevait de maladie). D'après ce que j'ai supposé, cet espacement serait fonction des rythmes de la respiration et du pouls; il serait bon, à l'occasion, de vérifier cette hypothèse.

« Il avait voulu prouver à toutes les personnes présentes que, sans endormir, il pouvait amener la sensibilité à une certaine distance de la personne. »

X

Expériences du Dr Joire, président de la Société universelle des études psychiques.

Dès l'année 1892, le Dr Joire avait reconnu que, dans certains cas, un sujet pouvait reconnaître, les yeux fermés, sur quel point de sa peau se dirigeait la pointe d'un stylet qu'on promenait à quelque distance de sa peau.

Après la publication de la première édition de ce livre, en 1895, il reprit ses expériences et confirma les résultats que j'avais obtenus, dans un article publié par les *Annales des sciences psychiques* (nov.-déc. 1897), dont je reproduis ici les passages principaux.

« Le sujet qui a bien voulu se prêter à ces expériences est un sujet très hypnotisable. La première fois que je l'hypnotise, j'obtiens d'emblée l'état léthargique, puis, par les procédés habituels, il m'est facile de le faire passer en catalepsie et, dans cette phase de l'hypnose, j'obtiens la fascination, ce qui indique une suggestionabilité très grande. De la catalepsie je le ramène rapidement à la léthargie pour le faire passer ensuite en somnambulisme. Mon sujet arrive très rapidement au somnambulisme du troisième degré, état dans lequel il est insensible à toutes les excitations venues du dehors, mais il est en communication directe avec moi, il m'entend et me répondra si je lui en donne l'ordre. Il est essentiellement suggestionnable, il exécute inconsciemment, involontairement, les suggestions que je lui fais, il exécutera de même les suggestions post-hypnotiques : en un mot, sa responsabilité a complètement disparu. Enfin, il sera amnésique à son réveil.

« Tel étant l'état du sujet, je constate d'abord son insensibilité absolue en piquant vivement la peau en divers points du corps avec une épingle ; je constate qu'il y a partout anesthésie complète. Je place alors un verre rempli d'eau entre les mains du sujet, tandis qu'une personne placée derrière lui tient les mains hermétiquement appliquées sur ses yeux. Je pique alors avec une épingle la surface de l'eau contenue dans le verre, et aussitôt mon sujet, par l'expression de sa physionomie et par un mouvement involontaire, témoigne qu'il ressent une douleur. Je lui demande alors ce qu'il éprouve et il me répond: *Vous me piquez la main gauche.* J'appuie alors la pointe de mon épingle sur la paroi extérieure du verre, ne touchant pas l'eau, le sujet n'exprime aucune sensation; j'enfonce de nouveau mon épingle dans l'eau sans toucher le verre en aucune façon, aussitôt le sujet me répète: *Vous me piquez à la main gauche.* L'expérience est répétée à plusieurs reprises, chaque fois que je pique le verre, le sujet ne sent rien, quand, au contraire, je pique l'eau qu'il contient, il ressent instantanément la piqûre et finit par me dire, avec une certaine impatience: *Vous me faites mal, vous me piquez.*

« Je ferai simplement remarquer, au sujet de cette expérience, que, lorsque je pique le verre, j'appuie mon épingle assez fort sur ses parois; le sujet peut donc ressentir dans ses mains un certain ébranlement, un sensation de contact; s'il y avait là une auto-suggestion, elle se révélerait certainement à ce moment, et pourtant il ne sent rien. Quand je pique la surface de l'eau, au contraire, j'ai soin de ne pas toucher avec les doigts la paroi du verre; aucun ébranlement mécanique ne peut lui être transmis, et pourtant, c'est alors qu'il ressent la piqûre.

« J'ajouterai encore que, la première fois que j'ai fait cette expérience avec ce sujet, je n'avais prévenu ni le sujet ni les assistants de ce que j'allais faire, et cela pour une bonne raison, c'est que je ne le savais pas moi-même. L'idée de tenter l'extériorisation de la sensibilité ne m'était venue que lorsque j'avais vu le sujet arriver si facilement au plus haut degré de somnambulisme, et je l'avais mise à exécution sans rien dire.

« Dans une autre expérience, après avoir placé le sujet dans le même état de somnambulisme et lui avoir d'abord, comme précédemment, mis entre les mains le verre d'eau dans lequel j'avais extériorisé sa sensibilité, je pris le verre et le tins moi-même devant le sujet, à une petite distance, mais sans qu'il y eût aucun contact avec lui; il ressentit de même la piqûre, mais il me sembla que l'impression était un peu moins forte. Le verre d'eau placé ensuite sur une table, devant le sujet, les résultats furent identiques.

« Dans cette même séance, je fis une nouvelle expérience: au lieu de piquer la surface de l'eau avec une épingle, j'enfonçai légèrement dans l'eau l'extrémité du pouce et de l'index et, les doigts ainsi placés, je les serrai vivement l'un contre l'autre. Le sujet témoigna comme précédemment qu'il ressentait une douleur, mais avec cette différence que, interrogé sur ce qu'il éprouvait, il me répondit aussitôt: *Vous me pincez*, et non pas: *Vous me piquez*, comme les autres fois.

« A plusieurs reprises, je piquai et je pinçai l'eau alternativement, il n'arriva pas une seule fois au sujet de se tromper: il disait: « Vous me piquez », chaque fois que j'enfonçais l'épingle dans l'eau, et: « Vous me pincez », chaque fois que je pinçais l'eau avec les doigts.

« J'ai voulu essayer de charger différentes substances autres que l'eau de la sensibilité du sujet en expérience. J'ai pris d'abord une petite plaque de verre que j'ai recouverte de velours. Le sujet étant mis comme précédemment en état de somnambulisme et anesthésié, la plaque préparée fut placée entre ses mains; il ressentit aussi nettement les piqûres qui étaient faites à l'étoffe qui recouvrait la plaque de verre.

« Le carton ne m'a pas donné des résultats bien appréciables. Dans les circonstances du moins où je l'ai expérimenté, il ne m'a pas semblé se charger facilement de la sensibilité du sujet.

« Le bois s'est montré plus favorable à cette expérience. Des planchettes mises pendant quelques instants au contact du corps du sujet se sont chargées de sa sensibilité, de telle façon que, même après qu'elles avaient été éloignées de lui, il ressentait les piqûres qui étaient faites dans le bois.

« J'ai expérimenté aussi avec une boule de mastic à laquelle j'ai donné vaguement la forme du sujet en la fixant sur une plaque de verre. J'ai sensibilisé le mastic en l'approchant du corps du sujet auquel je faisais tenir la plaque de verre entre les mains. Après quelques instants, tenant moi-même la plaque de verre à une petite distance du sujet, celui-ci ressensentait, soit dans la tête, soit dans le corps, soit dans les membres, les piqûres qui étaient faites dans les fragments de mastic représentant ces différentes parties du corps. Ayant ensuite coupé quelques cheveux du sujet pendant son sommeil, et les ayant implantés dans la portion de mastic représentant sa tête, il se plaignait vivement lorsqu'on les tirait, disant qu'on lui arrachait les cheveux.

« Pour me rendre compte de la manière dont la sensation arrivait au sujet, et de la rapidité avec laquelle elle était perçue, j'instituai l'expérience suivante :

« Le sujet mis en somnambulisme, le verre d'eau fut placé entre ses mains et chargé de sa sensibilité, comme dans les premières expériences. Je constatai alors qu'il éprouvait instantanément la sensation de piqûre lorsque je plongeai l'épingle dans l'eau. Un de mes aides dans ces expériences délicates, M. Leuliette, tenait attentivement les yeux fixés sur un chronomètre, tandis que deux autres aides lui signalaient l'instant précis où je piquais la surface de l'eau avec l'épingle, et celui où la physionomie du sujet exprimait la sensation de douleur. Aucun temps appréciable ne put être relevé entre ces deux actions. Je fis alors prendre le verre d'eau par un aide qui le tenait de la main gauche et qui, de la main droite, tenait la main gauche du sujet. On put alors constater qu'il s'écoulait une fraction de seconde entre le moment où je piquai l'eau avec l'épingle et l'instant où la physionomie du sujet exprima la sensation. Faisant alors une chaîne de deux, trois personnes, se tenant par la main entre le verre d'eau et le sujet, je constatai un retard progressif de la sensation. En employant cinq personnes, j'obtins un retard de près de deux secondes entre le moment où l'épingle touchait la surface de l'eau et l'instant où le mouvement de physionomie du sujet indiquait qu'il éprouvait la sensation.

« J'arrive à une expérience plus curieuse encore que celle que je viens de raconter. Le sujet étant endormi et placé comme d'habitude en somnambulisme, toute sa surface cutanée est complètement anesthésiée ; je fais placer devant lui une autre personne à l'état de veille tout à fait normale, et celle-ci prend dans ses deux mains les mains du sujet endormi, de façon que sa main droite tenait la main gauche du sujet et sa main gauche la main droite du sujet endormi. Les choses étant ainsi disposées, je fais, par suggestion, passer la sensibilité du sujet dans la personne placée devant lui, c'est-à-dire que je suggère au sujet, ne ressentant plus rien lui-même, qu'il ressentira tout ce qui sera fait à la personne placée devant lui (1).

« Je pique alors avec une épingle la jambe droite de la personne en état de veille, le sujet me dit aussitôt: *Vous me piquez à la jambe gauche*. C'est, en effet, celle qui se trouve en regard. Je pique le sujet éveillé au bras gauche, le sujet endormi me dit: *Vous me piquez au bras droit*. Je pique la personne éveillée à l'oreille, le sujet me dit: *Vous me piquez à la tête*. Je fais alors cette remarque que, sous l'influence de la piqûre, la personne en état de veille fait un mouvement involontaire; le sujet endormi ressent, par l'intermédiaire du contact des mains, une contraction musculaire qui le prévient du moment où la piqûre est faite. Admettons, pour un instant, cette hypothèse, comment pourra-t-on expliquer que le sujet différencie la piqûre faite au bras droit ou à la jambe gauche de celle faite à la jambe droite, ou au bras gauche, ou à la tête ?

« Mais il y avait un moyen beaucoup plus simple de réduire à néant l'objection qu'on aurait pu tirer des mouvements inconscients de la personne à l'état de veille communiqués au sujet endormi, c'était d'interrompre toute communication entre les deux sujets. C'est ce que j'ai fait dans les expériences suivantes. Après avoir fait passer la sensibilité du sujet en état de somnambulisme au sujet à l'état de veille, je fis lâcher les mains du sujet endormi. Les deux sujets se trouvaient ainsi complètement séparés l'un de l'autre. Je piquai

---

(1) Cette suggestion était inutile. Le sujet, quand il est dans un état d'extériorisation convenable, ressent les sensations de la personne avec qui il est en contact avec les mains ou toute autre partie du corps. — A. R.

alors les membres de la personne éveillée, le sujet ressentit les piqûres dans les membres correspondants, c'est-à-dire placés en regard, le côté droit correspondant au côté gauche, ainsi que celles faites à la tête. Si, au lieu de piquer, il m'arrivait de pincer un membre, le sujet faisait très bien la différence entre les deux sensations et disait: *Vous me pincez*, au lieu de dire: *Vous me piquez*, comme il le faisait les autres fois (1).

« Je citerai en dernier lieu une expérience qui a été bien intéressante aussi. Après avoir mis mon sujet en état de somnambulisme, je le conduisis devant un mur et je disposai les lumières de façon que son ombre fût projetée exactement sur la muraille. Je lui suggérai alors que sa sensibilité serait reportée tout entière sur son ombre, c'est-à-dire qu'il ressentirait tout ce qui serait fait à l'image projetée par son ombre sur le mur. Je piquai alors sur l'ombre elle-même, aussitôt le sujet fit un mouvement brusque et se plaignit vivement. Je recommençai en différentes points, en dehors de son ombre, le sujet ne sentait absolument rien, mais dès que l'ombre était touchée la sensation parut plus vive que dans la plupart des autres expériences. Le sujet se plaignait de la tête lorsque je piquai l'ombre de la tête, et ressentait la douleur dans le bras ou la jambe dont je piquai l'ombre de ces membres sur le mur; et quand, à un moment donné, je passai la main sur le mur où était l'ombre de sa tête, il disait: *Vous me grattez*.

« Les expériences que je viens de décrire doivent donner lieu à quelques remarques intéressantes. D'abord l'extériorisation de la sensibilité au degré que je viens de décrire est un phénomène assez rare, soit qu'il ne se témoigne que dans un état d'hypnose auquel peu de sujets sont susceptibles d'arriver, soit plutôt qu'il constitue une de ces facultés spéciales encore peu connues, plus ou moins développées chez

---

(1) Le sujet resté à l'état de veille s'était chargé de la sensibilité du sujet endormi, par le fait qu'il lui avait tenu les mains, et il était devenu pour lui une *mumie*. — A. R.

certains sujets, mais qui n'atteignent un très haut degré que dans un petit nombre de cas. Je n'hésite pas à me rattacher à cette dernière hypothèse ; en effet, le sujet que j'ai observé présente ce phénomène dans le troisième et même dans le deuxième degré de somnambulisme. Or, ces phases de l'hypnose, sans être fréquentes, se rencontrent de temps en temps tandis que c'est la première fois que je rencontre cette extériorisation de la sensibilité depuis plusieurs années que je la recherche.

« Je ferai observer, en second lieu, que ces phénomènes ne se présentent pas toujours avec la même intensité. Chaque fois que j'ai opéré avec ce sujet, j'ai toujours obtenu l'extériorisation de sa sensibilité, mais quelquefois ses sensations étaient vagues et manquaient de netteté, soit qu'il fût moins bien disposé avant l'hypnose et que le sommeil se développât moins bien, soit que quelques circonstances extérieures aient pu contrarier les expériences. Ainsi, dans certains cas, sous l'influence de la piqûre, il éprouvait bien une douleur, disait : « Vous me faites mal », mais il ne pouvait pas distinguer si on le piquait ou si on le pinçait.

« Dans d'autres cas, il distinguait bien le genre de sensation et la nature de la douleur, mais il n'arrivait pas à la localiser dans la région qui devait correspondre au point touché sur l'objet ou la personne. Ainsi, dans une des séances d'expériences, la sensation, qui pourtant était bien nette, fut constamment perçue à la main gauche. Dans d'autres expériences, c'était à la tête que le sujet ressentait les piqûres et les impressions qui étaient faites à l'objet chargé de sa sensibilité. Dans d'autres circonstances, il arrivait à une certaine localisation des sensations, mais encore un peu imparfaite. C'est ainsi qu'il attribuait à la tête tout ce qui était fait à la tête et à la partie supérieure du corps de l'autre sujet, et au corps tout ce qui était fait au tronc et aux membres. J'ai constaté aussi que, dans certains cas, lorsque les sensations étaient vagues et mal localisées, si j'éveillais le sujet et si je l'hypnotisais de nouveau, j'obtenais des sensations très nettes avec une localisation d'une précision remarquable.

« Dans certains cas, en affirmant au sujet, par suggestion,

que sa sensibilité a disparu et se trouve reportée dans l'objet ou la personne sensibilisée, on obtient des phénomènes plus nets. Bien entendu, cette suggestion n'est faite qu'avant de commencer ces expériences, et l'on a soin, au moment précis des expériences, que le sujet ne puisse être prévenu des difförnts mouvements effectués.

« Comment maintenant pourrons-nous expliquer ces phénomènes de l'extériorisation de la sensibilité? Je dirai de suite que j'ai constaté le phénomène et que je l'ai fait constater par de nombreux témoins; mais je n'en trouve jusqu'ici aucune explication satisfaisante. Je veux seulement répondre ici à quelques objections ou à quelques interprétations que l'on pourrait être tenté d'en donner et qui doivent être rejetées.

« D'abord la supercherie : je crois qu'il est inutile de la discuter; les personnes qui ont été témoins de mes expériences et des conditions dans lesquelles je les ai faites ne peuvent garder aucun doute à cet égard.

« La connivence inconsciente du sujet serait une objection plus sérieuse. On sait que les sujets en somnambulisme jouissent d'une acuité extrême de tous les sens, le sujet pourrait voir à travers les paupières, il pourrait se rendre compte par le sens de l'ouïe de ce qui se passe et réagir inconsciemment ou se faire une auto-suggestion. L'objection de connivence inconsciente et d'auto-suggestion de la part du sujet peut se réunir en une seule et les arguments que je vais donner répondront à l'une comme l'autre.

« 1° Je rappellerai que, dans la première expérience que j'ai faite, le sujet ne pouvait pas savoir ce que j'allais faire, puisque je ne le savais pas moi-même. Je n'ai eu l'idée d'essayer sur lui l'extériorisation de la sensibilité qu'après qu'il était déjà en somnambulisme.

« 2° Quand le verre d'eau n'est plus entre ses mains, mais est placé *derrière lui,* il ressent la piqûre et pourtant il ne peut rien voir. Il ne peut rien entendre non plus car le mouvement d'enfoncer l'épingle dans l'eau ne produit pas d'autre bruit que tout autre mouvement à la suite duquel il ne réagit pas.

« 3° Quand le sujet tient le verre d'eau entre les mains, si je pique les parois du verre, le sujet éprouve certainement une sensation de contact. S'il y avait de l'auto-suggestion, c'est alors qu'elle devrait se développer. Il n'en est rien pourtant, il ne sent rien, mais si je pique l'eau sans toucher le verre, c'est-à-dire sans qu'il puisse éprouver la moindre sensation directe, il témoigne qu'il ressent la piqûre.

« Je ne m'appesantirai pas longtemps sur l'objection qui a été faite il y a un certain temps devant la Société d'hypnologie par M. Mavroukakis. Notre collègue montrait à la Société une personne hypnotisée tenant entre les mains un verre d'eau et, tout en piquant le verre d'eau, il lui disait : « Je vous pique à la tête, je vous pique au bras, je vous pique à la jambe. » Le sujet éprouvait évidemment toutes les sensations qui lui étaient ainsi suggérées. Il faut n'avoir jamais été témoin des expériences d'extériorisation de la sensibilité pour leur assimiler de pareilles manœuvres.

« Personne n'a jamais nié que l'on peut, à un sujet hypnotisé, suggérer une sensation de piqûre, de brûlure ou autre, dans un point déterminé. Le verre d'eau, ici, n'ajoute rien à la chose, et cette expérience ne fait que démontrer la suggestion verbale que tout le monde connaît.

« Dans l'extériorisation de la sensibilité, au contraire, nous prenons toutes les précautions voulues pour que le sujet ne soit prévenu en aucune façon du moment où l'on va piquer l'objet qui est chargé de sa sensibilité. On a soin de faire des manœuvres analogues sur des objets environnants ou semblables à celui dans lequel on a reporté sa sensibilité. C'est ce que nous avons démontré dans l'expérience du verre, où l'on pique les parois du vase ; et pourtant le sujet, *sans être prévenu,* manifeste clairement qu'il éprouve les impressions portées sur l'objet chargé de sa sensibilité, et il ne les éprouve pas dans les environs ou sur les autres objets.

« Une autre interprétation m'avait pendant un certain temps semblé plus plausible, et cependant, comme vous allez le voir, j'ai dû aussi l'abandonner à la suite de certaines de mes expériences. Cette interprétation consistait à supposer que l'opérateur qui pratiquait la piqûre sur l'objet sensibilisé faisait inconsciemment une suggestion mentale qui était reçue et comprise par le sujet hypnotisé. Cette hypothèse rendrait compte en effet de ce fait que le sujet éprouve et distingue les différents genres de sensations, piqûres, brûlures, pincements, etc. Elle expliquerait aussi qu'il les localise dans telle ou telle partie du corps, quand ces sensations sont éprouvées par un sujet placé en face de lui ; et même dans ce cas, la suggestion mentale pourrait venir aussi bien du sujet impressionné que de l'opérateur.

« Cette hypothèse elle-même s'est montrée insuffisante quand j'ai constaté, dans certains cas déterminés, un retard régulier et progressif de la sensation chez le sujet hypnotisé. Que le verre d'eau soit tenu par le sujet lui-même, ou qu'il soit tenu par trois, quatre ou cinq personnes en communication avec le sujet, la sensation devrait être aussi rapidement perçue par lui si l'hypothèse de la suggestion mentale était exacte. La suggestion mentale est directe, elle serait donc instantanée dans un cas comme dans l'autre et ne pourrait présenter le retard régulier que nous avons constaté dans certaines circonstances.

« Ce phénomène si curieux de l'extériorisation de la sensibilité ne peut donc pas être expliqué maintenant par la suggestion mentale, pas plus que par les autres hypothèses que nous avons examinées. Le fait bien constaté par un certain nombre d'expériences, faites devant de nombreux témoins, ne peut plus maintenant être révoqué en doute, mais nous devons reconnaître que dans l'état actuel de nos connaissances il reste actuelle encore totalement inexplicable. »

XI

Observation rapportée par M. de Parville, rédacteur scientifique du « Correspondant » et du « Journal des Débats »

J'ai été invité dernièrement à voir dans un village du canton d'Uri, en Suisse, une Italienne qui tombait en hypnose quand, avec une cuiller, on donnait un coup sec sur un verre.

La note produite provoquait aussitôt le sommeil hypnotique. Il n'y aurait rien là de remarquable, le fait se renouvelant souvent chez certains sujets hypnotiques; mais ce qui attirait l'attention, c'était la possibilité de pincer, de brûler la peau de cette Italienne à distance. On pinçait dans l'espace, à trois centimètres de la peau, et le sujet, ayant les yeux bandés, percevait très nettement la douleur exactement au point pincé.

Ce cas n'est pas neuf non plus; mais il ne se rencontre qu'assez rarement; aussi l'Italienne du canton d'Uri a-t-elle amené autour d'elle, en septembre dernier, un assez grand nombre de curieux de ce genre de phénomènes. Il s'agit, au fond, de « l'extériorisation de la sensibilité » si bien étudiée par M. A. de Rochas. Cela paraît absurde de prime abord et cependant cela semble exact. On a douté de la réalité du phénomène et il semble bien réel. Nous avions déjà vu à Paris, il y a plusieurs années, les expériences de M. de Rochas: elles se trouvent encore une fois confirmées par celles que nous venons d'avoir l'occasion de faire en Suisse.

Un sujet est plongé dans l'hypnose, et il peut arriver qu'en le pinçant, qu'en le brûlant à quelques centimètres du corps, il ressente la douleur comme si le contact avait lieu. Un individu dans l'état normal ne sentirait, en pareil cas, aucune impression, bien entendu, mais le sujet hypnotisé peut ressentir la piqûre ou la brûlure. Voici le bras, on le pince dans l'air ou on fait le simulacre de le pincer. Aussitôt le bras s'échappe par un vif mouvement de recul. « Vous me faites mal », dit le sujet. C'est qu'il a bien senti la douleur, et pourtant il y avait trois centimètres au moins entre les doigts qui pinçaient et la chair du sujet.

Quoi d'extraordinaire? objecteront les sceptiques. Le sujet hystérique, en général, et habitué à la supercherie, comme tous ses pareils, s'est amusé à tromper l'expérimentateur. Non, car ses yeux ont été recouverts d'un bandeau épais, et l'on agit sur lui au dépourvu, sur tous les points du corps. On le pince au-dessus de l'omoplate: « Où ai-je pincé? — Sur l'omoplate. » On le pince au milieu du dos, etc. Et, en réalité, on ne pince rien du tout.

On a fait le simulacre à quelque distance de la peau. Et

le sujet a la notion nette du point où l'on a opéré. Il ne peut y avoir supercherie dans ces conditions, car on peut même réussir à produire la douleur à travers une mince cloison ; et le sujet, assurément, ne peut savoir où les doigts se sont approchés de la peau. Et cependant, il répond toujours très exactement : « Vous me pincez à la joue ; vous me pincez derrière le cou. »

Bref, on dirait que en dehors de la peau de ces sujets spéciaux, il existe comme une enveloppe sensible. La sensibilité serait réellement extériorisée. Quelques personnes sont influencées à plus de 5 centimètres de distance ; d'autres à peine à 3 centimètres de distance. La zone sensible varie individuellement et pour chaque région, et même selon les jours. Avec l'Italienne d'Uri, la zone sensible a atteint une fois 6 centimètres de distance. On l'a pincée simultanément en plusieurs endroits, et, chaque fois elle a senti la douleur simultanément. On a approché une cigarette de la main, on a pincé la joue en même temps ; elle a très bien dit : « Vous me brûlez et vous me pincez ; vous pincez trop fort, Monsieur, vous me faites mal. »

Il serait donc vraiment difficile de nier l' « extériorisation de la sensibilité » affirmée pour la première fois par M. de Rochas ; mais comment l'expliquer ? Jusqu'ici, il fallait bien se contenter de constater ces faits singuliers sans en deviner la raison. Peut-être est-il permis aujourd'hui d'aller un peu plus loin et de pressentir une explication vraisemblable.

Des expériences assez peu connues, de M. A. Charpentier, de Nancy, viennent, en effet, de montrer que, tout autour du corps humain, à une distance de quelques centimètres, il existe des ondes nerveuses stationnaires. Ces ondes se rencontrent en moyenne vers trois centimètres et demi de la peau. Cette constatation, très intéressante en elle-même, fait naturellement songer aux zones sensibles de M. de Rochas, et on ne peut s'empêcher de rapprocher les deux phénomènes ; nous ne saurions prétendre qu'ils soient de même ordre ; toutefois, l'un peut servir à étudier l'autre.

XII

Expériences de M. Broquet, médecin à Saint-Amand-les-Eaux en 1899

EXPÉRIENCE N° 1

15 *mars* 1899. — Sujet Augustine O... N'a jamais entendu parler d'effluves, de polarité, ne connaît rien de ce qui concerne l'hypnose.

Nous sommes assis l'un près de l'autre.

1. — Je lui fais tendre la *main gauche,* horizontalement, la paume en dessous, les doigts unis en avant. Je place ma propre *main droite* dans la même position et l'approche de celle du sujet. L'extrémité des doigts à un centimètre environ.

« Il se peut très bien que vous ne sentiez absolument rien, mais, dans le cas contraire, dites-le moi. »

Le sujet accuse une sensation de fraîcheur, comme un souffle qui effleure la surface de la main et paraît venir de la main de l'expérimentateur sur celle du sujet.

2. — Je laisse la *main gauche* du sujet dans la même position et j'approche alors ma propre main gauche.

Le sujet accuse une alternance de sensations de fraîcheur et de chaleur dues à un courant qu'elle sent venir de la main de l'opérateur.

3. — Le sujet tend la *main droite,* je tends la *main droite* également.

Sensation de courant qui, dit-elle, semble venir de dessous sa propre main; elle le sent sur la surface de la paume. La région de la main du côté du petit doigt donne une sensation de fraîcheur; du coin du pouce, une sensation de chaleur.

4. — Je laisse la *main droite* du sujet dans sa position et

tends la *main gauche*. Le sujet sent un courant sur la région du petit doigt et accuse une sensation de chaleur.

5. — Je place la *main droite* sous la table dans l'obscurité. Une lampe est sur la table. Le sujet, placé à un mètre, distingue assez nettement la main; presque aussitôt elle signale une lueur vaporeuse qui entoure le poignet, puis elle voit cette lueur, qu'elle compare à une fumée, entourer les doigts, puis toute la main.

Il y a des alternatives, « des secousses » dans cette fumée, dit-elle, comme ceci : et elle indique une série de gestes de la main assez rapides et qui paraissent coïncider avec les battements de mon propre cœur.

Ces lueurs sont blanches, bleuâtres, dorées, elle ne sait bien distinguer.

6. — Je place la *main gauche* sous la table.

Elle voit ces mêmes lueurs mais beaucoup moins nettes.

EXPÉRIENCE N° 2

18 *mars*. — Sujet : Maria Lefebvre.

Je fais étendre la main droite du sujet, comme précédemment pour Augustine O... J'approche ma propre main droite, posée de même façon, en regard. Un intervalle de deux centimètres sépare les deux extrémité des médiums.

« Il est très probable, dis-je au sujet, que, en votre état de faiblesse, vous ne sentiez absolument rien. « (Absence de suggestion.)

Depuis deux heures, en effet, je me suis livré à des expériences d'hypnose sur ce sujet et il paraît très fatigué, quoique complètement réveillé depuis près d'une demi-heure.

Nos deux mains sont complètement immobiles et ne se toucheront pas durant toute l'expérience.

Le sujet accuse bientôt la sensation d'un courant venant de ma main.

Un de mes amis me sert de secrétaire et note aussitôt les

sensations décrites par le sujet et que je transcris ici sans y. rien changer.

« Picotements au bout des doigts... le courant se dirige sous la main, plus fort... les picotements augmentent au-dessus de la main... le courant diminue... je ne le sens plus... je ne sens plus que les picotements... ma main est attirée vers la vôtre... les picotements redoublent... ma main veut se fermer... il y a quelque chose qui gêne (1)... j'ai mal dans les doigts (2)... »

Je prends une longue épingle et pique le dos de la main du sujet, les doigts; le sujet a une secousse avant que la pointe de l'épingle ne touche l'épiderme. Je cherche et je trouve facilement la sensibilité disparue, extériorisée en couches de trois centimètres d'épaisseur, à deux centimètres au-dessus de la peau, au niveau de l'extrémité des doigts.

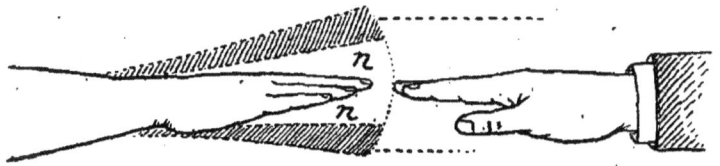

Cette couche va en diminuant d'épaisseur jusqu'au niveau du poignet où la sensibilité reparaît, obtuse, sur la paume de la main et intacte en allant vers le coude.

Le sujet: « Ma main est tout engourdie... ça gagne mon bras qui s'engourdit aussi... »

Je pique avec l'épingle et je constate que l'extériorisation de la sensibilité se propage de proche en proche, en couche concentrique au-dessus d'une zone neutre n; à l'extrémité des doigts il y a une deuxième zone de sensibilité extériorisée qui

---

(1) Les doigts se plient à angle droit sur la paume de la main. L'action des seuls muscles lombricaux paraît en jeu.

(2) Les doigts reprennent très lentement leur position horizontale. Pendant tout ce temps, ma propre main droite n'a pas bougé.

apparaît, confuse; l'anesthésie est complète pour tout l'avant-bras et la main.

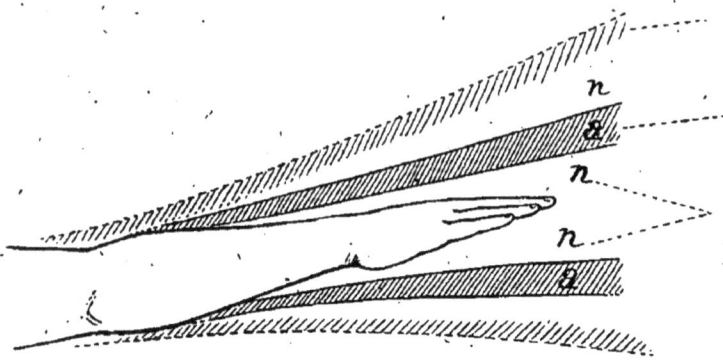

Le sujet est très fatigué, on est obligé de lui soutenir le bras au niveau du coude, je cesse alors l'expérience.

Au moment où je cesse l'expérience, la motilité a complètement disparu du coude à la main, l'avant-bras pend inerte, complètement paralysé.

EXPÉRIENCE N° 3

20 *mars*. — Sujet: Augustine O...

Augustine tend la main droite horizontalement. Je tends de mon côté la main gauche. La distance entre l'extrémité des doigts est de un centimètre.

Je cite les sensations à mesure qu'elles sont signalées par le sujet.

« La main s'alourdit... sensation de courant venant de la main de l'expérimentateur, sensible surtout à la partie inférieure de la main (sous la main, dit le sujet)... sensation de chaleur à l'extrémité des doigts... engourdissement de la main qui va en s'accentuant... sensation de picotements dans toute la main... toute la main est endolorie... »

Je pique la main avec une épingle — anesthésie complète; je retrouve la sensibilité à cinq centimètres au-dessus de la main; quatre secondes plus tard, la main est redevenue sensible et je retrouve une zone de sensibilité à 20 centimètres au-dessus de la main, la zone précédente à cinq centimètres n'existe plus.

Je pique de nouveau la main, elle est anesthésiée, et la sensibilité se retrouve à trois centimètres au-dessus. (Tout ceci très rapidement, et je pique à quelques secondes d'intervalle tantôt la peau, tantôt les zones probables.)

Je saisis une zone de sensibilité et je la suis *dans un mouvement ascendant* (en prenant la main comme base) de deux centimètres jusque près de trente centimètres de distance.

Il semble que l'extériorisation se produise par bouffées, car, en piquant suivant un mouvement descendant, je retrouve une zone à sept centimètres de la main. (Pendant toutes ces expériences nos deux mains respectives n'ont pas bougé: *Droite* pour le sujet, *gauche* pour moi.)

Pendant que je cherche les zones de sensibilité, le sujet fait remarquer que le courant venant de main se fait toujours sentir; elle me dit qu'il « lance » par secousses rapides.

EXPÉRIENCE N° 4

Sujet: Augustine O...

L'expérience précédente m'a donné l'idée d'un appareil qui supprime toute idée de suggestion possible.

Cet appareil se compose d'un support angulaire *m, o, n;* du sommet *o* est suspendue par un fil une balle de plomb dans laquelle est enchâssée une aiguille qui se pose verticalement la pointe en bas (A).

Le sujet place sa main droite à cinq centimètres au-dessous de l'aiguille, dans la position ordinaire (comme il est dit plus haut).

Je place ma main gauche face à face, comme dans l'expérience précédente, l'extrémité des doigts en regard les uns des autres, séparés par un intervalle de deux centimètres

(S est la main du sujet.) Nos deux mains restent complètement immobiles; je note à mesure les sensations décrites par le sujet.

Le sujet: « Je sens le courant qui arrive de votre main...

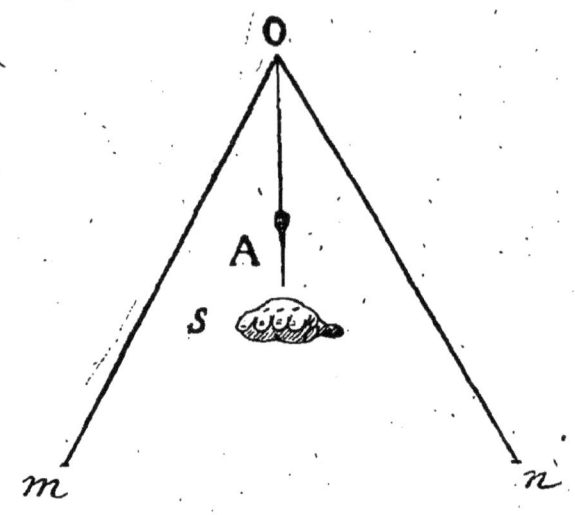

picotements dans les doigts... ma main s'engourdit... Aïe! ça pique (sic)... c'est froid... je ne sens plus rien... encore! ça me pique... mes doigts sont engourdis... je ne les sens plus... je sens encore le courant, je le sens toujours... on me pique encore, c'est froid après que je suis piquée... on dirait que j'ai quelque chose de froid dans la main... oh! que cela fait mal... laissez-moi retirer la main... (J'insiste pour continuer l'expérience.) Les picotements augmentent... mon bras s'engourdit aussi... ça pique trop fort, aïe!! » J'arrête... Le sujet ne veut plus continuer l'expérience.

Le sujet a toujours senti le courant. Je lui demande instamment de m'accorder encore une minute d'expérimentation.

Nous replaçons nos mains en dehors de l'appareil. Dès qu'elle sent le courant je lui demande de m'indiquer, en frappant de sa main restée libre (la main gauche), par petits coups secs, les alternatives de passage de courant.

Je soutiens ma main gauche de la main droite, l'index et le médian sur l'artère radiale. Le sujet frappe et ses coups coïncident, avec un retard de deux dixièmes de seconde environ, avec chaque pulsation de l'artère.

Remarque. — Chez ce sujet, les zones de sensibilité extériorisée se succèdent rapidement: on peut le voir par ces deux expériences. Chez Maria L..., les zones se meuvent très lentement, car, ainsi qu'on l'a vu (au numéro 2), je n'ai constaté qu'au bout de quatre ou cinq minutes l'apparition d'une deuxième zone au-dessus de la première.

Chez Augustine O..., dans cette dernière expérience, les zones entraient en contact avec l'aiguille au bout de dix à quinze secondes, les unes à la suite des autres, puis parfois deux zones rapides se succédaient, laissant après elles un intervalle de temps de vingt à trente secondes pour reprendre leur vitesse normale.

EXPÉRIENCE N° 5

Sujet: Maria L...

Ce sujet, comme l'autre d'ailleurs, ne connaît rien de ce que je cherche; il est absolument passif, dit ce qu'il sent et c'est tout. Il ignore ce que je veux faire et n'a pas vu l'expérience tentée avec Augustine au moyen de l'appareil cité plus haut.

Je lui fais poser la main droite étendue à cinq centimètres au-dessous de l'aiguille.

J'approche ma main gauche.

Le sujet: « Ma main est lourde... je sens un courant d'air frais qui vient de votre main sous ma main... j'ai des fourmillements dans les doigts... puis dans le poignet... ma main s'engourdit... le courant passe vite, on dirait des secousses électriques... ma main s'endort... (Les sensations sont décrites lentement, l'expérience dure depuis trois minutes.) Mes doigts fourmillent... on dirait que ma main est morte... Oh! mon Dieu! que cela me fait mal... non; arrêtez... Oh! que ça me pique... »

Je passe sous silence les cris de douleur du sujet. La souffrance dure près de deux minutes puis va en s'atténuant. Le sujet a les larmes aux yeux et paraît abattu. Il veut néanmoins me faire plaisir et continue l'expérience.

« Ma main est toute brisée... il y a quelque chose de froid dans la main... maintenant je ne sens plus rien, que le courant... des picotements maintenant. »

Au bout de trois minutes le sujet retire brusquement la main : « Ça fait trop de mal... non... assez... »

Je cesse l'expérience à ce moment.

EXPÉRIENCE N° 6

26 mars. — Mme M. D... est un sujet neuf, d'une instruction rudimentaire.

Je tentai sur sa fille aînée un essai d'extériorisation (quelque temps auparavant elle me demandait ce que cela voulait dire et à quoi cela servait (sic) de poser sa main devant une autre « et par quel moyen on sentait le courant sur ses doigts et les picotements dans la main » (sic) lorsqu'il me sembla voir Mme M. D... manifester, en regardant nos deux mains, un certain étonnement.

« Quelque chose vous étonne? lui dis-je. »

« Je vois, me répondit-elle, des lueurs qui vont de votre main à celle de Julienne (sa fille). C'est drôle, ce n'est pas la même chose pour les deux. »

A ma demande, elle voulut bien dessiner sur une feuille

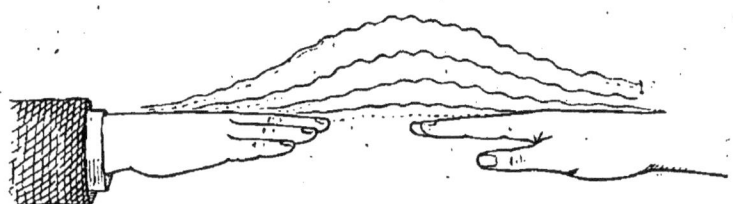

de papier le trajet de ces lueurs, dont elle indiquait par gestes les ondulations.

Je lui dessinai les deux mains face à face et elle décrivit ainsi que dessus les ondulations de ces lueurs.

Elle voyait des lueurs partir de ma main, d'autres s'échappaient de la main du sujet.

Les *lueurs* venant de ma main allaient à la rencontre des *lueurs* émanant de la main du sujet, les faisaient se dégager par couches concentriques tandis *qu'elles mêmes* suivaient la périphérie de ma propre main.

Cette constatation faite par cette personne (à l'état de veille) complètement ignorante de ce que je cherchais à obtenir et n'ayant jamais entendu parler de ces questions, vaut la peine d'être signalée.

EXPÉRIENCE N° 7

Sujet: Jules Navez. — Je vois le sujet pour la première fois. Trente ans, bien bâti. N'a jamais été endormi et ne croit pas à ces « blagues-là. » (sic).

Sur ma demande, il tend la main droite; moi de même, comme dans les expériences précédentes. Je lui demande de noter à haute voix ses sensations, s'il ressent quelque chose.

Au bout de cinq minutes : « Picotement dans le bout des doigts... fourmillements... engourdissement qui se propage dans la main et dans l'avant-bras... sensation du courant plus fort sous la main... »

Je prends une aiguille et je cherche la sensibilité. Elle a complètement disparu de la surface de la main.

Je trouve une zone sensible à dix centimètres au-dessus de la main (manifestée par un « Aïe ! » énergique du sujet et par un brusque retrait de la main).

J'en retrouve une autre, presque aussitôt, à trois centimètres au-dessus de la main.

Il y a alternances rapides de sensibilité et d'anesthésie de la surface cutanée.

Le sujet me dit tout à coup, sans que je le lui demande, voir « une *fumée grise* » sortir des doigts de ma main droite, et « une *fumée plus pâle* » s'élever de sa main gauche, placée en regard de la mienne, par saccades, trois ou quatre, entrecoupées d'un temps de repos.

Je le prie de bien noter par des coups frappés par sa main restée libre le moment où chaque couche de *fumée* sort de sa main.

Je note les battements de mon artère temporale en faisant le geste de me prendre la tête dans la main.

Chaque secousse coïncide, avec un retard inappréciable, à chaque battement de l'artère et les temps de repos à mon expiration pulmonaire.

Ce sujet, absolument neuf, n'ayant jamais rien vu de ces choses et n'y croyant pas avant d'en avoir été le témoin, apporte un témoignage précieux.

Il était chez moi à peine depuis dix minutes et je n'avais prononcé le moindre mot de mes expériences à aucun moment. Il était à ce moment trois heures de l'après-midi. Mes expériences de photographie n'ont donné aucun résultat. Toutes les plaques ont été uniformément voilées.

EXPÉRIENCE N° 8

28 *mars* (soir). — La soirée se prolonge assez tard. Une de mes invitées, Mlle Maria L..., s'est endormie de son sommeil naturel sur un fauteuil. Je prends place près d'elle; le sommeil est lourd; elle ne se réveille pas. Sans la toucher, je sensibilise un flocon de ouate en l'approchant de sa main. Je mets le feu à ce flocon en allumant une cigarette. Le sujet tord sa main brusquement et la frotte contre les plis de sa robe.

Je sensibilise une allumette que j'allume. Secousses dans tout le corps à ce moment; j'approche ma main droite à vingt centimètres de l'épaule, le sujet se tord; secoue l'épaule semble gênée; je prends un couteau et frappe à plusieurs reprises l'intervalle entre ma main et le corps du sujet; à chaque coup, le corps tressaille.

Je réveille le sujet. En s'éveillant, Maria L... nous dit qu'elle a rêvé qu'on la brûlait, qu'on la frappait de coups de couteau.

Nous paraissons ne pas prendre garde à ce qu'elle nous dit et elle s'assoupit de nouveau.

Une idée me vient alors, que je mets aussitôt à exécution. J'ai dans ma poche un paquet d'un gramme d'ipéca. Personne ne sait ce qu'il contient. Je le déchire dans la main et m'enduis les doigts de la poudre gris-jaune.

J'approche ma main droite à dix centimètres de la région stomacale du sujet; la main gauche est placée à vingt centimètres, en regard, à la région dorsale.

Le sujet s'agite bientôt; il porte la main vers l'estomac; puis de brusques nausées surviennent, s'accentuent rapidement, — mouvement de déglutition. Les nausées s'accentuent. Elle porte la main à sa bouche et fait le geste de retenir les aliments. Elle gémit. Je retire mes mains au moment précis où le vomissement va se produire en une contraction plus énergique de l'estomac.

Bientôt le sujet s'apaise. Je la réveille en disant qu'il est temps de partir. En s'éveillant: « Ah! je suis malade!!!... J'ai tout vomi mon dîner... Que c'est mauvais. » Je lui dis aussitôt qu'elle a probablement rêvé et elle ne s'en convainc qu'en ne retrouvant pas les traces de son malaise.

A ce moment seulement je raconte aux personnes présentes l'expérience si bien réussie que je viens de faire.

EXPÉRIENCE N° 9

2 avril. — Je désirais recommencer l'expérience du 28 mars, relative à la transmission à distance de l'action des médicaments. Je sais qu'on peut incriminer la suggestion mentale, mais, outre que la suggestion mentale réelle est rarement obtenue, je ne cherche pas ici à éliminer cette cause, me réservant d'autres expériences pour un avenir prochain.

Je suis allé ce matin chez un de mes amis, M. Valentin, pharmacien à Lille, et lui ai demandé quelques médicaments ayant une action directe sur l'organisme, sans occasionner de dégâts, bien entendu.

Il me mit alors sous cachets: du bleu de méthylène, de la

scammonée, deux capsules gélatine d'éther, de la poudre de rhubarbe, de la quassine, deux capsules de thérébentine de Venise. J'enveloppai ces cachets : 1° d'une couche de ouate; 2° d'une feuille de papier plusieurs fois roulée sur elle-même. Je pris ensuite une boîte de carton cylindrique de dix centimètres de hauteur sur deux de diamètre. Je glissai un des paquets, arrangés comme je viens de le raconter, dans cette boîte; par-dessus j'entonnai un flocon de ouate, puis je remis le couvercle.

Il va sans dire que je ne préviens pas mes sujets de l'expé-

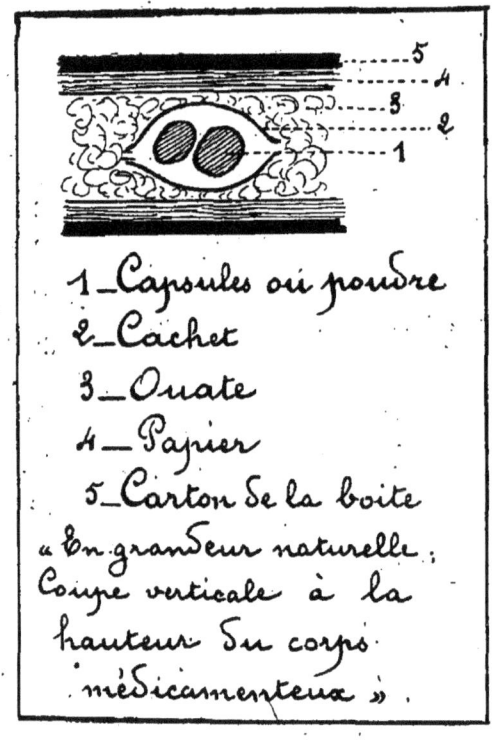

1 — Capsules ou poudre
2 — Cachet
3 — Ouate
4 — Papier
5 — Carton de la boîte
« En grandeur naturelle.
Coupe verticale à la hauteur du corps médicamenteux ».

rience que je tente et qu'ils ne connaissent pas le contenu de la boîte. J'ai dit que je ne prétendais pas éliminer la suggestion mentale.

Le premier sujet sur lequel j'expérimentai fut Mme Derick.

Elle est assise sur un canapé. Je m'approche et m'assieds à côté d'elle; bientôt elle s'assoupit et s'endort. Ce fait se reproduit avec tous mes sujets dès que nous sommes à une faible distance; mon approche les endort en quelques minutes.

Je prends alors ma boîte, j'y glisse un paquet contenant les deux capsules d'*éther* et la tiens à environ trente centimètres du corps. Le sujet, au bout de quelques secondes, a de violentes contorsions, des mouvements de déglutition accompagnés d'une toux légère spasmodique. Je la réveille. Elle accuse une sensation de goût amer dans la bouche et une sensation de froid dans la région stomacale.

Le sujet s'endort de nouveau en causant. Elle me tourne le dos, la poitrine appuyée sur un des côtés du canapé.

Je glisse dans la boîte, aux lieu et place de l'éther, le paquet de *quassine*.

Je l'approche, mais le sujet a un brusque mouvement de répulsion; elle s'agite, se retourne à demi et la main, contournée en arrière, suit tous les mouvements de la boîte que je tiens dans la main. Je réveille le sujet, qui se plaint de palpitations de cœur et d'une sensation de goût très amer dans la bouche.

Je cesse toute expérience pendant vingt minutes. Le sujet s'est endormi dès que j'ai cessé de causer avec lui.

Je substitue à la quassine le paquet *rhubarbe*.

Tout le corps est secoué de violentes contorsions, principalement la région du bassin.

L'expérience dure deux minutes. Je réveille le sujet qui se plaint de douleurs sourdes dans la région abdominale; pendant je cause, elle se réendort brusquement.

Je glisse dans la boîte le paquet *scammonée*.

Les contorsions sont très violentes, le sujet se dresse et retombe. Souffrances violentes. L'expérience dure deux minutes. Je la réveille. Coliques violentes qui la font souffrir sans repos; au bout de dix minutes, elle se lève et se dirige vers les water-closets.

Je lui ai, dans toutes ces expériences, demandé simplement de me dire ce qu'elle ressentait. Je n'ai jamais prononcé le nom d'une des substances contenues dans les paquets.

Sujet: Maria L... Celle-ci se trouve placée à trois mètres de moi et ne dort pas. Je lui demande de ne pas dormir. Je glisse dans la boîte le paquet *éther*.

Le sujet, au bout de trente secondes, se frotte les yeux: « J'ai des éblouissements; la gorge me pique. » Le sujet tousse. Grande difficulté de langage.

Paquet *quassine:* « Oh! que c'est mauvais! Assez, assez, j'ai la langue en marmelade. Quelle tisane, Seigneur! Je n'en ai jamais avalé de pareille! »

J'attends dix minutes pendant lesquelles je place le paquet *scammonée* dans la boîte.

Je tends la main. Bientôt le sujet se lève: « Non, laissez-moi. Oh! que ça fait mal. Non, restez tranquille. Oh! que je souffre!! Laissez-moi.... » Je retire la main et tends la boîte dans la direction de Mlle Blanche D... qui se trouve près de moi: « Je ne sens rien, rien du tout... Si, maintenant, c'est drôle... Laissez-moi... ça fait mal... »

Je pose la boîte sur la table, à vingt centimètres de Blanche D...

Maria L... se lève; elle souffre toujours et comprime la région abdominale de ses deux mains; elle est à ce moment très abattue.

Elle sort bientôt, suivie de Blanche D..., et se dirige vers le *buen retiro.*

Je les entends revenir et retourner plusieurs fois pendant vingt minutes.

Blanche D... a une diarrhée intense. Maria L... souffre mais reste constipée. Je la magnétise; rien n'y fait.

Cela dure près de trois heures sans que je parvienne à calmer ses souffrances par la suggestion ou par les passes magnétiques.

Elle me confie alors qu'elle est dans sa période de menstruation *et que les règles ont cessé dès qu'elle a ressenti les coliques.*

Je prends le paquet *éther*, le mets dans la boîte et l'approche à cinquante centimètres de la région abdominale. Sensation de froid, puis de chaleur: « Ah!... voilà... c'est tout!... Oh! non, plus jamais vous ne recommencerez, j'ai trop souffert... ça va bien maintenant. »

Quelques minutes plus tard, le sujet, par un signe, m'annonçait que tout avait repris son cours normal.

EXPÉRIENCE N° 9

Lundi 3 avril. — Sujet: Mme Derick. Le sujet voit nettement les effluves en pleine lumière quand il se trouve à côté de moi et parfois même, mais moins nettement, à trois ou quatre mètres.

Mme Derick est à côté de moi.

Je donne les dessins faits sur ses indications, au moment même où elle les notait. Ces dessins étaient, au fur et à mesure, corrigés par elle quand ils ne répondaient pas à ce qu'elle voyait.

J'expérimente toujours avec ma propre main droite dans les expériences qui suivent. Ceci soit dit pour éviter les répétitions.

Ce sujet est d'une ignorance absolue de ces choses. D'ailleurs, Mme Derick ne sait pas écrire, et je ne sais pas si elle sait lire couramment. Mes questions se bornent toujours à : « Que voyez-vous ? »

A. — Le sujet voit des effluves se dégager par secousses se diriger en avant, envelopper une pointe de cuivre C, fixée

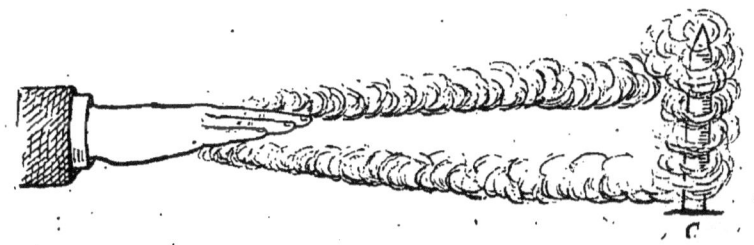

verticalement à quelques décimètres de l'extrémité de ses doigts, et revenir vers la main. Cette dernière indication n'est pas bien précise: « Je les vois bien partir et il y en a qui reviennent, mais je ne les vois pas si bien. »

Les effluves tournent autour de la pointe de cuivre.

B. — V est un verre à bière contenant deux ou trois centimètres cubes d'eau.

Les effluves atteignent le verre. « Le verre se brouille de ce côté (x)... il s'emplit de fumée qui monte.. »

Qu'y a-t-il derrière le verre? — « Rien du tout, juste derrière ça fait comme ça... (le sujet m'indique le trajet que je dessine ci-dessus) ça passe sur le côté et ça se rejoint là

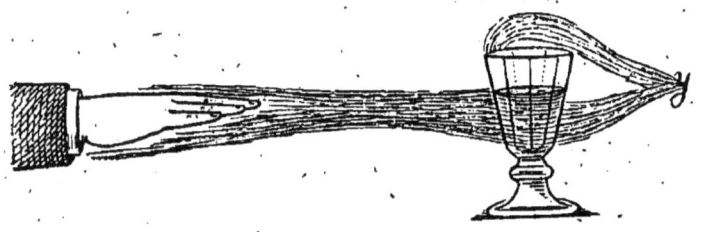

(en y). La fumée qui part du verre va rejoindre aussi l'autre y. Il y a un endroit derrière où il n'y a rien. »

C. — Je place sur la table une petite glace de poche et dirige les effluves sur la glace. Les effluves entourent la glace et suivent une direction horizontale. Il n'y a pas réflexion, comme pour les rayons lumineux.

D. — Je place une gomme à effacer, en caoutchouc, verti-

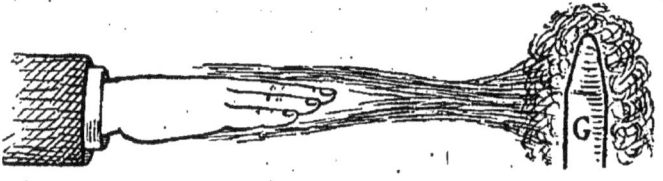

calement. Les effluves entourent la gomme et lui forment une auréole.

E. — Je place un aimant horizontalement, de champ, la main dirigée vers les deux pôles. (*Je n'ai à ce moment qu'un aimant en fer à cheval à ma disposition. J'essaierai prochainement avec un aimant en barre pour mieux étudier l'action des deux pôles. L'aimant ne portait pas trace d'indication des pôles qu'une entaille (?) et, n'ayant pas de boussole ni d'autre aimant, j'ai appelé le pôle à l'entaille + et l'autre —. C'est à revoir.*) Voici le schéma des effluves et la notation du sujet.

« Ça s'en va plus fort du côté du pouce, vers ce côté-ci de l'aimant (+) ; ça tourne autour puis ça revient par ici, du côté

de votre main ; ça s'en va par ce côté-ci de l'aimant (—) et ça rentre par ce côté-là (+). »

« De quel côté de la main ça rentre-t-il ? » — « Je ne vois pas bien parce que ça se mêle. » (Je m'aperçois maintenant que je n'ai pas songé à demander quel était le sens de rotation du solénoïde formé par l'effluve, ce sera pour la prochaine fois.)

F. — La main dirigée vers un flocon de ouate : « Ça emplit

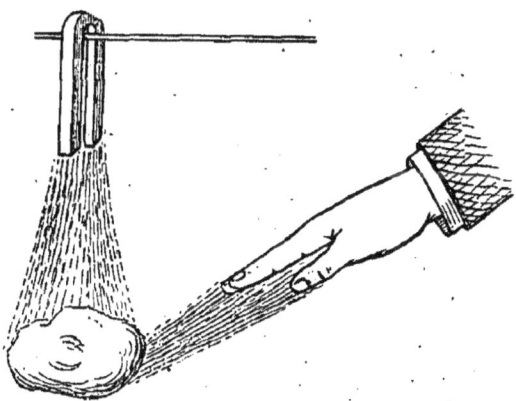

la ouate. Ça ne sort pas. Elle devient lumineuse, bleue, elle gonfle. » L'aimant, approché de la ouate, soutire à lui tous les effluves.

J'ai approché la main de cinq centimètres environ et le sujet fait bien remarquer que l'effluve reste dans l'ouate qui, dit-il, devient brillante, bleue, « on dirait qu'elle se gonfle ».

Quand je retire la main, l'ouate reste lumineuse assez longtemps.

J'ai approché alors un aimant en fer à cheval, suspendu à une tige de bois, du flocon d'ouate; en quelques secondes l'ouate était redevenue à son état normal, les effluves ayant été enlevés par l'aimant.

G. — J'ai pris une tige de fer cylindrique de cinq millimètres de diamètre, courbée en un fer à cheval de 35 centimètres de longueur, non aimantée.

Ce fer à cheval est posé horizontalement sur une table de grès et la main droite, placée de champ, vis-à-vis des deux pointes. Le sujet voit les effluves partir de la région du petit doigt vers l'extrémité a du fer à cheval, progresser vers o en tournant

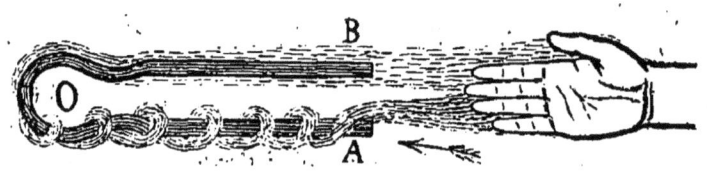

autour de la tige de fer, (le sujet m'indique le mouvement du doigt) dans le sens des aiguilles d'une montre.

Vers o, le sujet voit les effluves devenir confuses et revenir de o en b en suivant le trajet rectiligne de la tige de fer supérieure. « C'est comme les étincelles, ça va tout droit et ça va plus vite qu'en dessous. »

Le sujet n'étant pas tout à fait dispos ce soir, je cesse ces expériences.

Lundi 10 avril. — Sujet: Mme Derick.

Je répète l'expérience G du 3 avril, en changeant légèrement le dispositif du support de la tige en fer à cheval.

Dans l'expérience du 3 avril, le support était de grès et cette substance n'influençait pas le passage du courant magnétique.

Aujourd'hui, sans plus réfléchir, j'ai accroché la tige à un support en cuivre fixé dans le tableau noir qui sert de fond

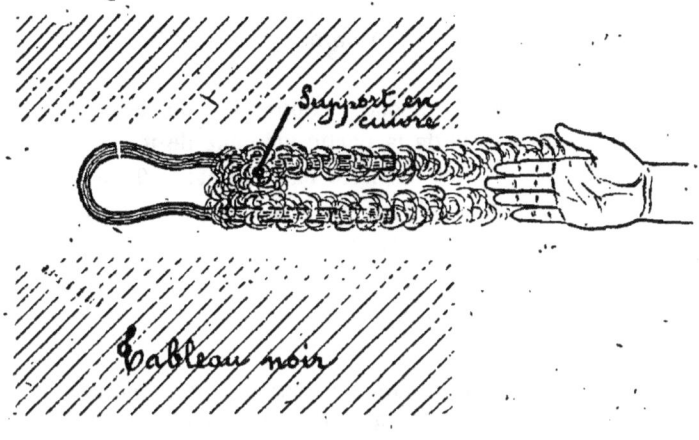

pour la vision des effluves. J'approchai la main. Bientôt le sujet me déclara que les effluves se concentraient autour du sup-

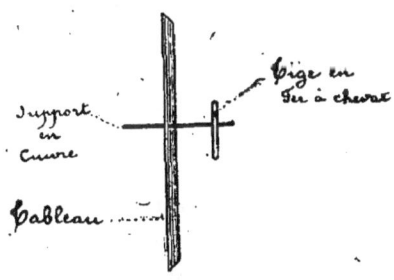

port en cuivre et n'allaient pas plus loin. Je dus donc abandonner le malencontreux support. Je fis un rapport en carton qui donna de meilleurs résultats.

Voici la description donnée par le sujet : « Ça part d'ici de votre petit doigt, puis ça va vers les pointes ; du côté de votre pouce aussi, c'est la même chose, ça va jusqu'au bout mais c'est un brouillard, on ne voit pas bien... Maintenant je vois mieux... Ça va comme ceci, de votre petit doigt (a), puis ça tourne (le sujet indique le mouvement du doigt comme ceci (mouvement des aiguilles d'une montre) par secousses... Au bout (o) ça se brouille, c'est un brouillard, puis ça revient par la tige du haut... ça tourne aussi, mais comme cela (en sens inverse des aiguilles d'une montre), puis ça se perd entre la main et les pointes. A cet endroit-là on ne voit qu'un brouillard ; tout est mêlé. »

A l'aide d'un dispositif spécial, j'approche un aimant à vingt centimètres au-dessus de la partie médiane de ma double tige. Immédiatement le sujet me note le résultat: « Tout s'en va, l'aimant tire tout; ça monte; il n'y a plus rien qui passe. » L'action de l'aimant a détruit les courants.

Expériences avec Georgina et Marie D...

Mlle Marie. Je ne suis jamais parvenu à l'hypnotiser. Je pose la main gauche de Marie à plat sur une table. Je fais quelques passes sur la main. Impossibilité absolue de retirer la main.

Je ferme la main en poing fermé et fais quelques passes circulaires. Impossibilité absolue pour le sujet d'ouvrir la main.

Les mouvements sont rendus par ordre verbal, mais la suggestion mentale est rarement suivie d'effet.

J'obtiens par contact la fixation cataleptique des membres ou toute pose qu'il me convient.

Le sujet n'a jamais assisté à aucune expérience quelle qu'elle soit et se trouve toujours à l'état de veille. Il ne sait en aucune façon ce que je veux produire et n'a jamais entendu parler d'extériorisation.

Je sensibilise une allumette en faisant des passes et en tenant cette allumette à quelques centimètres de la main du sujet.

Je brise l'allumette entre mes doigts. Cri de douleur; sensation de brisement des phalanges.

Je sensibilise un verre d'eau par le même moyen.

L'eau piquée par une aiguille, le sujet ressent la piqûre.

Si j'enfonce doucement une aiguille dans l'eau, la douleur est plus vive.

Je verse quelques gouttes de liqueur dans cette eau. Le sujet a une sensation étrange qu'il ne saurait définir.

Ayant sensibilisé une allumette chimique, je piquai la main d'où la sensibilité était extériorisée; la douleur était nulle. Je piquai l'autre main, mais, à peine eus-je touché la peau avec l'aiguille, que mon sujet se récria. Cette personne est, en effet, un peu douillette.

J'avais placé l'allumette à distance et je profitai d'un moment de répit pour rouler une cigarette, tout en causant de l'insensibilité obtenue. Je me servis de l'allumette sensibilisée pour allumer ma cigarette, mais, à peine la flamme eut-elle touché le bois de l'allumette, que Marie poussa un cri de douleur, se précipita sur l'allumette et l'éteignit.

Elle avait, disait-elle, l'extrémité des doigts brûlée!

Il a fallu que la flamme touchât le bois même de l'allumette. La pâte phophorée et le soufre en combustion n'ont déterminé aucune sensation.

L'expérience la plus curieuse est celle-ci:

Je sensibilisai un morceau de sucre puis le mis doucement dans un verre d'eau.

Je croyais que le sujet allait avoir la sensation d'une immersion, ainsi que cela se produit chez Maria V... Ici, autre chose.

Le morceau de sucre était arrivé sans encombre au fond du verre. A ce moment, des bulles de gaz se dégagèrent du morceau de sucre et vinrent crever à la surface. Le sujet fut pris alors d'un hoquet avec dégagement gazeux provenant de l'estomac, hoquet qui persista jusqu'à la fonte complète du morceau de sucre.

Je recommençai l'expérience. Le même phénomène se produisit.

Je proposai au sujet de boire l'eau du verre, lui affirmant que le hoquet disparaîtrait. Elle refusa.

Alors... j'avalai le contenu du verre et, à ma grande stupeur, le hoquet s'arrêta net...

J'ai fait cinq fois l'expérience èt cinq fois j'obtins le même résultat auquel je ne m'attendais guère.

Georgina est une jeune fille de dix-neuf à vingt ans.

Elle présente à la suggestion verbale faite à l'état de veille une sensibilité extraordinaire.

Les expériences que je fis, en tant que suggestion verbale, ne diffèrent en rien de celles que j'ai présentées plus haut avec d'autres sujets.

L'extériorisation de la sensibilité s'obtient également à l'état de veille avec une très grande facilité.

J'ai sensibilisé d'abord une allumette. Je brise l'allumette Sensation de brisement étendue à tout le corps.

Je sensibilise de l'eau : sensation de piqûre lorsque je perce la nappe d'eau avec une aiguille.

Je sensibilise un flocon d'ouate. Je le déchire. La sensation est perçue. A ce moment le sujet me tourne le dos. Tout en restant assis, je jette le flocon dans les flammes du foyer Georgina pousse un cri terrible et se met à pleurer. Elle se tient la main dont j'ai extrait la sensibilité en se plaignant d'être brûlée. Cette expérience inattendue l'a tout à fait bouleversée. Elle me demande de ne plus la recommencer et je le lui promets.

La douleur a été si vive que le sujet fait peine à voir.

Je cesse l'extériorisation pour d'autres expériences.

XIII

EXPÉRIENCES DE M. BOIRAC

Correspondant de l'Institut, recteur de l'Académie de Dijon (1)

Le phénomène de l'extériorisation de la sensibilité, découvert par M. de Rochas, nous paraît présenter beaucoup d'ana-

---

(1) Le récit des expériences de M. Boirac est emprunté textuellement à son beau livre intitulé : *La Psychologie inconnue*. Paris, Alcan, 1908, p. 264.

logie avec le phénomène du rapport. On sait en quoi il consiste.

Le sujet étant endormi, et, ajouterions-nous, mis dans l'impossibilité de rien voir par l'apposition d'un bandeau, on place sans lui donner aucune explication, un verre aux trois quarts plein d'eau entre ses deux mains, de telle sorte, par exemple, que ce verre repose sur la face palmaire de la main gauche horizontalement étendue, tandis que la face palmaire de la main droite recouvre la partie supérieure, à quelques centimètres au-dessus de l'eau. L'opérateur fait des passes au-dessus de la main superposée au verre et, après quelques instants, explore par des contacts, des pincements, des piqûres etc., etc., la sensibilité de la face dorsale de cette main.

Si la sensibilité subsiste, il continue les passes; mais au bout d'un certain temps, de cinq à dix minutes, le sujet ne réagit plus. Alors, sans rien dire, l'opérateur pince brusquement l'air à trois ou quatre centimètres au-dessus de la peau, et immédiatement le sujet accuse, par ses mouvements, par une grimace caractéristique, même par un cri, une sensation très vive. Il en sera de même pour une piqûre pratiquée dans l'air de la même façon. Bien plus, si on retire le verre d'entre les mains du sujet, et qu'on l'éloigne même à plusieurs mètres de distance, tout contact, pincement, piqûre, etc., soit dans l'eau, soit à quelques centimètres au-dessus, toujours dans le plus profond silence, est immédiatement suivi d'une réaction du sujet.

J'ai expérimenté ce phénomène avec un assez grand nombre de sujets. Chez Lud. S..., il s'est produit, dès l'origine, en dehors de toute explication, de toute suggestion préalables, avec une netteté et un rapidité extraordinaires. Le seul changement qui se soit produit dans l'évolution du phénomène, c'est que le sujet qui se prêtait d'abord sans résistance, d'une façon en quelque sorte indifférente, à ce genre d'expériences, a fini par le reconnaître et le redouter à cause de l'extrême intensité des sensations, le plus souvent douloureuses, dont il était pour lui l'occasion. Il a fini aussi par se rendre compte du rôle joué par l'eau dans ce phénomène. Spontanément, il en est venu à se préoccuper, à s'inquiéter du traitement réservé à cette eau; et, comme je lui en demandais un jour la raison, il me fit cette réponse singulière : « C'est que cette eau, c'est moi! » Toutefois, si les sensations éprouvées par lui dans ce qu'on pourrait appeler la sensibilité extériorisée paraissaient être infiniment plus vives que les sensations normales correspondantes, elles ne paraissaient pas être nettement localisées. Les contacts, pincements, piqûres, etc., semblaient être ressentis non dans tel ou tel point particulier du corps, par exemple dans la main, mais dans le corps tout entier, et c'est peut-être là ce qui en explique l'extraordinaire intensité.

Ce phénomène de l'extériorisation ouvre évidemment un champ illimité à nos suppositions et à nos recherches. Faute de temps et de facilités suffisantes pour disposer du sujet à notre gré, nous avons dû nous borner à un petit nombre d'expériences. Nous nous sommes surtout attachés à celles qui permettaient de déterminer le degré de généralité du phénomène. M. de Rochas paraît avoir considéré l'extériorisation de la sensibilité comme un phénomène exceptionnel, qui ne se produit que chez certains sujets, et qui suppose même chez ces derniers un état tout particulier. Nos observations et nos réflexions nous avaient, au contraire, amené à conjecturer que c'était là un phénomène général, commun non seulement à tous les sujets, mais même à tous les individus de l'espèce humaine, phénomène normal, pourrait-on dire, mais, comme beaucoup d'autres, condamné à rester cryptoïde tant que les conditions de sa révélation, au sens où on emploie ce mot en photographie, ne se trouvent pas réalisées.

Voici les deux expériences destinées à vérifier cette hypothèse, que j'avais déjà faites avec d'autres sujets, et qui, refaites avec Lud. S..., m'ont donné les mêmes résultats :

Première expérience. — Après avoir endormi Lud. S... et lui avoir bandé les yeux, je m'éloigne de lui et prends entre mes deux mains un verre à moitié plein d'eau, comme si je voulais moi-même extérioriser ma sensibilité. Après avoir tenu le verre pendant un certain temps, environ cinq à dix minutes, je m'approche du sujet qui, bien entendu, ignore entièrement la manœuvre précédente; je lui fais tenir le verre de la main gauche et introduire dans l'eau l'index et le médius de la main droite ; je m'éloigne de nouveau et vais me placer auprès d'un des assistants, à qui j'ai dit d'avance, à l'insu du sujet, ce qu'il avait à faire. Chaque fois que ce tiers me pince, me pique, etc., à un endroit quelconque du corps, le sujet réagit instantanément avec une très grande force. Tout se passe donc comme si je m'étais moi-même extériorisé dans le verre, et comme si tout ébranlement produit dans mon système nerveux se répandait le long d'un fil invisible aboutissant au verre d'eau dans le système nerveux du sujet.

Deuxième expérience. — Je procède tout d'abord comme dans l'expérience précédente ; mais au lieu de placer entre les mains du sujet le verre où je me suis extériorisé, je vais le poser sur ma table, à côté d'un des assistants, prévenu comme il a été déjà dit. Je m'approche alors de Lud. S... et j'établis un contact entre lui et moi en lui prenant la main. Chaque fois que l'assistant pique, pince, etc., la surface de l'eau, le sujet réagit synchroniquement avec une force extrême. Tout se passe donc, cette fois encore, comme si l'ébranlement imprimé à l'eau du verre se répercutait le long d'un fil invisible jusqu'en mon système nerveux qui n'en est pas d'ailleurs impressionné, et de là, par une sorte de conduction, jusqu'au système nerveux du sujet qui en reçoit et traduit l'expression consciente.

Le succès de ces deux expériences me fit venir l'idée d'en essayer une troisième qui établirait la possibilité de créer artificiellement une communication des sensibilités entre l'opérateur et le sujet. Voici comment je procédai :

Après avoir endormi le sujet et lui avoir bandé les yeux, je mis entre ses mains le verre d'eau destiné à recevoir sa sensibilité extériorisée, puis je pris moi-même un second verre d'eau destiné à recevoir la mienne, et nous restâmes ainsi, le sujet et moi, une certain temps, jusqu'à ce que l'extériorisation se fût produite pour S... Je pris alors son verre et j'allai le placer ainsi que le mien sur une table, à quelques centimètres l'un de l'autre. Un fil de cuivre recouvert de guttapercha, sauf à ses deux extrémités, avait été façonné par moi en forme d'U. Je chargeai deux assistants, toujours silencieusement, de tenir plongée chacune des extrémités du fil dans chacun des verres. Ce fil servait donc, en quelque sorte, de conducteur entre les deux récipients. Cela fait, j'allai m'asseoir auprès d'une autre personne également prévenue, à l'insu du sujet, du rôle qu'elle avait à jouer. Lud. S... était assis à deux ou trois mètres de moi, et nous étions tous les deux à trois ou quatre mètres environ de la table où se trouvaient les deux verres. Aussitôt que mon voisin se mit à me pincer, à me piquer, etc., le sujet réagit à chaque fois avec une très grande force. Tout se passait donc comme si l'ébranlement produit dans mon système nerveux se propageait le long d'un premier fil invisible jusqu'au verre où j'avais extériorisé ma sensibilité, passait de là, par l'intermédiaire du fil de cuivre, dans le verre où le sujet avait extériorisé la sienne, puis se propageait enfin le long d'un second fil invisible jusqu'au système nerveux du sujet.

Toutefois, à un moment donné, le sujet cessa de réagir, bien que mon voisin vînt me tirer les cheveux au-dessus du front avec une assez grande force. Je m'imaginai que cet arrêt dans la transmission de mes sensations était dû à la disparition de l'influence contenue dans les verres; mais, en me retournant vers la table, je vis par les gestes de mes deux aides que la véritable cause de l'arrêt était toute autre. L'un d'eux avait trouvé plaisant d'interrompre la communication en retirant de l'eau l'extrémité du fil confié à sa garde. Il avait ainsi, sans le vouloir, institué la contre-épreuve de mon expérience. Dès qu'il eut replongé le fil dans l'eau, la transmission recommença. Le tiraillement des cheveux sur mon front se traduisit pour Lud. S... en une sensation d'arrachement éprouvée sur toute l'étendue de la surface du corps; aussi commença-t-il à se plaindre et à protester, visiblement impatient de voir abréger la séance. Mon voisin eut alors l'idée de recourir à des impressions plus douces. Il prit une de mes mains et la caressa doucement à plusieurs reprises. Nous vîmes aussitôt le bas du visage de Lud. S... s'égayer d'un sourire. « Oh ! cela, dit-il, tant que vous voudrez! » — « Pourquoi donc? Que vous fait-on maintenant? » — « On me caresse. » De même, Lud. S... ressentit synchroniquement les souffles chauds ou froids envoyés par mon voisin sur la face dorsale de mes mains, mais toujours sous forme d'impressions diffuses auxquelles semblait participer l'organisme tout entier.

Cependant, les sensations du goût parurent se transmettre dans des conditions un peu différentes. Comme j'avalais quelques gouttes de chartreuse, le sujet exécuta synchroniquement des mouvements de déglutition et se mit à dire: « Qu'est-ce que vous me faites boire là? C'est bien fort; on dirait de l'eau-de-vie. » J'avalai de nouveau quelques gouttes, silencieusement comme toujours, cela va sans dire. Nouveau mouvement de déglutition chez le sujet et nouvelle remarque: « C'est fort, mais c'est doux; n'est-ce pas du malaga? ». Sans répondre, j'avalai encore quelques gouttes. Le sujet avala en même temps et s'écrie: « Ne continuez pas, cela me monte à la tête. » Je déclare alors à haute voix que l'expérience me paraît avoir assez duré et qu'il est temps de décharger les verres. Immédiatement le sujet se lève en s'écriant: « Oui, oui, où est mon verre? » et il fait un pas comme pour se porter dans sa direction; mais il tombe aussitôt de tout son long sur le tapis. Les assistants et moi-même, un peu effrayés, je l'avoue, nous nous empressons de le relever, de le faire asseoir. Je lui demande ce qui lui arrive: « Je suis gris! » me répond-il. Je me hâte de lui enlever le bandeau et de le réveiller. Il ne reste plus de trace de son ivresse; aucun souvenir ni, à ce qu'il m'assure, aucune fatigue.

Il serait intéressant de reprendre ces expériences en essayant de déterminer le rôle que joue le verre d'eau dans le phénomène de l'extériorisation, par exemple en faisant varier les éléments dont il se compose: nature du récipient, nature du liquide, etc., ainsi que les circonstances ambiantes.

NOTE L

L'OD VÉHICULE DE LA FORCE VITALE (1)

Grâce aux progrès de l'évolution, la ligne de démarcation entre les différents règnes de la nature et même entre les règnes organiques et inorganiques s'efface de plus en plus.

Fechner, en nous parlant de l'âme des plantes, n'a pas encore atteint les limites inférieures de la vie. On peut aller jusqu'à l'atome et lui attribuer une faculté de perception — ce que Leibnitz a fait pour ses monades. — Mais il vaut mieux ne parler de la vie que chez les êtres et les corps qui, pour la première fois, décèlent une force formatrice ou organisatrice, ne s'agit-il que d'un arrangement moléculaire fixe comme dans les cristaux.

Reichenbach a montré que, dans le processus de la cristallisation, il y a développement d'od et que ce développement peut être accompagné de phénomènes lumineux souvent visibles à l'œil normal, mais toujours perceptibles pour les sensitifs dans l'obscurité (2). En nous reportant aux degrés les plus élevés de la vie terrestre, le phénomène de la reproduction chez l'homme est, selon lui, lié à un flamboiement odique extraordinaire (3). Les cristaux sont les formes les plus inférieures chez lesquelles l'od se polarise (1). Reichen-

---

(1) Cette note est la traduction libre faite par le Dr Thomas d'un article du baron Carl DU PREL qui a paru dans le *Uebersinnliche Welt* (nov. et déc. 1896). J'ai supprimé quelques passages qui faisaient double emploi avec les faits cités dans le chapitre V.

(2) REICHENBACH, *Der sensitive Mensch*. I, 750; II, 254, 438.

(3) *Ibid.*, II, 173.

(1) *Ibid.*, II, 529.

bach a en outre recherché l'action des cristaux sur les sensitifs et démontré que cette action, de même que la lueur odique, émane surtout des pôles et des arêtes, c'est-à-dire des points où se porte l'effort formateur (2). Cette force des cristaux, comme l'appelle Reichenbach par abréviation, est en tout semblable par ses effets à celle qui agit aux pôles des aimants minéraux, non qu'il y ait identité avec cette dernière, mais elle en est comme un élément séparable. Ce qui la différencie, c'est qu'elle n'attire pas, comme l'aimant, des substances inorganiques, ne dévie pas l'aiguille aimantée, ne produit pas de courant galvanique induit dans les fils métalliques ; mais elle a ceci de commun avec le magnétisme minéral, dont elle est comme un élément isolable, d'attirer les corps *vivants*. Dès 1788, Petetin a montré, sur des cataleptiques, que l'aimant attire les mains, et Reichenbach a constaté sur une sensitive, Mlle Nowotny, que, chaque fois qu'elle était mise en catalepsie, un aimant en fer à cheval, placé dans son voisinage, attirait ses mains, qu'elles venaient y adhérer comme un morceau de fer et le suivaient dans ses mouvemnts. Or, la force émanée des cristaux n'attire pas les corps inertes, mais les corps vivants. Les cristaux attiraient les mains de Mlle Nowotny et les contracturaient même énergiquement.

C'est donc avec raison que Reichenbach dit que cette affinité, cette attraction que montre la force émanée des cristaux pour les corps vivants, tandis qu'elle n'agit pas sur les corps privés de vie, est un fait très extraordinaire et l'indice d'une corrélation puissante entre elle et la nature intime de ce que nous appelons la vie (3). En se rappelant que les lcristaux exercent leur action la plus énergique par les arêtes de sorte que les sensitifs déterminent très aisément avec leurs doigts les pôles et les axes, on sera amené à considérer comme très probable que cette force des cristaux est celle qui les construit, qu'elle est en conséquence une force formatrice

---

(2) *Ibid.*, I, 587-595 ; II, 210-258.
(3) Reichenbach. *Die Dynamide*, I, 55.

identique avec la force vitale des corps organiques. C'est donc dans les cristaux qu'on voit apparaître pour la première fois quelque chose d'analogue à la vie, une force organisatrice. Il existe même dans les cristaux, d'après Jordan et Paget, une sorte de force reproductrice, capable de réparer les pertes de substance. « La faculté, dit Paget, de réparer les dommages subis n'appartient pas exclusivement aux êtres vivants; les cristaux également recouvrent leur intégrité, lorsqu'un fragment en a été détaché, si on le replace dans les conditions qui ont présidé à leur formation. » (1).

Chez l'homme, la croissance est assurée par la nutrition et l'assimilation, qui reposent sur une tranformation des substances alimentaires, donc sur un processus chimique. Or, Reichenbach a prouvé que toute action chimique est liée à un développement d'od (2). Donc, dans la digestion gastro-intestinale des aliments, et leur absorption par le sang, ainsi que dans le processus chimique, lié à la respiration, il y a développement d'od qui imprègne l'organisme et sert à son accroissement. Dès lors, tous les viscères, toutes les parties internes de l'organisme doivent répandre des lueurs odiques; c'est sur ce fait que repose la possibilité, pour les somnambules, d'explorer l'intérieur de leur corps et celui des autres personnes.

Mais puisque l'od des cristaux est identique avec celui qui s'écoule des mains humaines, il faut chercher dans le magnétisme animal la preuve que l'od est le principe formateur, le véhicule de la force vitale, car le magnétisme animal, répondant à un degré de vie plus élevé, la force vitale y apparaîtra avec plus de netteté que chez les cristaux. La santé, la vie même dépend de la présence, de l'énergie et de la mobilité de cet agent auquel on a donné les noms les plus divers. Ame du monde, force vitale, électricité animale, fluide magnétique, magnétisme vital, anthropine, od: ce sont autant de

---

(1) PAGET. *Pathologie*, I, 152.

(2) REICHENBACH. *Der sensitive Mensch*, I, 700; II, 350, 432.

noms pour désigner une seule et même chose. Tous ceux qui on fait des recherches sur ce sujet sont unanimes à dire que l'état de santé dépend du degré d'activité de cet agent. Ni la physiologie, ni la pathologie n'ont fait de recherches dans cette direction ; nous nous bornerons donc à mettre en évidence cette assimilation, et peut-être identité, de l'od avec la force vitale dans une catégorie de phénomènes où elle ressort surtout nettement, c'est-à-dire dans les cas où l'od humain est extériorisé et sert à charger un corps étranger.

On constate tout d'abord que les individus dont l'od est extériorisé perdent de leur force vitale. C'est ainsi que les somnambules deviennent insensibles et perdent conscience ; les médiums à effets physiques énergiques et à matérialisation tombent dans un état de faiblesse extrême par la perte de force médiumnique ou d'od ; c'est comme si la vie les quittait. Nous voyons encore que les somnambules deviennent anesthésiés parce que l'od extériorisé *entraîne avec lui* la sensibilité et même la conserve quand on s'en sert pour charger des substances inertes, de l'eau par exemple ; les expériences de M. de Rochas sont, à cet égard, péremptoires. Nous voyons enfin que, si le magnétiseur transfère son od sur un organisme étranger, non seulement celui-ci gagne en vitalité, mais devient capable de réaliser une activité organique toute spéciale, qui se manifeste par une similitude complète entre certains organes du sujet et les correspondants du magnétiseur. Mais examinons la question plus en détail.

Déjà Mesmer considérait la magnétisation comme une communication de force vitale ; mais sa méthode pour établir l'équilibre odique entre deux individus par des passes n'est pas la seule possible. Cette force existait déjà avant Mesmer, et son activité a dû être remarquée de tout temps, et cela dès la plus haute antiquité. La croyance populaire attribue aujourd'hui encore un âge avancé aux instituteurs à cause de leurs rapports continuels avec la jeunesse. Pline dit que le corps tout entier d'un homme en bonne santé agit sur un malade (1). Que cette influence émane particulièrement des

---

(1) PLINE. *Hist. nat.*, VI.

mains, les anciens le savaient également, puisque Virgile parle de la « main qui guérit » (1). Plus tard seulement, Albert de Haller, puis de Humboldt et Reil ont établi la théorie de l'atmosphère nerveuse enveloppant chaque organisme et susceptible d'être perçue par un organisme étranger. Cette influence est d'autant plus marquée que la fusion des émanations odiques est plus intime. Kluge eut l'occasion de traiter un homme qui souffrait, surtout la nuit, d'attaques nerveuses: il tombait alors dans un profond sommeil et, au réveil, se sentait un regain de force qui paraissait quelque temps (2). On lit dans la Bible qu'Elie se coucha sur le corps du fils de la veuve de Sarepte, pris pour mort, et le rappela à la vie (3); en d'autres termes, il renforça la force vitale sur le point de disparaître par l'od de son propre corps. Le Dr Gilibert, affligé d'une violente maladie nerveuse, présentait tous les jours, à des heures déterminées, des accès très douloureux. Un de ses amis, se rappelant le fait d'Elie, se couchait alors sur lui et chaque fois le malade passait d'un état très pénible à un indicible bien-être (4).

De nombreux exemples prouvent que les émotions vives ont ce caractère commun d'augmenter l'écoulement de l'od. La princesse de Ligne, alors que son enfant était déclaré perdu par tous, se jeta sur lui et le couvrit de son corps comme en extase, pendant une demi-heure, et le serra contre son cœur jusqu'à ce qu'il revînt à la vie (5). Le Dr Desprès voyant sa femme à l'agonie refusa de suivre ses amis qui voulaient l'entraîner loin du lit, les pria de sortir, et, une fois seul, se déshabilla et prit sa femme dans ses bras pour la réchauffer. Au bout de vingt minutes elle revint à l'existence

---

(1) VIRGILE. *Enéide*, XII, 402.

(2) KLUGE. *Versuch einer Darstellung des animalischen Magnetismus*, 250.

(3) *Rois*, 17, 19-24.

(4) *Exposé des cures opérées en France par le magnétisme animal*, II, 141.

(5) PUYSÉGUR. *Recherches physiologiques sur l'homme*, 67.

et quelques jours après se trouva en bonne santé (1). La puissance magnétique du souffle chaud s'explique de la même façon. Borelli raconte qu'un domestique, à son retour de la campagne, trouvant son maître sur le lit de parade et tous les préparatifs faits pour l'inhumation, l'embrassa avec persistance et lui souffla dans la bouche jusqu'à ce qu'il l'eût rappelé à la vie (2). Cohausen rapporte, d'après Grubelius, qu'une femme qui venait d'accoucher pour la première fois avait été prise de syncope et était considérée comme morte. Sa fidèle servante accourut aussitôt, se coucha sur elle et lui souffla dans la bouche jusqu'à ce qu'elle revînt à elle. Le médecin lui demanda d'où elle tenait ce remède extraordinaire; elle répondit qu'elle l'avait vu appliquer à Altenburg et qu'elle savait que les sages-femmes rappelaient souvent à la vie de la même façon des enfants nouveau-nés qui passaient pour morts (3). Ce fait est pris dans un ouvrage de Cohausen dont le titre rappelle une inscription sur marbre trouvée à Rome (4) et d'après laquelle un certain Clodius Hermippus avait vécu cent quinze ans et cinq jours grâce au souffle chaud de jeunes filles — *puellarum anhelitu* —; mais cette inscription ne nous apprend pas si ce Romain était le directeur d'un institut de jeunes filles ou si c'est en imitant l'exemple du roi David qu'il est arrivé à ce résultat. Les expériences de Reichenbach (5) et toute la bibliographie du magnétisme nous apprennent que le souffle, en raison de son origine dans les processus chimiques du poumon, constitue une source d'od importante. Les sensitifs constatent que leur souffle est lumineux ainsi que celui des autres personnes (6). Mais comme l'émanation odique se fait par toute la surface du corps, la présence d'une personne bien portante suffit quelquefois pour

---

(1) Foissac. *Rapports et discussions*, 272.
(2) Borellus. Cent. 3, observ. 58.
(3) Cohausen. *Von der seltenen Art sein Leben durch das Anhauchen junger Maedchen bis auf 115 Jahre zu verlangern*. C. 4.
(4) Reinesius. *Syntagma inscriptionum antiquarum*.
(5) Reichenbach. *Der sensitive Mensch*. I, 165, 321, 387.
(6) *Ibid.*, II, 359, 361.

donner des forces à un malade. On a remarqué sur une mourante qu'elle retombait sur son lit, pâle et sans respiration, comme une morte, chaque fois que son mari, qui l'avait magnétisée jadis, quittait la chambre, et qu'elle revenait toujours à elle lorsqu'il rentrait. Le médecin pria instamment le mari de s'éloigner définitivement; il finit par obéir et alors la malade retomba et ne se réveilla plus (1)...

Du moment que le chimisme organique est lié à une production d'od, il faut aussi que les excréta du corps humain — la mumie des paracelsistes — soient chargés d'od. C'est probablement sur cette propriété que repose le si grand avantage, pour le nourrisson, du lait de la femme et non sur ce qu'il est chimiquement différent du lait de vache. Cohausen raconte avoir traité un homme âgé d'environ 60 ans qui épousa une jeune et belle femme, et qui, au bout d'une année de mariage, fut atteint d'une « fièvre chaude ». La jeune femme assurait que le malade ne prenait ni aliment, ni boissons, ni médicaments, et Cohausen fut tout étonné de le voir revenir à la santé et même de se porter mieux qu'auparavant. Finalement, la femme en question avoua que son mari buvait tous les jours de son lait, ce qui pour lui remplaçait toute autre nourriture. A ce propos, le même Cohausen rappelle ces paroles d'Agrippa: « La nature a donné aux femmes un lait si fortifiant qu'il est apte non seulement à nourrir les enfants, mais encore à les guérir, et même à guérir les adultes. Je suppose que c'est à cette circonstance que Salomon faisait allusion lorsqu'il disait: « Là où il n'y a pas de femme, le malade soupire. » Le lait de femme est souverain pour des personnes faibles et malades, et un moyen sûr de rendre la vie à celles qui sont près de mourir. Marsile Ficin dit de son côté: « L'arbre humain dessèche et périt après 70 ans, parfois aussi après 60 ans; il faut alors commencer à l'humecter avec du lait de femmes jeunes, pour lui rendre de la fraîcheur » (2). Galien assure que, dans la consomption, les médecins grecs prescrivaient de boire au sein même le lait d'une nourrice

---

(1) *Archiv für thierischen Magnetismus*, I, p. 140.
(2) COHAUSEN, 239.

jeune et bien portante; le résultat, selon lui, n'était pas le même si l'on se contentait de leur donner ce même lait dans un récipient (1).

Maxwell dit: « Le remède universel n'est pas autre chose que l'esprit de vie multiplié dans un sujet approprié » (2) et il ressort de tout son livre qu'il n'entend pas autre chose par là que ce que nous appelons magnétisme animal ou od. Mais si l'od extérieur peut, en agissant sur un organisme étranger, le ramener à la santé, il faut bien en conclure qu'il joue le même rôle dans l'organisme primitif, c'est-à-dire qu'il est le porteur, le distributeur de la force vitale, et que la maladie fait invasion là où l'activité odique est absente ou du moins affaiblie. Paracelse dit que la maladie surgit dans les parties de l'organisme où ne peuvent parvenir les esprits vitaux. Ainsi l'on s'explique aussi que, l'od étant pour les yeux des sensitifs un phénomène lumineux, les somnambules voient lumineuses les parties saines, obscures, les parties malades, dans l'examen soit de leur propre corps, soit du corps d'autres personnes. Dès que le mouvement odique — l'Enormon d'Hippocrate — est entravé, le phénomène lui-même perd de son intensité.

On peut se rendre compte de l'action profonde et intime qu'exerce l'od sur l'organisme étranger, dans lequel il pénètre, par le sommeil profond qui s'empare des nourrissons lorsqu'on magnétise la mère ou la nourrice dont ils boivent le lait (3). Le Dr Louyet ayant magnétisé une femme, celle-ci rentra chez elle et allaita son enfant; celui-ci tomba dans un profond sommeil qui persista pendant vingt-quatre heures, et lorsque dans cet intervalle on l'approchait du sein, il faisait bien les mouvements de succion, mais sans se réveiller. Dans un autre cas, le même médecin fut appelé auprès d'une femme atteinte de fièvre typhoïde et arrivée au sixième mois de la grossesse. Comme depuis dix jours elle ne sentait plus remuer son enfant, elle le crut mort et deux médecins la

---

(1) GALIEN. *Methodus medendi*, III. C. 12.
(2) MAXWELL. *Medicina magnetica*, II. Supplém., § 94.
(3) DU POTET. *Journal du magnétisme*. XVI, 563.

confirmèrent dans cette idée, vu que les battements du cœur du fœtus étaient imperceptibles. Mais avant d'avoir recours à des moyens extrêmes, on se décida à appeler comme troisième médecin le Dr Louyet. Celui-ci réussit à entendre quelques très faibles battements de cœur du fœtus au moyen du stéthoscope. Il magnétisa la femme et aussitôt les battements du cœur, explorés par le stéthoscope, furent reconnus dix fois plus énergiques qu'auparavant (1).

Si un organisme sain peut fournir de la force vitale à un malade, si, en d'autres termes, la santé est contagieuse, la logique exige que l'inverse soit vrai également, que la maladie puisse être transmise par un agent malade, ce qui est établi depuis fort longtemps dans la littérature magnétique. Il ne saurait être question ici du transport d'un bacille, pas plus, dans le premier cas, d'un bacille de la santé que, dans le second, d'un bacille de la maladie. Il y a des bacilles dans tous les organismes, mais ils ne pullulent que dans ceux qui sont affaiblis, et alors ils ne sont pas nécessairement cause de la maladie, mais plutôt effet. La médecine devra donc renoncer à chercher, dans tous les faits de contagion, le bacille nocif qui l'aurait déterminée. C'est qu'il existe une contagion qui s'observe dans la magnétisation, souvent même au détriment du magnétiseur. Du Potet affirme qu'il lui est arrivé plus de cent fois, malgré la persistance d'une excellente santé, d'éprouver de la douleur physique lorsqu'il traitait des goutteux ou des sujets souffrant d'affections articulaires inflammatoires, d'être pris d'un mouvement fébrile quand il soignait des typhiques. Une fois qu'il donnait ses soins à un cholérique, il sentit ses propres entrailles se contracter spasmodiquement, mais sans douleur. Lorsqu'il traitait des sourds, c'était pour lui un signe de réussite de ressentir dans les oreilles de la chaleur et du prurit. Dans le traitement de la syphilis, il ressentait fréquemment des douleurs osseuses assez intenses et se trouvait alors en position de dire aux malades qu'ils avaient fait usage de mercure.

---

(1) *Ibid.*, XIV, 324, 354.

ce qu'ils cachaient intentionnellement. Il affirme enfin que, sur dix malades, sept au moins lui transmettaient les symptômes de leur maladie, atténués bien entendu, de sorte que ses propres impressions le mettaient sur la voie du diagnostic, comme c'est le cas pour beaucoup de somnambules. D'autres magnétiseurs en grand nombre ont corroboré ces faits et plus d'un, selon lui, aurait renoncé à sa profession à cause de cet inconvénient (1).

Quoi qu'il en soit, les symptômes seuls se trouvent transmis et non la cause de la maladie; on s'en débarrasse aisément en se démagnétisant ou en se faisant démagnétiser. L'influence du malade sur le magnétiseur peut même aller si loin que les rôles se trouvent renversés et qu'au lieu du malade c'est le magnétiseur qui s'endort et devient somnambule; on en cite plusieurs exemples (2).

Mais ce qui met le mieux en évidence le rôle de distributeur de la force vitale de l'od, c'est que, transféré sur un malade, il déploie chez lui une activité organisatrice spéciale, en tout semblable à celle qu'il a exercée dans l'organisme originel, celui du magnétiseur. La somnambule ou voyante de Kerner se faisait remettre par lui des cheveux au moyen desquels elle préparait une eau capillaire, dont l'usage transforma sa chevelure originairement fine et noire en une chevelure châtain clair, rude et épaisse, semblable à celle du magnétiseur (3). Werner rapporte que chaque fois qu'une vésicule lui venait sur le front, la joue ou le nez, une vésicule semblable se formait dans la région correspondante chez la somnambule qu'il traitait (4). La somnambule qui servit si longtemps de sujet aux expériences de Donato avait originairement des cheveux blonds clair, puis sa chevelure devint de plus en plus foncée comme celle de son magnétiseur. Jus-

---

(1) Du Potet. *Thérapeutique magnétique*, 145, 146.
(2) *Exposé des cures*, I, 299.
(3) Kerner. *Geschichte zweier Somnambulen*, 381-383.
(4) Werner. *Die Schutzgeister*, 266.

qu'aux traits de son visage qui finirent par devenir si pareils à ceux de Donato qu'on les prenait pour frère et sœur (1).

Voici encore un fait qui prouve indirectement que l'od est le distributeur de la force vitale. Du moment que la magnétisation consiste en une dépense de force vitale au profit du malade, on doit constater cette dépense ou perte chez le magnétiseur. Déjà Jussieu, qui refusa de signer le rapport de l'Académie de médecine sur Mesmer et en publia un spécial, constate que beaucoup de magnétiseurs sont complètement épuisés par une pratique prolongée de la magnétisation et ne retrouvent leurs forces qu'en se plaçant devant le baquet mesmérien ou en se faisant magnétiser (2). Chardel dit que la magnétisation exagérée affaiblit non seulement la faculté motrice de l'opérateur, mais encore ses facultés intellectuelles, en particulier la mémoire (3). Gmelin affirme que si le malade n'est pas influencé, le magnétiseur ne fait aucune dépense, mais que si l'influence est constatée, il subit une perte de force vitale qui n'est aucunement en rapport avec la force musculaire déployée (4). Pour diminuer la dépense de forces et assurer leur transfert intégral sur le malade, il construisit un grand plateau en bois fixé sur un gâteau de poix au moyen de quatre chevilles; il se plaçait alors avec le malade sur cet appareil isolant, et l'effet en était considérablement accru (5).

Meilleure est la santé du sujet, moins le magnétiseur se sent épuisé. Voici ce que dit le D' Barth: « Je me sentais enlever plus de force par un sujet délicat et amaigri en vingt minutes que par d'autres en une heure (6). Une condition

---

(1) CAVAILHON. *La fascination magnétique*, 120.
(2) *Rapport de l'un des commissaires*, 14.
(3) CHARDEL. *Esquisse de la nature humaine*, 223, 245.
(4) GMELIN. *Der thierische Magnetismus*, I, 79. — *Fortgesetzte Untersuchungen*, 354.
(5) GMELIN. *Der thierische Magnetismus*, II, 65, 178. — WIENHOLT. *Heilkraft des thierischen Magnetismus*, I, 14, 251; II, 7. — BARTELS. *Grundzüge einer Physiologie und Physik des animalischen Magnetismus*, 30. — KLUGE. *Darstellung des animalischen Magnetismus*, 85. — GMELIN. *Fortgetsetzte Untersuchungen*, 408.
(6) BARTH. *Der Lebensmagnetismus*, 188.

préalable de succès, c'est donc que l'opérateur possède plus de force vitale que le sujet; dans le cas contraire, l'inverse peut se produire, et l'équilibre odique s'établir dans le sens opposé. Le professeur Bartels raconte qu'un jeune homme ayant voulu magnétiser sa femme tomba lui-même dans le sommeil magnétique. C'est donc sa femme qui le traita et le délivra ainsi d'une faiblesse nerveuse (neurasthénie) invétérée (1). Une jeune fille de huit ans était soignée alternativement par une somnambule et un magnétiseur. Les deux étaient nécessaires, car la jeune fille s'imbibait de magnétisme comme une éponge et n'arrivait pas à être saturée; au bout de huit séances la jeune fille devint somnambule et, de ce moment, dirigea elle-même le traitement (2). Bende Bendsen assure, en se fondant sur une expérience de trois années, faite sur lui-même et sur d'autres, qu'un traitement magnétique appliqué avec persévérance, d'une à deux heures, affaiblit plus que tout travail corporel; la perte de forces se fait sentir principalement dans les bras, les mains et les doigts: les magnétiseurs qui ressentent très vivement l'écoulement du fluide par les mains se fatiguent surtout très vite et s'épuisent au point de tomber (3). Bref, perdre l'od, c'est perdre de la force vitale; donc l'od est le porteur, le distributeur de la force vitale.

Il est vrai de dire qu'il y a eu de tout temps des magnétiseurs de profession qui, malgré tous leurs efforts, n'éprouvent aucun épuisement, ce qui doit tenir à la rapide réparation des forces chez eux. Le chimisme organique est d'ailleurs une source d'od très abondante (4); quiconque possède un bon estomac et des poumons sains répare donc vite par la digestion et la respiration ses pertes d'od. Cela ne suffit pas à élucider complètement la question; il y a, en effet, des magnétiseurs qui éprouvent un besoin formel de magnétiser, un besoin de céder de leurs forces, et qui se sentent mal à l'aise lorsqu'ils laissent les magnétisations de côté pendant

---

(1). BARTELS, 169.
(2) *Hermes*, XI, 312.
(3) *Archiv.* IX, 1, 77, 119.
(4) REICHENBACH. *Die Dynamide*, I, 119, 121.

quelque temps (1). Ce fait paraît contradictoire avec ce que nous avons dit de la dépense de force vitale dans la magnétisation ; cette contradiction ne serait-elle qu'apparente, elle mériterait encore d'être expliquée.

Prenons un exemple: Du Potet dit de lui-même qu'il est comme le prototype de la santé, qu'il n'a jamais été malade et a toujours possédé un excès de force vitale (2). Il épousa tardivement, en secondes noces, une jeune femme que les médecins avaient déclarée incurable et qu'il rendit à la santé. Il mourut à 87 ans et magnétisa jusqu'à sa mort. De même un magnétiseur non moins actif, Lafontaine, épousa en secondes noces une jeune femme qu'il avait guérie. Ainsi voilà une dépense excessive de force vitale liée à une santé indestructible ; eh bien ! si paradoxal que cela puisse paraître, ce n'est pas cette santé florissante qui est la cause d'une pareille puissance fonctionnelle, mais elle est l'effet de la perte continuelle d'od, incessamment remplacé. Ce remplacement est adéquat à un renouvellement incessant d'od. C'est ainsi que s'explique le malaise d'un magnétiseur de profession lorsqu'il cesse de fonctionner pendant un certain temps : ce n'est pas la dépense d'od qui est un besoin pour lui, c'est son renouvellement. Voilà à quelle simplicité se réduit le problème de la santé ! Mais qu'a fait la médecine de ce problème si simple ? De tous les systèmes, c'est encore celui des nihilistes de la médecine, des hygiénistes, qui se rapproche le plus de sa vraie solution. Leur devise est: « échanges intra-organiques », et précisément les échanges intra-organiques déterminent un renouvellement constant de l'od.

Ce qui prouve encore que le sujet magnétisé est un récepteur de force vitale, c'est que des sources d'od inertes peuvent aussi bien que les vivantes servir d'adjuvants pour renforcer la magnétisation. Déjà Mesmer se servait de tiges d'acier et de fer comme de conducteurs ; la concentration d'od ainsi produite est bien visible pour les somnambules par

---

(1) *Hermès*, I, 76.
(2) Du Potet. *Thérapeutique magnétique*, 144.

le renforcement de la lueur qui lui est propre (1). Courant se plaçait sur le tabouret isolant d'une machine électrique, se soumettait à l'action de l'électricité et assurait que dans ces conditions son magnétisme produisait un effet cent fois plus considérable (2). Arndt également se servait d'un appareil isolant, et sa somnambule affirmait qu'alors sa puissance magnétique était bien plus grande, parce que le magnétisme ne s'écoulait pas aussitôt dans le sol (3). L'action atteint son maximum d'énergie, paraît-il, lorsque le magnétiseur et le patient sont tous deux assis sur la planche isolée et communiquent avec une machine électrique en activité, au moyen de chaînes fixées aux pieds de chaque chaise (4). Il se produit toujours un accroissement de l'action quand le porteur de l'od entre en vibration, non seulement par l'électricité, mais encore par la chaleur et le son; c'est pour ce motif que Mesmer utilisait la musique. Quant à l'action de la musique sur les malades, dont on ne veut plus rien savoir aujourd'hui ou dont on ne commence à reparler que timidement, l'ouvrage de Kluge en parle explicitement et on y trouve une bibliographie sur ce sujet (5). Enfin, il faut observer que le véhicule d'od, de même que le porteur d'électricité, agit comme multiplicateur. C'est en raison de ce fait que nous voyons la loi de la diminution de la force en raison inverse du carré des distances céder le pas, dans les phénomènes occultes, par exemple dans la *télépathie,* à une autre loi, ce qui ne peut s'expliquer que d'une manière : c'est que la force mise en activité ne raponne pas en tous sens, mais se transmet dans la direction que lui assigne la volonté.

D'après Mesmer, les corps qui agissent le plus énergiquement sur l'homme, ce sont ceux de leurs semblables. C'est pourquoi l'action du magnétiseur doit être aidée par des

---

(1) KLUGE. *Versuch einer Darstellung des animalischen Magnetismus,* 394.
(2) RAGON. *Maçonnerie occulte,* 46.
(3) ARNDT. *Beitrage zu den durch den animalischen Magnetismus bewirkten Erscheinungen,* 135.
(4) KLUGE. *Versuch.,* 395.
(5) KLUGE. *Ibid.,* 398.

sources vivantes d'od. Une somnambule conseilla à son magnétiseur de se faire lui-même magnétiser avant d'opérer sur elle (1). Mesmer lui-même recommande de former une chaîne avec le plus grand nombre possible de personnes, dont l'une pose sa main sur le malade, tandis que le magnétiseur se tient à l'extrémité de la chaîne (2). Hufeland dit : « Lorsque la personne qui se mettait en rapport avec moi pour magnétiser la malade, une somnambule affligée de crampes, tenait de sa main gauche la main droite de la malade et de sa main droite ma main gauche, pendant qu'avec ma main droite je touchais la main gauche de la malade, l'accès douloureux disparaissait immédiatement et on pouvait apprécier son bien-être par l'expression de sa physionomie et par ses paroles (3). » Deleuze recommande également la chaîne humaine et ajoute que, si l'on y emploie des personnes de la campagne, on fait bien de les engager à prier Dieu en commun pour le malade, ce qui est un excellent moyen de soutenir leur attention et de diriger leur intention (4). On peut ajouter à cela — en excluant de prime abord toute récitation mécanique de prières ou de litanies — qu'il y a un facteur moral, l'émotion intime et le désir de secourir, qui intervient puissamment ; car le facteur psychique opère ici exactement comme, dans les adjuvants purement physiques, la vibration moléculaire ; [peut-être ne faudrait-il pas non plus négliger ici l'influence des puissances occultes appelée par la prière]. Dans le journal *Hermès* on lit : « Placez en cercle, de part et d'autre du malade, plusieurs personnes bien portantes qui ont foi dans la vertu curative du magnétisme et prennent intérêt au malade, et ne se prêtent pas à l'opération par simple curiosité. Ces personnes doivent se mettre en contact par les pouces, de sorte que la personne placée à la droite du malade le touche de la main gauche, et celle placée à sa gauche de la main droite. Le magnétiseur doit former un des

---

(1) *Exposé de différentes cures.* Supplément 10.
(2) MESMER. *Aphorismes,* 302.
(3) HUFELAND. *Ueber Sympathie,* 166.
(4) DELEUZE. *Instruction pratique,* 91.

anneaux de la chaîne, et lorsqu'il veut faire des passes magnétiques, ses voisins doivent placer leurs mains sur ses épaules (1) ». L'accroissement de l'action magnétique ne peut être décelé ici que par la sensation que subit le malade; dans l'obscurité, elle est contrôlée par la vue des sensitifs :
« Si l'on place une certain nombre de personnes, dit Reichenbach, sur un même rang, de sorte qu'elles se tiennent toutes par les mains de même nom, on forme une chaîne d'individus dont le dernier à gauche et le dernier à droite fournissent un dégagement lumineux bien plus énergique que chez une seule personne (2) ».

L'idée qu'on se faisait, dans la première moitié de ce siècle, de la force vitale, n'est plus soutenable. Une force qui forme le corps, le vivifie et le conserve, mais n'a pas de support matériel, pas de substratum physique, devait paraître de plus en plus suspecte, avec les progrès des sciences naturelles : on finit par la biffer totalement et on réduisit l'homme à un problème de chimie, parce que le phénomène chimique est commun à la nature inorganique et à la nature organique et semblait le plus propre à expliquer la vie. Mais tous les efforts faits par le matérialisme pour expliquer les phénomènes ou fonctions jadis attribués à la force vitale, par les lois d'un échelon inférieur de la nature, laissèrent toujours un résidu inexpliqué et resteront aussi vains que, par exemple, la tentative de résoudre les problèmes de la stéréométrie par la géométrie plane. Nous ne pouvons donc nous passer de la force vitale pour expliquer l'homme, mais nous serons obligés de la rétablir en telle situation et sous une forme telle, qu'elle soit à l'abri des objections fort justes qui lui ont été opposées jadis. Mesmer et Reichenbach ont trouvé précisément le véhicule matériel de cette force mystérieuse dans l'od, et l'od est bien à la hauteur de sa mission qui est de fournir la solution du problème de la vie. Dans une vaste série de phénomènes, qu'on peut poursuivre jusque dans le domaine des cristaux, il nous apparaît comme formateur, organisateur et

---

(1) *Hermès*, I, 85.
(2) Reichenbach. *Odische Begebenheiten*, 87.

vivifiant, même lorsqu'il est extériorisé et transféré sur un organisme étranger.

Vers la fin de son plus important ouvrage, Reichenbach a fait la comparaison de l'od avec les autres forces — ou « dynamides », comme il les appela — de la nature : la chaleur, l'électricité, la lumière, le magnétisme, et montré combien plus profondément que ces forces, l'od pénètre dans notre vie physique et psychique. « Si donc, dit-il, l'od pénètre si intimement dans la sphère corporelle et spirituelle de l'homme, s'il participe visiblement et d'une manière péremptoire au fonctionnement de l'âme, il est, comparé à toute autre force, ostensiblement plus rapproché du principe de vie qui existe en nous. Et, il en est même rapproché à un si haut degré qu'il est difficile, et même impossible, de tracer une ligne de démarcation entre le spirituel et l'odique. C'est cette fusion si intime entre les deux qui nous force à poser ce problème : « L'od est-il simplement un principe agissant sur notre principe spirituel, ou fait-il partie intégrante de nous? Est-il une simple composante de notre élément mental ou une portion constituante de notre être spirituel? (1) » Reichenbach ajoute que cette question nous place « sur le seuil de choses élevées » : en effet, il est facile de se rendre compte que Reichenbach n'a écrit ni plus ni moins que *la physique de la magie*. Il est entré dans ce domaine aussi loin que ses prémisses le lui permettaient. Il devança de beaucoup ses contemporains en acceptant sans arrière-pensée les phénomènes du somnambulisme, et même celui des tables tournantes; il n'y voyait d'ailleurs pas autre chose que des phénomènes conformes aux lois de la nature comme toutes les autres. C'est un chapitre d'une psychologie et d'une physique inexplorées et qui ne peuvent être étudiées qu'en prenant pour point de départ l'od ou l'agent de nom quelconque qui lui est équivalent.

Pas de magie sans âme, car c'est l'action extra-corporelle de l'âme qui constitue la magie. Que l'âme soit elle-même de

---

(1) REICHENBACH. *Der sensitive Mensch*, II, 707, 708.

nature odique, ou que l'od ne soit que le moyen d'union entre l'âme et le corps (alors le périsprit de spirites), Reichenbach laisse la question ouverte; de toutes manières les fonctions animiques, les fonctions vitales aussi bien que l'exercice de la pensée, sont liées à des phénomènes odiques. Comme la force vitale — ainsi que nous l'avons vu — peut s'extérioriser grâce à l'od et être transportée, il s'ensuit que la pensée peut également être extériorisée. La transmission de la pensée s'imposerait donc logiquement *a priori*, même si l'expérience n'en avait établi la réalité.

La magie se trouve dès lors en possession de son discriminant nécessaire : l'action extra-corporelle de l'âme repose ou bien sur l'extériorisation de la force vitale, ou sur celle de la pensée, ou enfin sur une combinaison de ces modes d'activité dans les phénomènes où une chose pensée, une idée-image intense se trouve organiquement réalisée par la force vitale, comme dans le regard de femmes enceintes et la production de marques chez les stigmatisées.

NOTE M

Mes expériences sur la transmission des sensations au moyen de conducteurs métalliques.

I

Les expériences que je vais rapporter ne doivent être considérées que comme une simple indication pour les personnes qui me suivront dans cette voie encore inexplorée. Il est fort difficile, en effet, pour celui qui observe des phénomènes nouveaux, de saisir le véritable lien qui les enchaîne; on est exposé à attribuer à une cause unique des effets semblables en apparence, mais qui, en réalité, sont souvent dus à des causes différentes; ce danger est spécialement à redouter quand il s'agit de phénomènes psychiques où la suggestion joue un si grand rôle. Ce n'est qu'après de nombreuses observations faites sur des *sujets et par des observateurs différents* qu'on peut espérer, grâce à la confirmation ou à l'infirmation expérimentale des conséquences de l'hypothèse primitive ayant servi à relier les faits, de présenter une théorie ayant quelque chance de durée.

Ces réserves faites, je crois qu'il ne faut pas hésiter, par amour-propre de savant, à porter à la connaissance de ceux qui, comme nous, cherchent à faire pénétrer la lumière dans la région encore si obscure de la psychologie physiologique, des documents, même informes, à cause des difficultés et même des dangers de toute nature qui entourent ces sortes de travaux.

Il me semble, du reste, que le phénomène des contractures à distance peut être la base d'une étude progressive et méthodique de la transmission de pensée. Tout ce qu'on sait déjà nous autorise, en effet, à supposer que cette transmission de pensée se réduit, au moins dans la grande majorité des cas, à une série de vibrations transmises par un cerveau actif à un cerveau passif *accordé* pour les recevoir.

Quelques métaphysiciens rejettent cette théorie, disant que l'esprit immatériel ne saurait agir sur la matière : c'est cependant ce qui se fait dans tous les actes de la vie provoqués par notre volonté. Mais je n'ai pas besoin de m'occuper de la nature de l'esprit qui pense; il me suffit de constater que, quand quelqu'un pense et veut parler, il formule sa pensée dans un langage intérieur, et que cette pensée ainsi formulée agit sur les nerfs et sur les muscles de l'organe de la parole pour y déterminer une série de contractions donnant naissance aux mouvements qui constituent le langage articulé.

Ce sont des contractions analogues, mais dues à des causes bien plus énergiques, dont j'ai cherché à étudier la transmission.

II

Expériences avec Politi

Politi est un médium romain, devenu célèbre dans ces derniers temps par des séances où l'on obtenait avec lui des matérialisations partielles. Très désireux d'être témoin de ces phénomènes, quelques amis et moi nous l'avons fait venir à Paris au mois de juillet 1902, mais nous n'avons obtenu d'une façon nette que des mouvements à distance et des lueurs phosphorescentes. Au bout des douze séances dont nous étions convenus et pendant lesquelles je m'étais abstenu de toute manœuvre magnétique sur le médium, pour ne point porter de trouble dans ses facultés spéciales, je le soumis à des essais méthodiques et je reconnus que :

1° Il était très facilement suggestible ; il suffisait de lui faire fermer les yeux pour le mettre en état de *crédulité*. Si, par exemple, quand il avait les yeux fermés, je lui disais : « Quand vous ouvrirez les yeux, vous regarderez dans ce coin de la chambre et vous verrez telle personne que vous connaissez », l'hallucination se produisait avec une si grande intensité que j'étais obligé de lui affirmer que ce n'était pas le fantôme de cette personne qui lui apparaissait (1).

2° Il est sensible aux lois de la polarité ; je l'ai contracturé et décontracturé suivant les lois connues ;

3° Il a présenté par suggestion le phénomène connu sous le nom d'*objectivation des types* (2) ;

4° Il possède des points hypnogènes. Je me suis borné à constater ceux qu'il avait aux plis des poignets (3) ;

5° Quelques passes suffisent pour extérioriser sa sensibilité, et il ressent parfaitement les actions exercées sur les objets qu'on charge de cette sensibilité ;

6° Il est arrêté par une barre que je trace sur le sol avec mon pied.

---

(1) Ces personnes lui apparaissaient dans la situation où il s'*imaginait* alors qu'elles se trouvaient.
(1) On peut admettre que les possessions dont il nous a donné le spectacle étaient quelquefois des autosuggestions.
(2) On sait depuis longtemps que, sur les points hypnogènes, la peau est insensible. Le premier, j'ai reconnu que de ces points partent des radiations présentant à l'état de veille les mêmes caractères que les couches sensibles qui s'extériorisent sur le reste du corps par les manœuvres magnétiques chez certains sujets ; ces radiations sont attirées ou repoussées par un aimant suivant les lois de la polarité.

NOTE M 333

Après ces constatations, et me rendant à l'aimable invitation de M. de Albertis, qui m'offrait de passer deux jours dans sa villa de Joinville, où déjà il avait donné l'hospitalité à Politi, je procédai avec ce médium comme j'ai l'habitude de procéder avec mes autres sujets. Au lieu d'accumuler dans une longue séance des essais qui exaspèrent leur système nerveux, et finissent par les affoler, je vis complètement avec eux; avec eux je me promène, je prends mes repas, je cause; je me fais raconter les incidents de leur vie, leurs impressions physiques et morales; à l'improviste, je tente une expérience, puis je les laisse reposer et je recommence plus tard, après avoir réfléchi sur les phénomènes que j'ai observés, de manière à varier les conditions pour éliminer les fausses interprétations et à les comparer avec ceux que j'ai obtenus avec d'autres sujets.

C'est ainsi qu'ayant lu quelque part que Mesmer avait endormi une dame en mettant sa canne dans l'eau d'un bassin où cette dame avait plongé son ombrelle, je sortis le matin avec Politi, que j'emmenai sur le bord de la Marne. Je le priai alors de tremper sa canne dans la rivière, où je plongeai moi-même la mienne à quelques pas en amont, en faisant un effort musculaire. Cet effort détermina une contracture violente du bras du médium, qui faillit tomber à l'eau, comme si celle-ci l'avait attiré. Je recommençai deux ou trois fois l'expérience dans des positions diverses et je constatai qu'une barque ou un petit cap interposé entre nous deux arrêtait l'effet.

Nous revînmes alors dans le jardin de la villa et nous procédâmes à des essais variés. Nous observâmes ainsi, par exemple, que la secousse se propageait très facilement par le jet d'un tuyau d'arrosage ou le long d'un fil de fer servant à l'étendage de la lessive; mais, dans le premier cas, il fallait que je touchasse le jet au sortir de la lance, et, dans le second, que le fil de fer ne fût pas mis en communication avec le sol par un autre corps aussi conducteur que lui.

Après déjeuner, M. de Albertis nous accompagna dans notre promenade, et voici comment il a raconté, dans une revue italienne, les faits dont il avait été témoin :

« De Rochas, Politi et moi, nous nous rendîmes sur les bords de la Marne, rivière qui divise en deux parties la commune de Joinville-le-Pont. Large d'environ 60 mètres, profonde de 5 à 10 mètres, elle a un courant peu rapide. Le colonel monta sur une barque et se fit conduire au milieu de la rivière; Politi et moi nous en prîmes une autre et nous descendîmes le courant, pour nous arrêter à une distance d'environ 400 mètres.

« Il était convenu avec le colonel que, lorsqu'il ferait un signal en élevant sa canne, j'inviterais le médium à plonger la sienne dans la rivière. Politi devait tourner le dos à de Rochas pour ne pas voir quand ce dernier, à son tour, toucherait l'eau.

« Cela fut fait. Le colonel donna le signal; je transmis l'ordre à Politi, qui immergea sa canne et attendit. Quelques secondes s'écoulèrent sans que le médium ressentît aucun effet. Tout à coup, son bras fut violemment secoué, sa main se contracta; il chercha à résister tant qu'il put, et on voyait que la canne était attirée au fond de la rivière. J'élevai à mon tour un bâton pour avertir de Rochas que le phénomène venait de se produire. Il me déclara ensuite que mon signal correspondait à l'immersion de sa canne avec un retard de trois à quatre secondes, probablement nécessaire pour la transmission de la force magnétique. Cette expérience fut répétée à plusieurs reprises et donna constamment le même résultat. Notre barque était placée à peu près sur la même ligne que celle de de Rochas par rapport au fil de l'eau.

« Quand nous voulûmes agir transversalement, le colonel se tint sur le bord de la rivière, et nous nous éloignâmes, dans notre barque, en nous dirigeant vers l'autre bord, perpendiculairement à la direction du courant. Les effets magnétiques ne furent perçus que jusqu'à une cinquantaine de mètres; ce qui tend à prouver que, pour un sujet de la sensibilité de Politi, la secousse magnétique est perçue sur une masse d'eau qui ne dépasse pas une cinquantaine de mètres de largeur pour une rivière comme la Marne et qui s'étend au moins jusqu'à 400 mètres de longueur dans le sens du courant. Les expériences faites, le jour suivant, sur les rails d'un tramway, laissent supposer que cette force peut se transmettre à une distance beaucoup plus grande, grâce à ce nouveau genre de conducteur.

« Les expériences sur les rails furent exécutées de la manière suivante :

« Le colonel se tint sur le pont de Joinville, qui traverse la Marne et sur lequel passe la ligne du tramway de Champigny. A l'insu de Politi, nous avions arrêté nos conventions.

« Il était alors 10 h. 40 du matin, Politi et moi nous devions nous éloigner de Rochas en longeant l'un des rails dans la direction de Champigny et en marchant rapidement. Tous les 20 ou 30 mètres, je devais ordonner au médium de prendre contact avec le rail en appuyant sa canne dessus, et je devais espacer mes ordres de telle façon que l'un des contacts se produisit à 10 h. 55 précises. Nos deux montres étant réglées l'une sur l'autre, nous nous mîmes en marche.

« Comme je l'ai dit plus haut, le médium ne connaissait pas nos accords. Aussi, quand nous fûmes à une centaine de mètres de Rochas et qu'il toucha le rail, il fut surpris de ne pas recevoir de secousse. « Nous sommes déjà trop loin, « me dit-il. — Ne t'inquiète de rien, lui répondis-je, nous « avons la consigne de marcher, et nous ne devons pas « penser à autre chose. »

« A mesure que nous nous éloignions, je répétais de temps en temps à Politi l'ordre d'appuyer sa canne sur le rail, ce qu'il faisait nonchalamment comme si l'insuccès était déjà prouvé.

« Il devait s'imaginer que le colonel était constamment en contact avec le fer du rail, et il ne pouvait comprendre pourquoi je m'obstinais à m'éloigner quand il était déjà démontré qu'à une plus courte distance la secousse ne pouvait l'atteindre.

« Enfin, voilà 10 h. 54, nous sommes à 1,100 mètres du colonel. Je laisse encore passer cinquante-cinq secondes, après quoi j'ordonne à Politi de toucher le rail. Il obéit, le sourire aux lèvres, mais à peine a-t-il eu le temps d'approcher sa canne du fer qu'il jette un cri de douleur et un juron en pur patois romain.

« Je constate que ses doigts sont contracturés et que les tendons du poignet vibrent violemment. En faisant un effort, le médium arrache sa canne du rail, la jette loin de lui et se frotte la main.

« L'expérience avait réussi d'une façon indéniable, mais il fallait la répéter, ainsi que j'en avais convenu avec de Rochas.

« Nous nous éloignâmes encore en attendant l'autre secousse qui devait se produire à 11 heures précises. Nous parcourûmes ainsi 205 mètres. A deux reprises, Politi, devenu plus timide, parce que la main lui faisait mal, toucha le rail, mais sans résultat. Ce fut à 11 heures et quelques secondes qu'il sentit enfin la deuxième secousse.

« Ces expériences, que nous avons renouvelées le jour suivant, à une distance moins grande, mais en variant davantage la forme des phénomènes, peuvent être répétées à volonté par qui que ce soit. »

Cette dernière phrase de M. de Albertis comporte une restriction ; il a omis de signaler qu'il fallait que l'opérateur fût en rapport magnétique avec le sujet (1). C'est ce qui avait lieu d'une façon constante entre Politi et moi à la suite des magnétisations précédentes ; M. de Albertis ne produisait rien, à moins que je n'eusse *momentanément* établi le rapport entre lui et Politi, en le touchant.

III

Expériences avec Mme Lambert

Ne pouvant continuer mes expériences avec Politi, par suite de mon départ de Paris, je fis venir à ma maison de campagne de l'Agnélas Mme Lambert, sujet très sensible qui

---

(1) La réalité du *rapport magnétique* ne peut être contestée malgré son apparence merveilleuse : il a été constaté trop souvent et par trop de personnes. On peut le comparer, jusqu'à un certain point, au phénomène du *tube à limailles* dans la télégraphie sans fil.

m'avait servi de réactif dans mes recherches depuis plus de douze ans.

Après avoir reproduit avec elle les phénomènes déjà décrits du rail et de la rivière et constaté de nouveau le phénomène d'attraction violente par l'eau (1), je m'attachai à étudier plus spécialement la transmission du fluide magnétique le long d'un fil métallique.

A cet effet, je plantai en terre un certain nombre de piquets de bois que je coiffai avec des flacons en verre pour servir à la fois de support et d'isolateur à un fil de fer galvanisé de 2 millimètres de diamètre et d'à peu près 200 mètres de longueur.

Mme Lambert tenant à la main un des bouts du fil et moi l'autre, il fallait, dans nos premières expériences, que j'exerçasse avec mes doigts une assez forte pression pour déter-

---

(1) Chez Mme Lambert comme chez Politi, j'ai constamment déterminé la contracture en pressant avec ma canne le bas du tronc d'un arbre vivant pendant que le sujet touchait avec la sienne le haut du tronc; la contracture n'avait plus lieu si les contacts étaient inversés; je suppose que la transmission de la radiation était favorisée par le mouvement ascendant de la sève. — La contracture se communiquait quand nous touchions avec une canne, moi, le haut, et elle, le bas d'une petite chute d'eau; elle ne se communiquait pas dans l'action inverse par une raison analogue, les radiations paraissant entraînées par les molécules matérielles. — Il n'y avait pas non plus contracture quand le sujet ou moi touchions les feuilles, l'autre touchant le tronc; dans ce cas, l'effluve s'affaiblissait en se diffusant dans les branches et le feuillage. — La production de la contracture par l'intermédiaire d'un rail ne se produisait plus quand le terrain était très mouillé, le sol étant alors devenu à peu près aussi conducteur que le fer. — Enfin, j'ai remarqué que tous les corps dont les molécules étaient les mieux orientées étaient les meilleurs conducteurs: ainsi, une canne de jonc conduisait mieux qu'une canne en bois ordinaire; un fer laminé, comme un rail ou un fil de fer, conduisait mieux qu'un fer forgé. — Une barre de fer recouverte de vernis et isolée, ne transmet pas la contracture, ce qui semblerait prouver que les radiations provenant de pressions exercées à la surface de la barre se propagent comme l'électricité par cette même surface. — La transmission des contractures se fait plus facilement quand le conducteur a une plus grande section qui facilite l'*écoulement* du fluide.

miner la contracture ; puis, le sujet devenant de plus en plus sensible, grâce à nos essais répétés, il suffisait, à la fin, que Mme Lambert plaçât sa main à une dizaine de centimètres sur le prolongement du fil et que je dirigeasse l'effluve se dégageant de mes doigts sur le fil sans le toucher. De plus, quand j'avais obtenu la contracture par un procédé ou un autre, il me suffisait de souffler sur le fil pour le faire cesser.

Le phénomène du *rapport* s'est manifesté comme avec Politi, mais avec plus d'intensité encore, car il suffisait que je fixasse les yeux sur un tiers pour que ce tiers devînt apte à produire les contractures.

Si le fil de fer était mis en communication avec le sol par un autre fil de fer, les contractures ne se produisaient plus. Il n'en était plus de même si cette communication se faisait par un fil de cuivre.

Je constatai alors directement que même un effort violent exercé par moi à l'un des bouts d'un court fil de cuivre n'impressionnait pas Mme Lambert tenant l'autre bout.

Le cuivre n'était donc pas conducteur pour mes radiations, mais il pouvait l'être pour celles du sujet, qui ne sont pas nécessairement identiques aux miennes. Pour m'en assurer, je mis entre les mains de cette dame, dont j'avais, au préalable, extériorisé la sensibilité, une étoffe de soie, objet que je savais, grâce à des expériences précédentes, se charger de ses effluves ; puis je plaçai l'étoffe à une certaine distance de la main du sujet. Il me suffisait alors de toucher l'étoffe pour que le sujet ressentît le contact dans sa main. Une fine grille de cuivre interposée entre l'étoffe et la main arrêtait complètement l'effet, qui était, au contraire, notablement augmenté par l'interposition d'une grille de fer au bout de quelques instants.

Il résultait de là que, d'une part, le cuivre était un mauvais conducteur des radiations humaines (1), et que, d'autre part, une grille de fer semblait agir comme un résonnateur.

---

(1) En supposant qu'elles aient, chez tous les hommes, les mêmes propriétés que chez Mme Lambert et chez moi, ce que des expériences ultérieures pourront seules prouver.

Ces deux conclusions ont été confirmées par les expériences suivantes:

1° Si je plaçais la main de Mme Lambert à l'intérieur d'une bobine recouverte de fil de cuivre et actionnée par une forte pile, le bras était attiré ou repoussé, suivant le sens du courant et suivant que c'était le bras droit ou le bras gauche. Si, au lieu de faire communiquer le fil avec l'un des pôles de la pile, je prenais l'une de ses extrémités dans la main droite et l'autre dans la main gauche, j'avais beau serrer avec mes doigts l'une ou l'autre de ces extrémités, je ne produisais aucune action sur Mme Lambert. Je déterminais, au contraire, une attraction ou une répulsion puissante si je remplaçais la bobine avec fil de cuivre par un fil de fer enroulé en spirale autour d'un cylindre de carton. Les effets s'inversaient quand j'inversais le courant humain par le changement de main. Ainsi, le fer serait le conducteur de choix pour le fluide humain, et le cuivre pour le fluide électrique : il y aurait là un moyen de les dissocier si le fait venait à être bien confirmé (1).

2° Nous avons dit que, quand on interpose entre le sujet et un objet chargé de ses radiations (ce que l'on appelle une *mumie*) une grille de fer, cette grille arrête d'abord les radiations. On constate alors qu'elle s'en est chargée et qu'elle est devenue elle-même une *mumie*, c'est-à-dire que les actions mécaniques exercées sur elle se répercutent sur le sujet.

3° En projetant mes radiations digitales, à travers une grille de fer serrée (grille de garde-manger) sur la main de Mme Lambert, je la contracturais beaucoup plus fortement que si cette projection s'était faite directement. Les radiations produites par un effort musculaire de ma part sont mal

---

(1) Il faut remarquer que cette expérience seule ne serait pas concluante parce que le fil de cuivre est isolé par une enveloppe de soie, et qu'on a vu plus haut que le fluide humain semblait arrêté quand le fil conducteur était recouvert par une enveloppe non conductrice: Il eût fallu refaire l'expérience avec un fil de cuivre enroulé autour du cylindre de carton; je n'avais plus les éléments nécessaires pour la tenter quand j'y ai pensé.

conduites par l'air, il faut que j'approche ma main de très près du bras de Mme Lambert pour que, en fermant violemment le poing, je contracture son bras ; l'effet se produit, au contraire, à plusieurs décimètres de distance si j'interpose entre mon poing et son bras une grille de fer. Un jour, j'ai projeté mes rayons digitaux sur sa main à travers la grille, pliée de manière à faire quatre doubles. J'ai produit ainsi une commotion terrible ; le sujet a été contracturé de tout le corps, a perdu connaissance, sa respiration a été arrêtée et j'ai eu de la peine à le faire revenir à son état normal par des insufflations chaudes sur un de ses points hypnogènes. Le lendemain, j'ai dirigé mes radiations digitales à travers la grille également pliée en quatre ; Mme Lambert, mise en état de percevoir ces effluves par le sens de la vue, était placée sur le côté et assez loin de leur direction. Elle vit toute la grille s'illuminer et rayonner ensuite par toute sa superficie.

4° En découpant dans la grille une surface d'environ un décimètre carré pouvant se charger assez vite, j'ai vu que, au bout de quelques instants, l'effet des actions exercées sur une *mumie* se transmettait au sujet quand la grille était placée sur une surface isolante, comme une table en bois ciré ; mais si j'approchais de la grille *saturée* un corps conducteur quelconque, la grille se déchargeait instantanément et la communication était interrompue.

Ces constatations permettent de proposer la théorie suivante :

La grille de fer isolée, en vertu de sa grande conductibilité, est un accumulateur de fluide. Elle emmagasine et retient celui de la *mumie* qui est en quantité limitée et empêche ainsi, au moins pendant un certain temps, la communication de s'établir entre le sujet et la *mumie* (1). Elle soutire,

---

(1) Je rappelle que si l'on interpose entre le sujet et les radiations digitales du magnétiseur un mouchoir de poche, on n'empêche pas les effets de ces radiations sur le sujet ; on les intercepte, au contraire, si le mouchoir est mouillé ou si on interpose un verre

au contraire, celui du magnétiseur, qui est relativement illimité, et, par conséquent, elle augmente la rapidité et l'effet du courant; il y aurait là un effet analogue à ce qui se produit quand on désobstrue l'œil d'une source d'eau vive. Quand elle est saturée, elle se décharge avec une intensité proportionnelle à la quantité de fluide dont elle est chargée.

L'action multiplicatrice de la grille de fer me donna l'idée de confectionner deux calottes en toile métallique, d'en coiffer le sujet et moi, puis de les réunir par un fil de fer et d'essayer si je pourrais ainsi obtenir une communication quelconque de pensées. Je n'obtins rien, que des maux de tête très désagréables au sujet.

IV

Expériences avec Joséphine

Politi était un homme d'une quarantaine d'années, fort et robuste. Mme Lambert avait trente-cinq ans et des tares hystériques. Joséphine a dix-huit ans; elle présente une santé normale, sauf un peu d'anémie : elle est bonne à tout faire chez un de mes fournisseurs et a une conduite des plus régulières; elle est fort sensible et a parcouru en quelques séances, d'une façon régulière, les diverses phases de l'hypnose que j'ai décrites précédemment.

Par suite des nécessités de sa situation sociale, je n'ai pu expérimenter sur elle que dans l'appartement de ses maîtres et dans des conditions assez mauvaises, parce que, à la rigueur, elle pouvait, étant à une des extrémités du fil de fer employé, se rendre compte des opérations que je faisais à l'extrémité opposée du fil, bien que j'aie toujours pris la précaution de me tenir dans une chambre voisine et de me placer hors de sa vue.

---

d'eau. Ces deux objets se chargent de fluide et le transportent, pour ainsi dire, où l'on veut. C'est le principe des cures par l'eau magnétisée.

Ces réserves faites, j'ai constaté que, quand elle était mise en rapport avec moi par quelques passes, non seulement elle était contracturée par une pression ou un souffle sur le fil, mais encore qu'elle pouvait distinguer la nature de l'action que j'exerçais sur le fil : pincement, chatouillement, baiser, brûlure, coupure. Une coupure profonde, faite sur le fil de mon côté, détermina même un jour une douleur assez vive pour provoquer, quelques heures après, une raie rouge sur son doigt qui touchait le fil ; c'était là évidemment un **stigmate** dû à la suggestion.

En outre, j'avais pu, grâce à la délicatesse de ses perceptions et à la connaissance que j'avais acquise de sa sensibilité, lui communiquer des messages à l'aide d'un alphabet conventionnel formé par des séries de coups assez légers pour qu'elle les ressentît sans être contracturée.

Malheureusement, Joséphine perdit peu à peu ses facultés exceptionnelles dans cette voie quand je fus conduit à les développer dans une autre direction, celle de la *régression de la mémoire*; je pus néanmoins constater quelques phénomènes venant confirmer mes expériences précédentes avec d'autres sujets.

Une ficelle sèche conduisait très mal les contractures; elle les conduisait bien dès qu'on la mouillait et elle était elle-même sensible sur toute sa longueur. Si j'exerçais une pression sur un objet non conducteur, comme le dessus d'une table, et que j'y fisse placer aussitôt après la main du sujet, celle-ci était contracturée pourvu que la pression eût été assez forte. — Une pression, incapable de contracturer de cette manière en devenait capable si elle était exercée avec l'interposition d'une grille, qui en augmentait l'effet.

V

Jusqu'ici, je n'ai parlé que des conducteurs visibles ou de l'air, et j'ai fait remarquer que les *radiations digitales* se propageaient parfaitement à travers l'air, qui est cependant peu conducteur par lui-même quand il est sec. C'est que ces radiations digitales sont elles-mêmes des conducteurs qu'on peut comparer à des fils métalliques; on peut s'en convaincre facilement en pinçant l'air sur la ligne droite qui rejoint l'extrémité de l'un des doigts du magnétiseur et un point déterminé du corps du sujet, le sujet ressent le pincement sur le point visé.

Il en est de même pour les *radiations oculaires*. Si je pince

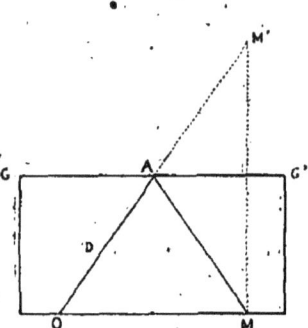

l'air entre mon œil et un point du corps du sujet que je regarde (1), le sujet sent le pincement sur ce point, il ne ressent rien si le pincement se fait en dehors de la ligne. Bien plus, la sensation peut être déterminée par le pincement sur le rayon réfléchi, ainsi que le prouve l'expérience suivante :

GG' est une glace verticale devant laquelle est une table GG'MO. Mme Lambert a mis sa main sur la table en M; j'ai placé mon œil en O et j'ai regardé *l'image* réfléchie M' d'un point M marqué sur cette main au niveau de la table.

J'ai tracé sur la table les lignes OA et AM qui suivent le rayon direct et le rayon réfléchi de mon œil; quand j'ai piqué un point de la ligne OA en un point quelconque D, la main du sujet a ressenti la piqûre: il l'a ressentie encore, mais moins, m'a-t-il semblé, quand la piqûre a été faite sur le rayon réfléchi AM. Il n'a plus rien ressenti quand elle a été faite en un autre point quelconque de l'espace.

La démonstration de la réalité objective des radiations ocu-

---

(1) Beaucoup de sujets ressentent une piqûre simplement quand le magnétiseur fixe avec intensité un point de leur corps.

laires peut servir à expliquer un certain nombre de phénomènes, tels que le mauvais œil, l'action exercée par le regard sur les oscillations d'un pendule (1), et, pour rentrer dans le cadre de cet article, la justesse de ce dicton populaire : « Lire la pensée de quelqu'un dans ses yeux » ; les radiations oculaires feraient alors l'office de fils conducteurs entre les deux cerveaux.

NOTE N

LA MÉDICATION PAR TRANSFERT A DES ÊTRES VIVANTS

Ce genre de médication est encore très en usage dans les campagnes, et deux ouvrages ont été publiés récemment sur la Zoothérapie, par le Dr Hochtetten, de Reutlingen, et le Dr Raoux, de Lausanne. On pourra consulter également le *Traité expérimental de magnétisme,* par M. Durville (tome II, pp. 163-182).

La zoothérapie a été recommandée plusieurs fois par les somnambules. Dans le tome IX des *Archives du magnétisme animal* (p. 153), on voit que, durant le traitement de la veuve Petersen par le Dr Bendsen, il arriva deux fois que son chien eut, dans les jambes de derrière, des crampes, qui ne le quittèrent qu'après plusieurs heures. La malade déclara au médecin, pendant son état somnambulique, que le chien avait été infecté par elle. Là-dessus, Bendsen lui demanda s'il serait possible de transférer à volonté ses crampes sur un animal :
« Il faudrait, répondit-elle, que mon propre chien, qui, se trouvant toujours en contact avec moi, partage mes effluves, fût magnétisé en même temps que moi et qu'il fût mis alors en contact avec mes mains et mes pieds. Dans ce cas, ma crampe passerait sur lui, mais cela ne réussirait pas avec un autre chien. Le mien, au contraire, reste tantôt sur mon lit tantôt sur mes genoux ; je le caresse et lui mâche quelquefois le pain dont je le nourris ; tout cela le met avec moi dans un rapport de magnétisme animal très intime. »

---

(1) CHEVREUL. Lettre à Ampère, *Revue des Deux-Mondes,* 1833.

Elle ne voulut pas permettre au docteur d'expérimenter dans ce sens, mais il fit l'expérience avec un autre malade : « Pendant l'hiver de 1819, je fis l'expérience sur un autre malade souffrant de crampes, et j'employai un chien étranger. Je le mis aux pieds du malade sans le magnétiser, et le chien eut beau se débattre, les crampes le saisirent. Il tournait les yeux, tordait la bouche et crispait les pattes tout à fait comme le faisait le malade quand les crampes saisissaient ses bras et ses jambes. Mais, après deux minutes, il se mit de nouveau à courir dans la chambre en cherchant à se cacher. »

La veuve Petersen conseilla un autre jour à son docteur de lui faire appliquer de la viande fraîche contre le mal de tête. Il le fit plusieurs fois avec succès, puis donna la viande soit à son chien, soit à un chien du voisinage ; chaque fois, ces animaux devinrent malades de la même maladie.

Le Dr Müller employait à cet effet des pigeons. J'ai entendu dire à des médecins qu'ils s'étaient servis avec succès de ce procédé après avoir préalablement éventré l'animal, et que la viande ainsi appliquée se corrompait très rapidement.

Le Dr Ochorowicz a recueilli des témoignages semblables.

« On m'a raconté, dit-il, plusieurs faits de guérison, surtout dans les maladies rhumatismales, accomplis uniquement par contact des personnes ou même des animaux jeunes et sains. Dans un cas, trop extraordinaire pour être cité comme preuve, les poules ont servi de remède et elles sont mortes après avoir guéri le malade ! Je ne mentionne ce fait que pour attirer l'attention des observateurs sur ce qui se passe tous les jours dans les campagnes, et que les médecins ont peut-être tort de dédaigner. » (*De la suggestion mentale*, p. 220.)

C'est ce que disait aussi le célèbre Dr Hufeland (1762-1839), qui fut longtemps directeur de l'Académie militaire de médecine et de chirurgie à Berlin : « En observant l'effet produit par l'exposition des animaux fraîchement tués sur les membres paralysés et des animaux vivants sur les parties douloureuses, il paraît qu'on ne devrait pas repousser cette méthode thérapeutique. » (*L'Art de prolonger la vie*, Iéna, p. 7.)

Les sorciers modernes du Béarn emploient encore le procédé de la transplantation.

Ils guérissent certains maux, comme les douleurs, les rhumatismes, la fièvre, par les remèdes vivants. Pour cela, ils recommandent au malade d'embrasser un arbre à pleins bras, en prononçant les paroles suivantes... La transmission de la maladie à l'arbre se fait généralement très bien, il faut les en croire. Ils prescrivent de mettre de jeunes animaux (chiens plus particulièrement) sur le lit des rhumatisants et au contact avec les membres atteints. L'animal prend le mal à un moindre degré que l'homme et *le cède aux plantes* quand il pénètre dans les prés.

Le *Journal du magnétisme* (tome XV, p. 537) a raconté le fait suivant, qui réunit toutes les variantes du phénomène de la transplantation :

Une jeune fille, Mlle A. V..., somnambule, prise de jalousie pour une autre somnambule, sa rivale, quitta brusquement le salon d'expériences de son magnétiseur. Soit l'effet de la saison, soit chagrin, Mlle A... tomba gravement malade ; une fièvre violente la dévorait depuis plus de trois semaines, tout remède fut impuissant à la sauver et elle répétait sur son lit de douleur à sa famille navrée : « Oh ! il n'y a que M. G... qui puisse me guérir ; mais je l'ai blessé en le quittant. »
« — Et moi, je suis convaincu, répondit son frère, qu'il viendrait... » M. G... n'hésita pas une minute. Il trouva la malade en proie à une fièvre intense, et la transpiration avait inondé jusqu'au second matelas. Il la magnétisa avec foi, force et charité. La jeune fille se trouvant un peu calmée, M. G... avisa sur la fenêtre une magnifique plante de chanvre. « Tenez-vous beaucoup à ce chanvre? dit-il à la mère. — Moi, monsieur, je ne tiens qu'à la santé, à la vie de ma fille ! » Alors M. G..., s'avançant vers la fenêtre, s'approcha du chanvre et dégagea sur lui tous les miasmes morbides qu'il avait puisés auprès de la malade. Le lendemain, nouvelle magnétisation sur la jeune fille, dont le mieux était déjà fort prononcé ; le chanvre avait pris une teinte jaune. Le jour suivant Mlle A... est tout à fait bien ; ce même jour, le chavre est desséché comme si la lave d'un volcan avait passé par là. Le

lendemain, la malade était guérie et le chanvre mort! Mme V... dit au magnétiseur : « Tenez, monsieur, je vais arracher ce chanvre ; à quoi bon garder une plante morte? — Non, madame, de grâce, interrompit M. C..., laissez-moi faire mon expérience. » Alors, le magnétiseur s'approcha du triste chanvre, dont la tige jaune était inclinée et dont les feuilles criaient sous les doigts comme les feuilles mortes en décembre crient sous les pieds qui les froissent. Il se mit à *magnétiser la plante défraîchie en sens inverse* pour la dégager de tous les miasmes pestilentiels dont il l'avait saturée. Puis, il se fit donner un vase d'eau, qu'il magnétisa aussi pour lui donner une vertu bienfaisante, et en arrosa lentement, complaisamment, le chanvre flétri, ignorant ce qui en pourrait résulter. Le lendemain, les tiges étaient relevées et les feuilles mortes commençaient à se détacher. Le troisième jour, toutes les vieilles feuilles étaient tombées, et le chanvre avait reverdi. Le quatrième jour (et la malade était parfaitement guérie), la plante était admirable et luxuriante d'une repousse de branches et de feuilles pleines de vie et d'ardeur. — Malade moi-même et charmé de ces faits, continue le narrateur, je me suis empressé de me procurer deux plantes, que M. G... a aussi magnétisées avec le fluide et la volonté de transplanter le mal. Ma tête se dégage, ma fièvre diminue, mais, en revanche, le *Begonia discolor* incline ses feuilles jaunissantes, le rosier est grillé comme s'il eût été victime d'un incendie, et j'ai la cruauté d'assister avec plaisir aux derniers moments de mes deux fleurs désignées à la mort.

NOTE O

LA SYMPATHIE AUX GRANDES DISTANCES

(Extrait de *La Vie après la Mort*, par J. BAISSAC.)

Comme exemple de transfert de la sensation, en dehors de toute participation de la volonté, nous pourrions citer celui d'un malheureux, roué vif au dernier siècle, dont la pauvre mère, à plus de quinze lieues de distance de là, sentit sur elle-même tous les coups que recevait son enfant, au moment où on les lui donnait; l'histoire nous a été racontée, il y a longtemps, par un homme des plus vénérables, fils d'un honnête conventionnel, député du Lot, qui avait été juge en l'affaire.

Les *Proceedings* abondent en faits de genre analogue, tous publiés sous la garantie de la Société. En voici un des plus caractéristiques, qui lui a été communiqué par M. le professeur Ruskin:

Brantwood, Coniston, le 27 octobre 1883.

« Je me réveillai en sursaut, sentant que je venais de recevoir un fort coup sur la bouche, et avec le sentiment très net que j'avais été coupée et que je saignais au-dessous de la lèvre supérieure; je pris aussitôt mon mouchoir de poche, que je pressai par un petit coin contre la partie souffrante. Je m'étais mise sur mon séant et, au bout de quelques secondes, quand je retirai mon mouchoir, je fus étonnée de ne pas y voir de sang. Je me convainquis alors seulement qu'il était impossible que j'eusse été frappée et comme j'étais tout à fait endormie dans le moment de la sensation, je crus que ce n'était qu'un rêve. Je regardai à ma montre et je vis qu'il était sept heures; m'apercevant qu'Arthur (mon mari) n'était pas dans la chambre, j'en inférai (avec raison) que, comme il faisait beau, il devait être sorti pour une promenade matinale en canot sur le lac. Je me rendormis donc. A déjeuner, vers neuf heures et demie, Arthur revint, un peu en retard, et je remarquai qu'il s'était assis à dessein un peu plus loin de moi qu'à l'ordinaire et que de temps en temps il portait furtivement son mouchoir à la lèvre, exactement comme je l'avais fait. « Arthur, lui dis-je, pourquoi faites-vous cela? » Et j'ajoutai, un peu inquiète: « Je sais que vous vous êtes « fait du mal, mais je dirai ensuite comment je le sais. »
« — Eh bien! dit-il, comme je naviguais, une rafale sou-
« daine arrive, qui fait tourner la barre du gouvernail, je

« reçois un vilain coup de barre à la bouche, au-dessous de
« la lèvre supérieure; le sang a coulé en assez grande abon-
« dance, et j'ai dû arrêter. » — Savez-vous, repris-je, quelle
« heure il était quand la chose a eu lieu? » — « Il pouvait,
« répondit-il, être environ sept heures. » Je racontai alors ce
qui m'était arrivé, à sa grande surprise et à celle de tous
ceux qui étaient à déjeuner avec nous. C'est à Brantwood,
il y a trois ans environ, que la chose se passa. »

La lettre qui précède est signée Joan R. Severn. Elle est suivie d'une autre du mari de cette dame, de M. Arthur Severn, un paysagiste distingué, qui la confirme dans tous ses détails.

Au premier des deux faits de suggestion ou transfert de sensation que je viens de rapporter, on objectera peut-être que la mère du malheureux supplicié, sachant la condamnation de son fils et s'attendant à ce qui arriva, pût subir, en la circonstance, le contre-coup de son imagination. Je ne me rappelle pas que, dans le récit qui me fut fait de l'histoire, on m'ait dit que cette mère qui, pourtant, était à quinze lieues de là, ignorât ce qui devait avoir lieu. La concentration de l'attente comptée parmi les causes qui peuvent déterminer l'extase, la catalepsie, l'hyperesthésie et la plupart des états que l'on connaît, pourrait, si elle ne l'ignorait point, expliquer sa propre torture, comme elle explique les stigmates avérés de beaucoup de saints. Saint François de Sales dit de ceux de sain François d'Assise : « Son âme, amollie, attendrie et presque toute fondue en son amoureuse douleur, se trouva par ce moyen extrêmement disposée à recevoir les impressions et marques de l'amour et douleur de son souverain amant. Car la mémoire estait toute détrempée en la souvenance de ce divin amour, l'imagination appliquée sûrement à se représenter les blessures et meurtrissures que les yeux regardaient alors si parfaitement bien exprimées en l'image présente; l'entendement recevait les espèces infiniment vives que l'imagination lui fournissait, et enfin l'amour employait toutes les forces de la volonté pour se complaire et conformer à la passion du bien-aymé, dont par quoi l'âme sans doute se trouvait toute transformée en un second crucifix. Or, l'âme, comme forme et maîtresse du corps, usant de son pouvoir sur iceluy, imprima les douleurs des playes dont elle estait blessée ès endroits correspondants à ceux esquels son amant les avait endurées. L'amour est admirable pour aiguiser l'imagination, afin qu'elle pénètre jusqu'à l'extérieur (1) ».

Mais le second fait, celui de Mme Severn, se refuse à toute explication de ce genre ; ici, la sensation s'est transmise elle-même, indépendamment de la volonté de l'un comme de l'imagination de l'autre.

NOTE P

LE PHILTRE DE MARIE DE CLÈVES

L'histoire nous a conservé le souvenir de la folle passion que Marie de Clèves, épouse du prince de Condé, inspira au duc d'Anjou. Ce prince, obligé de quitter la France pour aller s'asseoir sur le trône de Pologne, lui écrivait des lettres brûlantes de tendresse écrites avec du sang qu'il se tirait du doigt par une piqûre. Le jour même où il apprit la mort de Charles IX, il lui dépêcha un courrier pour l'avertir qu'elle serait bientôt reine de France. Cette promesse porta malheur à la jeune princesse qui ne tarda pas à être enlevée (le 30 octobre 1574) par un mal inconnu dont on fit remonter l'origine soit au prince de Condé son mari, soit à la reine Marie de Médicis. Henri III eut un profond désespoir ; il porta longtemps le deuil de celle qu'il avait tant aimée et ne l'oublia jamais.

Voici comment Saint-Foix rapporte l'origine de cette affection extraordinaire :

« Le mariage du roi de Navarre, depuis Henri IV, avec Marguerite de Valois, et celui du prince de Condé avec Marie de Clèves, furent célébrés au Louvre, le 18 août 1572. Marie de Clèves, âgée de seize ans, de la figure la plus charmante, après avoir dansé assez longtemps, et se trouvant un peu incommodée par la chaleur du bal, passa dans une garde-robe

---

(1) *Traité de l'amour de Dieu,* liv. VI, ch. xv.

NOTE P 351

où une des femmes de la reine-mère, voyant sa chemise toute trempée, lui en fit prendre une autre. Il n'y avait qu'un moment qu'elle était sortie de cette garde-robe quand le duc d'Anjou, depuis Henri III, qui avait aussi beaucoup dansé, y entra pour raccommoder sa chevelure et s'essuya le visage avec le premier linge qu'il trouva : c'était la chemise qu'elle venait de quitter. En rentrant dans le bal, il jeta les yeux sur elle et la regarda, dit-on, avec autant de surprise que s'il ne l'eût jamais vue. Son émotion, son trouble, ses transports et tous les empressements qu'il commença à lui marquer étaient d'autant plus étonnants que jusqu'alors il avait paru assez indifférent pour ces mêmes charmes qui, dans ce moment, faisaient sur son âme une impression si vive. »

APPENDICE

J'ai cherché, dans les pages précédentes, à établir la réalité de certains phénomènes inconnus ou contestés jusqu'ici par la science officielle, non seulement en décrivant des observations et des expériences, mais encore en montrant que ces phénomènes pouvaient, jusqu'à un certain point, être expliqués par les forces déjà connues et que les objections élevées aujourd'hui contre eux se sont produites, dans tous les temps, contre toutes les découvertes. C'est, en effet, seulement lorsque les faits sont admis comme possibles qu'on se décide généralement à les observer et à les publier (1).

Tels sont, par exemple, ceux que relate le Dr H. Gou-

---

(1) « Généralement parlant, l'inconcevabilité d'un fait physique, par suite de son désaccord avec des notions préconçues, n'est pas une preuve de son impossibilité ou de sa non-existence. Le progrès intellectuel consiste presque toujours à rectifier ou à renverser de vieilles idées, dont un grand nombre ont été considérées comme évidentes pendant de longues périodes intellectuelles... On pourrait en accumuler des exemples indéfiniment. Jusqu'à la découverte de la décomposition de l'eau, de la véritable combustion et des affinités relatives du potassium et de l'hydrogène pour l'oxygène, il était impossible de concevoir une substance qui brûlât au contact de l'eau; un des attributs reconnus de l'eau — en d'autres termes, une partie du concept de l'eau — était qu'elle est le contraire du feu. Ce concept préalablement était faux, et, quand il fut détruit, l'inconcevabilité d'une substance telle que le potassium disparut. »
(STALLO. *La Matière et la Physique moderne*; Paris, 1884, p. 109.)

dard dans l'article suivant publié dans les *Annales de psychiatrie et d'hypnologie* (numéro de janvier 1895).

En décembre 1891, je donnai mes soins à Mlle Galt..., institutrice âgée de vingt-cinq ans, d'esprit fort cultivé, très sérieuse, très pondérée, atteinte de désordres menstruels consistant en règles irrégulières et douloureuses et de névralgies variées.

Témoin de la guérison rapide et radicale par le traitement hypnotique d'une de ses amies, tombée, par suite de troubles dyspeptiques et menstruels, dant un véritable état de marasme rebelle jusque-là à tous les traitements, elle m'avait prié de lui procurer le bénéfice de la même méthode.

Au début, en dépit de tentatives variées, il ne me fut pas possible d'obtenir le sommeil hypnotique proprement dit, ni de suggestionner utilement ma malade ; par exemple, elle présenta des aptitudes très remarquables et très particulières, révélant un sujet magnétique de premier ordre.

Réfractaire aux moyens habituels, elle était influencée extraordinairement par les passes et très sensible à l'attraction et, en général, aux actions à distance, ce qui me donna l'occasion de faire, avec son consentement, bien entendu, de très intéressantes expériences qu'il n'y a pas lieu de relater ici.

Entre autres particularités, elle voyait, à l'état normal, les effluves que Reichenbach appelle odiques sortir de ses doigts et plus abondamment des miens, ainsi que des bords et de la surface d'un verre d'eau qu'elle tenait à la main. On voudra bien croire que je faisais le possible pour éviter toute influence suggestive dans ces recherches. Je me suis d'ailleurs toujours imposé comme règle d'enregistrer les phénomènes qui se présentent tels que le hasard me les offre, convaincu qu'une méthode quelconque, en pareil sujet, ne peut que nuire à l'exactitude de l'observation.

Un soir (c'était le 18 décembre), Mme B..., institutrice aussi dans le même établissement, étant présente, j'avais fait placer ladite dame B... entre la lampe et moi, de manière que je me trouvais dans l'ombre projetée par elle.

Mlle Galt... déclara spontanément qu'elle voyait mes yeux

lumineux, mobiles et projetant de longs effluves analogues à ceux qu'elle avait vus jusque-là sortir de mes doigts ou des siens, mais beaucoup plus brillants.

Voulant me convaincre de la réalité du fait, je fis éteindre la lampe ; les volets pleins étant fermés, il faisait nuit noire. Je priai le sujet de nous rendre compte de ses impressions. Ici je copie textuellement mes notes prises le soir même.

« Regardez-moi. Que voyez-vous ?

— Deux colonnes lumineuses sortant de vos yeux, et, au-dessous, deux autres colonnes parallèles plus rapprochées... elles sortent des narines.

— Et maintenant ?

— Au-dessus des quatre colonnes lumineuses, je vois un autre faisceau de *lueurs*. Vous avez la main près de votre menton.. »

C'était exact.

« Et maintenant ?

— Je vois un autre faisceau comme le premier, en dehors et plus bas. »

C'était ma main gauche que je venais de placer à côté et un peu au-dessous de la droite.

Mlle Galt... continua encore un moment à décrire très exactement les changements de place de ma tête ou de mes mains.

L'obscurité était telle que Mme B..., témoin, ne distinguait rien de ma personne, bien que placée plus près de moi que le sujet.

J'ai répété la même expérience plusieurs fois avec ce sujet, toujours avec le même succès.

On remarque que Mlle G... était ou paraissait être dans son état normal. Je dis *paraissait*, car je crois que le fait seul de ma présence créait un état particulier qu'elle ne pouvait définir autrement qu'en disant qu'elle se sentait autre.

D'autres phénomènes, auxquels je n'avais cru devoir faire qu'une discrète allusion parce qu'ils me paraissaient encore difficiles à exposer au public français, se sont, en outre, affirmés récemment avec tant d'éclat qu'ils nécessitent une étude spéciale. On la trouvera dans mon livre sur *l'Extériorisation de la Motricité*.

Ce sera l'honneur des hommes hardis et généreux, dont je relaterai les expériences, d'avoir, malgré des hostilités quelquefois agressives, réhabilité la science de la faillite dont l'accuse le directeur de la *Revue des Deux-Mondes*:

« En fait, dit-il, les sciences physiques ou naturelles nous avaient promis de supprimer *le mystère*. Or, non seulement elles ne l'ont pas supprimé, mais nous voyons clairement aujourd'hui qu'elles ne l'éclairciront jamais. Elles sont impuissantes, je ne dis pas à résoudre, mais à poser convenablement les seules questions qui importent: ce sont celles qui touchent à l'origine de l'homme, à la loi de sa conduite et à sa destinée future. L'inconnaissable nous entoure, il nous enveloppe, il nous étreint, et nous ne pouvons tirer des lois de la physique ou des résultats de la physiologie aucun moyen d'en rien connaître. » (*Après une visite au Vatican*. Revue des Deux-Mondes, 1ᵉʳ janvier 1895.)

Certes la science n'a pas la prétention de résoudre tous les problèmes, mais il est au moins téméraire de poser des bornes à ses investigations; et M. Brunetière eût été peut-être moins affirmatif s'il avait lu deux livres publiés récemment, l'un à Montpellier par le Dʳ Coste (*Les Phénomènes psychiques occultes*, thèse de doctorat), l'autre à Genève par M. Metzger (*Le Spiritisme scientifique*) (1).

---

(1) Ceci était écrit en 1894. Que de progrès réalisés depuis ce moment! Il me suffira de citer deux autres livres que viennent de publier M. Delanne et M. Durville sur les *Apparitions matérialisées des vivants et des morts*.

Entraînés, en effet, d'une façon inéluctable par l'évolution ascendante de l'humanité, nous pénétrons, en ce moment, de tous côtés, avec les méthodes expérimentales de l'Occident, dans ce monde de l'AU-DELA que nous n'avions entrevu jusqu'ici qu'à travers les enseignements simplistes des religions et les mythes obscurs de l'Orient.

FIN

TABLE DES MATIÈRES

Préface de la première édition........................... I
Préface de la sixième édition........................... V
Chapitre Iᵉʳ. — De l'objectivité des effluves perçus sous forme de lumière dans l'état hypnotique............ 1
Chapitre II. — L'extériorisation de la sensibilité......... 51
Chapitre III. — L'envoûtement.......................... 85
Chapitre IV. — La poudre de sympathie................. 131
Chapitre V. — La guérison magnétique des plaies et le transfert des maladies............................... 157
Chapitre VI. — Les théories de Maxwell................. 181

NOTES

Note A. — Les théories de l'école, la méthode et les hypothèses nouvelles................................. 195
Note B. — Extrait du rapport de M. de Jussieu sur le magnétisme animal.................................. 206
Note C. — Extrait du rapport annuel sur les progrès de la chimie, présenté le 31 mars 1846, à l'Académie des sciences de Stockholm, par Berzélius, secrétaire perpétuel... 208
Note D. — La vie des atomes et les rêveries scientifiques. 213
Note E. — La persistance de la vitalité dans les membres séparés du corps.................................... 221

Note F. — Les effluves des organes des sens, d'après les anciens et les points hypnogènes........................ 227

Note G. — La radiation cérébrale (*Discours prononcé le 1er mars 1892, devant la section d'électricité de l'institut Franklin, par M. Edwin Houston*)................ 231

Note H. — Action mécanique des radiations oculaires. 242

Note I. — Sensibilisation des substances diverses (*extraits de mon journal d'expériences*).................. 244

Note K. — L'extériorisation et l'emmagasinement de la sensibilité constatés par d'autres expérimentateurs.... 256

Note L. — L'od véhicule de la force vitale............. 313

Note M. — Mes expériences sur la transmission des sensations au moyen de conducteurs métalliques......... 330

Note N. — La médication par transfert à des êtres vivants 344

Note O. — La sympathie aux grandes distances......... 347

Note P. — Le philtre de Marie de Clèves............... 350

Appendice 353

Imp. Hirondart et Cie, 37, rue de Vanves, Paris (14e).

LIBRAIRIE GÉNÉRALE DES SCIENCES OCCULTES
BIBLIOTHÈQUE CHACORNAC
PARIS — 11, Quai Saint-Michel, 11 — PARIS (V°)

ALBERT DE ROCHAS

L'EXTÉRIORISATION
DE
LA MOTRICITÉ

Recueil d'expériences et d'observations
Quatrième édition mise à jour

Un vol. in-8 de 600 pages, avec figures dans le texte et 15 photogravures hors texte. Prix . . . . 8 Fr.

Le domaine de la Science, restreint dans l'origine aux faits grossiers et constants, s'agrandit peu à peu grâce à l'étude de ceux qui, par leur délicatesse ou leur instabilité, avaient échappé à nos prédécesseurs ou rebuté leur esprit.

L'Antiquité connaissait déjà les tables tournantes, la baguette divinatoire, le pendule explorateur. Quand on n'y voyait pas l'action du Diable, on attribuait leurs mouvements à des fraudes conscientes ou à des poussées inconscientes. C'était, en effet, l'explication la plus naturelle tant qu'on n'avait pu les obtenir d'une façon certaine, sans aucun contact.

Les nombreuses expériences faites, de nos jours, par des savants éminents dans toutes les parties de l'Europe et recueillies aux sources mêmes par le colonel de Rochas, prouvent que quelques personnes peuvent faire mouvoir, même à distance, des objets inertes, grâce à une force particulière secrétée, à des degrés divers, par l'organisme humain et qui paraît, dans certains cas, pouvoir être dirigée par des entités intelligentes sur la nature desquelles on n'est pas encore bien fixé.

— **LES ÉTATS PROFONDS DE L'HYPNOSE.**
3ᵉ Edition. Un vol. in-8° carré. Prix. . . . 2 50

— **LES ÉTATS SUPERFICIELS DE L'HYPNOSE.**
Un vol. in-8° carré, avec gravures. Prix . . 2 50

— **L'ENVOUTEMENT.** Documents historiques et expérimentaux. 2ᵉ Edition revue, brochure in-18 Jésus. Prix . . . . 1 »

Envoi franco, à toute personne qui en fait la demande, d'un numéro spécimen du Voile d'Isis *et du catalogue des livres qui se trouvent à la* **Librairie Générale des Sciences Occultes**, *orné de très curieuses images et portraits, accompagné de notices critiques avec l'ordre et la marche à suivre pour la lecture desdits ouvrages.*

www.ingramcontent.com/pod-product-compliance
Lightning Source LLC
Chambersburg PA
CBHW050538170426
43201CB00011B/1477